打造具有竞争力的人才发展环境

杨 鹏 陈智霖 等著

BUILDING A TALENT DEVELOPMENT ENVIRONMENT WITH COMPETITIVE

中国经济出版社
CHINA ECONOMIC PUBLISHING HOUSE
北 京

图书在版编目（CIP）数据

打造具有竞争力的人才发展环境／杨鹏，陈智霖 等著．
—北京：中国经济出版社，2019.12
ISBN 978－7－5136－5818－8

Ⅰ.①打… Ⅱ.①杨… ②陈… Ⅲ.①人才培养—研究—广西 Ⅳ.①C964.2

中国版本图书馆 CIP 数据核字（2019）第 293380 号

责任编辑　牛慧珍
责任印制　马小宾
封面设计　任燕飞

出版发行　中国经济出版社
印 刷 者　北京九州迅驰传媒文化有限公司
经 销 者　各地新华书店
开　　本　710mm×1000mm　1/16
印　　张　14.5
字　　数　210 千字
版　　次　2019 年 12 月第 1 版
印　　次　2019 年 12 月第 1 次
定　　价　68.00 元
广告经营许可证　京西工商广字第 8179 号

中国经济出版社 **网址** www.economyph.com **社址** 北京市东城区安定门外大街 58 号 **邮编** 100011
本版图书如存在印装质量问题，请与本社销售中心联系调换（联系电话：010－57512564）

目　录

前 言

习近平总书记在党的十九大报告中指出，人才是实现民族振兴、赢得国际竞争的战略资源。人才是第一资源，是最活跃的先进生产力，是决定一个国家和民族命运最重要的战略资源。[①] 从世界经济发展史来看，任何一个经济强国，都是人才强国，甚至是工匠大国。高质量发展需要创新驱动，而创新驱动本质上就是人才驱动。新技术、新产品、新业态、新模式不会凭空出现，要靠创新人才；推进经济转型升级、跨越中等收入陷阱，也必须依靠创新人才。[②] 要实现经济社会高质量发展，就必须要有相当规模的高质量人才队伍。

所谓“功以才成，业由才广”，人才发展决胜未来，人才是这个时代竞争成败的制高点和分水岭，时代越是向前，知识和人才的重要性就越发突出。一个国家、一个地区的生存与发展，越来越倚重于人才的培养和开发。人才发展环境的优劣已经成为当今人才竞争的关键要素。[③] 新时代，人才是实现高质量发展的关键支撑，广西作为欠发达、后发展地区，从未像今天这样感受着对人才的“焦渴”，如何破解养人育人不聚人、求才引才不来才的困境？随着资源要素驱动发展边际效应递减，

---

① 2018 年 3 月 7 日，习近平总书记在两会期间参加广东代表团审议时强调，发展是第一要务，人才是第一资源，创新是第一动力。中国如果不走创新驱动发展道路，新旧动能不能顺利转换，就不能真正强大起来。强起来要靠创新，创新要靠人才。因此，人才是所有“第一”的“第一”。

② 刘亮．高质量发展需要高质量人才[N]．经济日报，2018 - 09 - 12.

③ 赵爱明．全面改善人才发展环境[N]．人民日报，2014 - 09 - 10.（作者提出营造爱才敬才的社会环境，创造有为有位的工作环境，健全引才聚才的政策环境，改善拴心留人的服务环境。）

国际国内人才争夺战愈演愈烈，与自带人才流量的东部沿海地区相比，人才总量不足、结构不优、高端短缺的广西必须聚焦人才第一资源，通过打造具有竞争力的人才发展环境，采取更加积极主动的策略和举措，加大投入、降低门槛、保障权益、激发动能，才能有效提升发展能级和发展优势。

当前，以人才吸引、争夺为主要特征的区域竞争已经进入了“白热化”阶段，以具有竞争力的人才发展环境集聚各类高端人才成为广西实现高质量发展的关键保障。具体而言，打造具有竞争力的人才发展环境是广西适应经济发展由传统要素投入向创新驱动转变的时代要求，是广西应对区域人才竞争、提高核心竞争力的必然选择；是广西增强中高端供给能力、实现高质量发展的关键支撑。

打造具有竞争力人才发展环境是实现高质量发展的关键保障和关键要求。要吸引和培育人才就必须要有具备竞争力的人才发展环境。所谓人才发展环境，是指人才发展过程中赖以生存的物质环境和制度环境的总和。打造具有竞争力的人才发展环境要立足开放开发、结合发展需求、瞄准人才短板，通过与国内发达地区、国际先进水平对标，营造更加开放、更具吸引、更富效率的人才发展环境，为经济社会高质量发展提供关键保障。广西必须坚持以打造具有区域竞争力的人才发展环境为基础，积极对标国内外先进水平和成功经验，才能稳步推进、逐步形成具有竞争力的人才发展环境。所谓“百里之行，始于足下”“不积跬步，无以至千里”，这也是本书撰写的重要出发点。

综合来看，广西必须强化人才第一资源意识，必须创新实施人才优先战略，持之以恒地营造最佳的人才发展环境、最优的企业营商环境和最美的城市人文环境，强化人才经营、引用结合、提升黏性、精准对接四个理念；打造高水平开放、高质量发展和高品质生活的人才发展“三高”环境；坚持把发展地方经济、提升产业能级作为人才发展环境的基础性保障，坚持把中心城市打造成为高层次人才集聚地，坚持把高校院所作为人才“蓄水池”、做强做优人才环境的关键支撑，不断创新和优化人才政策环境，抓好党政人才发展环境建设，抓好人才精准引进和精准服务，立足打造具有区域竞争力的人才发展环境，稳步推进和逐步形成具有竞争力的人才发展环境。

第一章　广西人才发展的基本现状

当前，广西经济社会发展正处于由工业化中期向后期迈进、跨越“中等收入陷阱”、推进实现经济社会高质量发展的关键时期，而实现经济社会高质量发展，关键前提在于会聚高质量的人才队伍。

一、广西人才发展的积极举措

人才发展环境已成为当今人才竞争的关键要素。习近平总书记多次强调，“广开进贤之路、广纳天下英才”“择天下英才而用之”。[①] 近年来，广西积极围绕人才引进、培养、使用、激励等环节开展创新、优化政策，完善举措，努力让各类人才生活上无后顾之忧、工作上可大显身手、发展上有成功之望。

（一）不断优化人才政策环境

一是建立多层次人才政策体系。近年来，广西在人才工作政策建设方面开展了卓有成效的工作，制定出台了一系列政策文件，这其中既有针对全体人才的发展规划纲要，也有针对具体行业、具体领域人才的专项发展规划；既有针对高层次人才的政策，也有针对高级技工等职业技能人才的政策，还有针对园区人才的政策等。同时，积极实施“新世纪十百千人才工程”“八桂学者”“特聘专家”等人才建设制度，进一步加强高层次专业技术人才队

---

① 2014 年 5 月，习近平总书记在上海外国专家座谈会的讲话中强调：“择天下英才而用之”。他说：“一个国家的对外开放，必须推进人的对外开放，特别是人才的对外开放。人的对外开放对推进一个国家对外开放具有基础性作用。”

伍建设，促进优秀中青年学术、技术带头人成长。建设中国留学人才产业园区，采取一区多园、一区多牌、多种优惠政策叠加的方式建设，积极吸引留学人才到广西投资创业。广西多层次人才政策体系建设如表 1－1 所示。

表 1－1　广西多层次人才政策体系建设

时间	文件名称	政策内容
2010 年 9 月	《关于加快吸引和培养高层次创业创新人才的意见》	出台"1＋3"政策文件，加大人才引进、培养和使用力度
2010 年 10 月	《广西中长期人才发展规划纲要（2010—2020 年）》	制定《广西专业技术人才中长期规划》等六支人才队伍专项规划
2009 年 12 月	《加强工业专业技术人才和经营管理人才队伍建设的意见》	解决工业专业技术人才和经营管理人才不足，创新能力不强问题
2012 年 10 月	《关于加强科技创新人才队伍建设实施方案》	到 2015 年，科技人才结构逐步优化，人才的学科结构、知识结构逐步改善；人才资源开发进展明显等
2013 年 12 月	《广西医药卫生中长期人才发展规划》《2012 年青年医学英才培养计划》等	鼓励高等医学院校毕业生到基层工作，解决基层医疗卫生专技人才紧缺问题
2013 年 12 月	《关于进一步加快广西北部湾经济区人才开发的若干政策措施》	打造广西人事改革综合试验区，构筑与项目建设、产业发展相适应的区域性人才小高地
2015 年 12 月	《关于实施人才小高地提升工程的意见》	到 2020 年，力争建成 70 个左右自治区级人才小高地，形成一批在国内有影响的品牌人才团队
2016 年 11 月	《关于深化人才发展体制机制改革的实施意见》	推进人才管理体制改革、改进人才培养支持机制、强化人才创新创业激励机制等
2017 年 9 月	《广西壮族自治区引进海外人才工作实施办法》	重点引进海外高层次创新创业人才及其团队，注重引进青年人才
2017 年 11 月	《关于加强基层专业技术人才队伍建设的实施意见》	完善人才评价标准，创新人才评价机制；改进公开招聘方式，积极引导各类人才向基层流动等
2018 年 2 月	《广西壮族自治区高层次人才认定办法（试行）》	明确高层次创新型人才划分层次及标准

资料来源：根据历年政府公报及相关部门资料整理而来。

二是降低人才落户门槛、简化人才认定程序。2018 年 8 月，广西公布相关措施，全面放开人才落户限制，大中专院校（含技工院校）毕业生凭毕业证和身份证、初级及以上技能人才凭国家职业资格证和身份证，可在全区城镇申请落户，不受就业、住房、缴纳社保条件限制。引进人才部门认定的急需人才可以在全区 14 个设区市的城镇自主择地落户。广西人才落户门槛是全国最低、身份证制发周期最短。同时，广西高层次人才认定不受国籍、户籍限制。全职在广西所属企事业单位工作或每年在广西所属企事业单位工作累计 3 个月以上的人才，均可申请认定为相应层次的高层次人才，申请流程全部“一站式”办妥。

（二）打造人才引育发展平台

一是建设人才小高地。作为后发展、欠发达地区，为解决广西高层次人才紧缺的瓶颈问题，更好地引才、聚才、用才，广西自 2004 年起开展人才小高地建设，依托重点产业、重点项目、重点学科和优势企事业单位，建立聚集和培养高层次人才的人才特区，并以此为平台创新体制机制，确保人才引进来、留得住、用得好。2004—2017 年，广西共设立七批自治区人才小高地，建设自治区级小高地 50 个，各市、自治区直属各部门小高地 100 多个。这些小高地主要设立在现代农业、医学、生态环境、文化、旅游等多个关键产业领域，为广西人才资源开发“造血”，并形成了一批高端科研项目，为经济和社会发展集聚了一大批高层次人才。

二是搭建海外引才平台。2015 年广西首批成立“海智计划”基地工作站，推进海外引才引智服务。搭建与欧盟国家的人才交流平台，一直是广西开展国际对外交往工作的重点方向之一，特别是瑞典、芬兰等是广西国际人才交流的重点目标国家。2016 年 8 月，南宁市（瑞典）海外引智工作站在瑞典挂牌成立。2016 年 9 月，中关村 · 广西创业创新人才基地成功举办海内外高端人才创新创业成果展。2018 年 8 月，中欧生命科学联盟广西工作站正式揭牌，打开招才引智新窗口。

（三）加大中心城市人才引育

中心城市是人才引进和培育的关键主体，是打造具有竞争力人才发展环境的承载体。近年来，南宁、柳州、桂林等中心城市不断加大人才引育力度，着力政策环境，优化引育氛围，取得了新的成效。

南宁市。打造面向东盟的区域性国际人才高地。2013 年以来，南宁持续组织开展“广西籍学子回家看看”和“南宁·东盟人才活动月”，重点面向在外求学、有意回南宁发展的广西籍高校毕业生和在外求学或就业、有意到南宁发展的海内外青年人才。2018 年 8 月，南宁市印发实施《深化人才发展体制机制改革　打造面向东盟的区域性国际人才高地行动计划》（简称《行动计划》）及配套政策，着力打造面向东盟的区域性国际人才高地。围绕引育急需紧缺专业人才、人才创新创业平台建设、人才服务、人才工作保障等方面提出 40 条政策措施。其中，顶尖人才“突破计划”、创新创业领军人才“邕江计划”，对引进或培养的院士等顶尖人才最高予以 1000 万元的科研补助经费，对重点产业及战略性新兴产业引进培养的领军人才及其团队给予 50 万～500 万元项目资助。《行动计划》提出实施青年人才“青蓝计划”，为青年人才提供安居、落户、创业、就业和环境优化等全方位支持，力争 5 年内吸引 50 万名高校毕业生到南宁干事创业。[①] 同时，南宁市出台《关于南宁市建设海外人才离岸创新创业基地的实施办法》《南宁市引进海外人才工作实施办法》《加快南宁市人力资源服务业发展实施办法》，探索“离岸创新、海湾孵化、南宁创业”的模式，依托高新区等重点园区建立海外人才离岸创新创业基地，服务海外人才创新创业，提高海外人才项目落地和技术转化成功率。

柳州市。以产业聚集优秀人才，建立起人才、产业互融互促的生态链条。[②] 柳州市大力推进人才体制机制创新，用人才支撑产业发展，主要措施包括：一是搭建载体引人才。连续 8 年开展“优秀人才接触柳州”活动，邀请 40 所“双一流”高校的硕博士及高层次人才来柳参观考察，引进 227 名优秀人才来柳州工作创业。持续开展“外国专家柳州行”“引进

---

① 为青年提供安居创业全方位支持[N]. 人民日报,2018－08－31.

② 柳州纳贤瞄准“高精尖”[N]. 广西日报,2018－07－11.

国外智力项目”等活动。定期编制发布急需引进的高层次（紧缺）人才目录，提升人才引进精准性。二是着眼需求育人才。针对产业工人需求大的实际，推进政校企一体化合作，大力培育技能人才，推动柳州职教园与东盟、西欧国家合作开展国际办学。建立人才出国进修培训机制，累计选派12批240余名优秀中青年干部到美国、英国等高校进行中长期学习培训，攻读管理、工程类硕士学位，培养一批具有国际视野、懂管理的中青年干部。三是优化环境留人才。开展“一站服务管引才”工作，稳步推进高层次人才“一站式”服务改革试点。定期组织开展拔尖人才、优秀青年科技人才评选活动，增强优秀人才的认同感、获得感和受尊重感。四是龙头企业用人才。柳钢等龙头企业坚持“功以才成、业由才广”，筑就人才强企之路，出台一系列含金量高、操作性强的政策措施，形成了经营管理、专业技术、技能“三类人才”晋升发展模式，畅通专业技术人才和高技能人才职业晋升互通机制。①

桂林市。为引进更多高层次顶尖人才，2017年6月，桂林市出台了《桂林市高层次人才引进和培养暂行办法》（简称《暂行办法》）。根据《暂行办法》，桂林市面向全球范围引进高层次人才，其中第一类人才除正常薪酬外，可获得累计200万元以上的现金奖励。一是精准定位人才需求。立足和结合桂林国际旅游胜地建设需求，瞄准学术、技术领域，引进具有较高造诣和较突出成果，能引领和带动科技进步、产业升级、文化繁荣、社会发展的高层次创新创业人才。二是坚持靶向引才，不求所有但求所用。引才难、留才难，一直是制约国内部分欠发达地区发展的瓶颈，要在短时间内迅速吸引大批顶尖高端人才全职在岗，难度很大。因此，桂林市对高层次人才不求所有，但求所用，坚持柔性引才观，既重点引进全职全薪人才，也鼓励引进兼职兼薪人才。三是坚持业绩导向，加强人才配套服务。按照《暂行办法》规定，全职引进的人才除用人单位正常的工资、福利待遇外，还可根据人才类别享受从3万到80万元不等的人才津贴，给予

① 功以才成,业由才广——柳钢筑就人才强企之路探析[N]. 广西日报,2018-07-11.

个人所得税奖励、购房补贴、租赁补贴、科研资助等，为高层次人才解决配偶就业、子女就学、住房安置、就医等生活困难。

（四）开放合作营造人才氛围

中国—东盟自贸区建设以来，双边贸易规模大幅提高，双边贸易额由2003年的780多亿美元到2018年的15878亿美元，2004年至2017年，广西与东盟贸易额从82.9亿元增长到2061.49亿元。[①] 随着中国—东盟自贸区升级版和西部陆海新通道建设的不断加强，资金、资源、技术和人才等生产要素流动效率显著提高，国际间、地区间的人才交流更为广泛，将进一步加强广西与东盟各国和陆海新通道沿线人才资源合作开发，为打造具有竞争力的人才环境提供了有力支撑。

自2007年以来，广西设立了东盟国家留学生奖学金、老挝留学生奖学金和柬埔寨留学生奖学金，一些高校设立了学校奖学金，显著提高了广西在“一带一路”沿线国家的影响力，提高了广西高校的知名度，增强了对外国留学生，特别是东盟留学生的吸引力，扩大了广西与东盟国家间的人才交流。2017年9月，广西出台了首部引才引智工作专项政策——《广西引进海外人才工作实施办法》，在全区实施外国人来华工作许可制度，实现了外籍来桂工作人员的规范、统一管理。广西外专局组织实施“安心计划”，启动了海外引才引智资源库建设，努力营造能够让海外人才“来得了、待得住、用得好、流得动”的良好环境。此外，2018年9月，南宁市举办了南宁·东盟人才交流活动月，启动了第五届南宁市海外高层次人才（“千人计划”专家）与项目对接会，开展了“广西籍学子回家看看”、海外人才创新创业大赛等20多项特色鲜明、有影响力的品牌活动，为南宁市与海内外人才、技术项目交流合作搭建了有效平台。

二、广西人才发展存在的问题

近年来，广西人才发展环境有了很大改善，但总体仍不乐观。当前，

---

① 搭建合作平台 实现互利共赢——中国—东盟博览会推动中国—东盟经贸合作迈上新台阶[N]. 人民日报，2018-09-11. 注：2018年数据以统计部门和地方政府公报为准。

广西正处于力推产业转型升级和实现经济高质量发展的关键阶段，必须高度认识到人才是增强竞争力和发展力、保持经济社会可持续发展后劲的关键支撑。

（一）意识不浓、教育不强、政策不优、机制不活是关键

综合对比来看，广西打造具有竞争力的人才发展环境存在人才意识不浓、教育支撑不强、政策效力不优、引育机制不活四个关键问题，这是新时代下广西人才工作和打造具有竞争力人才发展环境必须面对和解决的问题。

一是人才第一资源的意识不浓，对人才的重视程度依然不够。客观而言，广西对总书记“人才资源是第一资源”重要论述的认识依然不足，没有将人才发展放到与招商引资同等重要位置，部分地区的人才意识不强，没有确立人才资源在经济社会发展中的战略地位。领导干部的人才意识，主要体现在知人善任、广纳群贤上，要做到有爱才之心、识才之智、容才之量、用才之艺。① 同时，缺乏人才资源开发与管理的理念，对人才资源重要性的认识不足，不注重对人才培养经费的投入，引进人才的积极性不高，对现有人才使用力度不大、效用不高，造成了人才资源的闲置和浪费。

二是高等教育支撑不足，人才“蓄水池”效应不强。人力资本是经济增长的主要因素，教育能为经济社会发展提供高素质的劳动力和各种专门人才，是影响经济社会发展的长期性、潜在性和综合性因素。② 广西高校科研院所的数量和实力均显著薄弱，从全国第四轮学科评估结果可以看出，广西没有一所学校或是一级学科专业排在“A^+、A、A^-、B^+”③ 的前四档水平，仅有广西大学的化学工程与技术专业、桂林理工大学的环境科学与工程专业排在第五档“B”，“双一流”学科建设数量明显落后，表

① 仲祖文．领导干部要有强烈的人才意识[N]．人民日报，2003－05－12.

② 王炳林．育才造士，为国之本[N]．光明日报，2019－03－19.

③ 前2%（或前2名）为A^+，2%～5%为A（不含2%，下同），5%～10%为A^-，10%～20%为B^+，20%～30%为B，30%～40%为B^-，40%～50%为C^+，50%～60%为C，60%～70%为C^-。

明广西高校和本地人才培养和培育能力与大多数省份相比明显不足，向发达地区开展学习、交流的层次和高校人才培养率不高。必须高度重视教育，营造出具有竞争力的人才教育环境，抢先拥有大量第一手人才资源储备。与此同时，根据全国第四轮学科评估结果，在国家划分的37个工学学科中，广西仅有13个，缺失23个，专业学科支撑明显乏力，高质量发展缺乏基础支撑，进而影响了人才储备、培养，与产业高质量发展的关联性不强。

三是没有形成完善的配套政策。人才政策创新能力不强，在政策实施过程中存在“重出台政策、轻执行落实”的现象，在关键政策上尤其是涉及人才待遇方面的政策不够明确，存在政策缺位，不少人才政策缺乏可操作的实施细则，导致政策难以落地，未能实现制定政策的预期效果。人才政策投入力度和创新不足，缺乏强有力的引才、留才、用才优惠政策，如广西仍未出台外国人永久居留办法。在全国的政策率先效应明显偏弱，人才政策力度明显不够。同时，值得高度关注的是，一些企事业单位对国家人才体制机制改革的相关文件并没有进行深入解读和二次创新，是导致广西人才效应滞后的重要原因之一。

四是人才工作机制与市场经济不相适应。一些政策性障碍尚未破除，“论资排辈”现象突出，激励机制不足，分配不尽合理。如人才库多由政府部门建立，没有向民营企业开放，民营企业人才使用与国有企业不对等，这是影响广西民营企业缺乏人才特别是高层次人才的重要因素。中介市场、平台建设滞后，资源分散，社会化、产业化、专业化程度较低，服务功能有限，难以适应优化配置人才资源的要求。专业技术岗位聘用率偏低，如某科研单位已获得高级专业技术职称人员的岗位聘用率仅为41%，且需退二进一，低于全区水平，更低于全国水平。

（二）历史厚度不足，人才积淀不够

除了意识不浓、教育不强、政策不优、机制不活四个关键问题外，探究一个地区的人才问题以及人才发展环境，有必要对地区人才的历史积淀进行分析和总结。从历史维度对不同地区人才积蓄过程和发展历程进行分

析，进而提炼出萃集人才、集聚人才的历史发展规律。

所谓“缙绅虽位极人臣，不由进士者终不为美。”① 科举制度自施行以来，进士一科即成为士大夫们极力追求的目标，也是历史上人才发现和递升的关键机制。王继平等（2012）对晚清进士籍贯分布状况及其特征进行了考察，② 这对了解和掌握广西人才的历史脉源和后续影响具有重要参考价值。晚清（1840—1905 年）时局动荡，统治者更加重视科举以笼络士人，三年一度中试的进士中涌现了一大批政治、经济、教育、文学、艺术等方面的著名人物，成为晚清高级知识分子集中的群体，一定程度上也奠定了一个地区人才的“历史厚度”。道光二十年（1840 年）至光绪三十年（1904 年）清朝最后一科会试，录取三甲进士共计 7972 人，其中广西共 299 人（实为 298 人），占晚清进士总数的 3.75%（实为 3.74%）（见表 1－2）。

表 1－2　晚清（1840—1905 年）进士人数分省份统计表

朝代 省籍	道光	咸丰	同治	光绪	合计	占比（%）	排序
江苏	101	69	125	318	613	7.69	1
浙江	111	87	108	302	608	7.63	2
山东	105	79	118	274	576	7.23	3
江西	103	74	122	272	571	7.16	4
河南	73	95	108	218	494	6.20	5
八旗	92	61	97	240	490	6.15	6
福建	52	46	82	268	448	5.62	7
直隶	57	62	89	230	438	5.49	8
安徽	53	39	76	215	383	4.80	9
广东	57	36	79	202	378	4.47	10
陕西	44	62	71	176	353	4.43	11

① 王栻.《严复集》(一)之《论教育与国家之关系》[M].北京:中华书局,1986:166.

② 王继平等.晚清人才地理分布研究(1840—1912)[M].北京:中国社会科学出版社,2012.

续表

朝代 省籍	道光	咸丰	同治	光绪	合计	占比（%）	排序
四川	45	49	71	181	346	4.34	12
湖北	45	43	72	184	344	4.32	13
湖南	41	31	68	177	317	3.98	14
广西	36	27	72	164	299	3.75	15
山西	54	47	58	131	290	3.64	16
云南	42	36	42	157	277	3.47	17
贵州	39	29	44	143	255	3.20	18
顺天	63	30	46	77	216	2.71	19
甘肃	26	32	23	114	195	2.45	20
奉天	12	12	17	40	81	1.02	21

注：明朝、清朝两代北京地区称为顺天府，顺天府辖区在清初多有变化，乾隆八年（1743 年）固定后，辖五州十九县。王继平等（2012）的资料中将何业建算为广西石泉，但经作者资料考证，何业建应为陕西石泉人（今安康石泉县），光绪二十一年 3 甲 54 名进士。

资料来源：王继平等．晚清人才地理分布研究（1840—1912）［M］．北京：中国社会科学出版社，2012；尹海金，曹端详．清代进士辞典［M］．北京：中国文史出版社，2004.

表 1-3　晚清（1840—1905 年）广西进士地区分布统计表

分布 地区	州县	数量（人）	排序
桂林	临桂（95 人）、灵川（21 人）、全州（10 人）、永福（8 人）、平乐（6 人）、灌阳（6 人）、兴安（4 人）、永宁（3 人）、阳朔（2 人）、象州（2 人）、荔浦（3 人）、桂林（2 人）、义宁（1 人）	163	1
玉林	郁林（14 人）、容县（9 人）、博白（9 人）、北流（7 人）、陆川（5 人）、兴业（1 人）	45	2
梧州	苍梧（19 人）、岑溪（7 人）、藤县（4 人）	30	3
贵港	桂平（11 人）、平南（6 人）、贵县（5 人）	22	4
南宁	宣化（12 人）、横州（3 人）、永淳（1 人）、永康（1 人）、武缘（1 人，今武鸣区）	18	5
贺州	贺县（7 人）、怀集（2 人，今属广东肇庆市）	7/9	6

续表

分布 地区	州县	数量（人）	排序
柳州	融县（2人，现融水县）、马平（2人）	4	7
百色	奉仪（3人，今田阳县）	3	8
河池	宜山（1人，现宜州市）、庆远（1人）	2	9
崇左	龙州（1人）	1	10

注：永宁州，明隆庆五年（1571年）升古田县置，治今广西壮族自治区永福县西北寿成，属桂林府；永淳另称“永淳”，在今横县峦城镇；永康，明成化八年（1472年）永康土县改为同正县，1951年7月，扶南、同正、绥渌三县合并为扶同绥县，旋改为扶绥县；另有，新宁（1人）今隶属于湖南邵阳市；郁林州，清嘉庆初至清末，辖博白、北流、陆川、兴业；宣化县，清代为南宁府治，治所在邕江北岸，辖今南宁市区及邕宁区等；义宁县，新中国成立后于1951年7月撤义宁县，其所辖地分别划入临桂县和灵川县；庆远府于“民国”二年废，改制宜山县，属柳江道；马平县自明洪武元年（1368年）属柳州府，清延续，“民国”二十年，马平县改为柳州县，“民国”二十六年，改为柳江县。

资料来源：滕兰花．清代广西进士分布的差异极其形成原因［J］．广西民族研究，2007（2）：169－175.

从晚清进士的籍贯分布来看，分布非常不均衡性，不仅体现在不同省份之间，还体现在同一省份内部（见表1－3）。科举人口向地理位置优越、经济发达的大中城市特别是省城倾斜，省会人数多是我国晚清进士分布的一大特点。[①] 临桂占全广西进士的31.77%，仅次于云南昆明（36.46%）。同时，晚清时期，临桂共产生了三位状元和一位榜眼。这也意味着人才向中心城市集聚，在中国而言，是一个历史性规律。

从晚清企业家的籍贯分布来看，晚清时期是中国孕育初生代企业家的重要时期，在以买办、官办企业负责人、私营企业主构成的近代企业家队伍中，广西的企业家人才非常薄弱，由于缺乏近代企业的设置，广西明显缺乏新式买办。买办具有拥有资金、懂得管理、敢于冒险和革新等特质，初步具备了企业家精神，绝大部分买办来自广东、浙江、江苏和天津等

① 苏全有，李风华．晚清人才的地域分布及其特色［J］．平原大学学报，2003，20（3）.

地，在统计的375名私人资本企业创办人或主持人中，[①] 绝大多数来自江苏、浙江、广东以及安徽等地，而没有一个广西籍的企业家，这值得深思。

从晚清教育家的籍贯分布来看，在统计的225位教育家中，广西有4位（岑春煊，广西西林人；马君武，广西恭城人；龙启瑞，广西临桂人；唐景崇，广西灌阳人），仅占1.78%，远低于浙江（49位）、江苏（38位）、湖南（28位）、广东（27位）等。

从晚清科学家的籍贯分布来看，在统计的141位科学家中，广西仅有1位（罗哲初，广西桂林人，医学家），远远低于江苏（50人）、浙江（30人）、广东（12人）和湖南（10人）等。受自然地理环境、政治制度和区域文化等因素影响，区域文化水平越高，人才地域分布则越多，江苏、浙江、广东、湖南、福建、安徽等地有深厚的文化传承，在经学、文学、教育等方面都有着较深的研究。

晚清人才尤其是进士萃集江浙，其原因有多个方面：地理位置优越、自然环境优美，经济繁荣昌盛、人口分布密集，文教事业发达、学术文风鼎盛以及科名欲望强烈、科举技能高超等，[②] 其中一个现象和原因值得关注，即伴随着全国经济中心的南移，人口分布密度逐渐南北易位，尤其是社会大动乱——历史上的民族战略和藩镇混战，引发了人口大规模向南迁徙，人口迁徙带给江浙的不仅仅是数量的增长，更促进了江浙地区人口素质的更新。背井离乡的移民往往具备不同程度的开拓意识和勤奋创业的精神，伴随着流民的大量移入，人口重新进行了组合，族缘、血缘逐渐实现了更新。长江和京杭大运河成为东西、南北文化交流和传播的纽带，经过碰撞、融合的吴越文化被赋予了“兼容并包、为我所用”和开拓创新的内涵，江浙学术文化的生命力越发强盛，人才分布密集也理所当然、顺理成章。

---

① 汪敬虞．中国近代工业史资料（第二辑上、下册）［M］．科学出版社，1957；王继平等．晚清人才地理分布研究（1840—1912）［M］．北京：中国社会科学出版社，2012．

② 王继平等．晚清人才地理分布研究（1840—1912）［M］．北京：中国社会科学出版社，2012：102－107．

从历史发展的维度看，人才问题是一个非常复杂的演变过程，也是一个综合的系统，但大体上可以梳理出一个基本的体系：

人才萃集 = 环境宜居 + 经济繁荣 + 文教发达 + 进取意识

这其中必须结合两个重要的变量因素，即"移民文化" + "政策创新"，随着区域发展的不断融合和政策创新的效力发挥，要求广西必须具备更加开放包容的文化氛围和更具效率的人才政策制度。

（三）人才总量偏小，领军人才匮乏

总体来看，广西人才总量明显偏小，人才规模不大、层次偏低，尤其是领军型人才严重匮乏。当前，广西人才特别是高层次人才、高端研发人才、高技能型人才等"三高"人才紧缺成为制约经济发展、产业转型、企业创新的主要因素。到 2017 年，广西专业技术人才总量达到 104 万人，高级技工水平以上的高技能人才占技能劳动者的比例达到 25% 以上。人才总量占总人口比例低，人才密度明显低于全国平均水平，人才队伍厚度单薄，每万名就业人员的研发人力投入仅为 43 人左右，每万人从业人口中拥有科技活动人员仅相当于广东省的 1/4，高级职称占全部专业技术人才的比重仅为 5.3%。

从高层次人才数量来看，广西高层次专家占全国的比例不到 1%，入选省级以上人才培养工程的高层次人才大约只有 2000 人，长江学者、享受国务院政府特殊津贴专家、"百千万人才工程"国家级人选等领军人才匮乏，具有国际视野和国际水平的中青年学术技术带头人、自主创新的高新技术产业开发人才短缺。根据中国科学院、中国工程院的公开数据，2018 年广西籍"两院院士"仅 10 人，排全国第 23 位，在桂两院院士仅 1 名，长江学者、百千万人才工程国家级人选短缺，在全国处于下游水平，低于黑龙江、云南等省份。人才规模及领军人才区域性对比情况见表 1－4。

表1-4　人才规模及领军人才区域性对比情况

省份	人才规模	领军人才区域性对比						
	每万人口中R&D全员当时量（人/万人）	中国科学院院士	中国工程院院士	长江特聘	国家杰出青年	青年千人	国家优秀青年	总计
北京	117	60	56	222	355	546	619	1858
上海	76	12	9	93	143	395	257	909
江苏	68	6	6	69	79	228	194	582
广东	47	1	6	30	48	221	113	419
湖北	23	6	4	56	56	184	107	413
浙江	67	4	3	26	40	159	109	341
安徽	22	5	4	5	42	112	91	259
陕西	25	3	2	54	30	83	71	243
四川	15	2	1	38	23	109	51	224
天津	76	0	0	25	28	67	61	181
辽宁	20	2	6	22	31	52	58	171
山东	30	2	4	11	24	40	46	127
福建	34	2	0	10	16	64	31	123
湖南	17	2	8	12	16	32	39	109
黑龙江	14	1	1	24	13	19	35	93
吉林	18	2	3	13	10	15	29	72
重庆	22	0	0	12	13	22	11	58
甘肃	10	2	1	7	6	10	29	55
云南	9	0	0	2	6	12	14	34
山西	12	0	1	2	2	1	11	17
贵州	7	0	1	2	4	5	2	14
河南	17	0	2	3	0	4	4	13
江西	11	0	0	2	4	3	4	13
河北	15	0	1	2	1	2	5	11
新疆	7	0	1	6	1	0	2	10
广西	8	0	0	4	1	1	2	8
西藏	3	0	1	4	0	0	0	5

续表

省份	人才规模	领军人才区域性对比						
	每万人口中 R&D 全员当时量（人/万人）	中国科学院院士	中国工程院院士	长江特聘	国家杰出青年	青年千人	国家优秀青年	总计
海南	9	0	0	1	0	2	1	4
内蒙古	16	0	0	1	0	0	2	3
青海	7	0	0	3	0	0	0	3
宁夏	13	0	0	0	0	0	0	0

注：严格按照各类人才当选单位的落地省份进行统计，2017 年国家杰青获得出青年为公示数据。

资料来源：《中国科技统计年鉴》（2017）；中国科学院、中国工程院以及国家各大部委网站。

（四）人才结构欠优，总体素质偏低

根据广西统计公报和国家统计公报，2010—2017 年广西受过高中中专及以上教育的人才占总人口比例为 13.5%；受到高等教育（大专以上）的人才占总人口比例为 4.85%；而同期全国同类人才占总人口的比例分别为 14% 和 5.7%。2017 年广西研究生教育招生 1.1 万人，在校研究生 2.94 万人，毕业生 0.9 万人，受过高中以上教育的人才总量达不到全国平均水平，特别是受过研究生教育的比例，比全国平均水平差了一大截。① 从高等教育发展的阶段性来看，广西高等教育毛入学率接近 30%，但仍远低于全国平均水平，排在全国末位。②

从全部就业人口受教育程度结构来看，2017 年广西全部就业人口中，

---

① 我国普通高等学校毕业生数从 2015 年的 749 万人，逐年增长到 765 万人、795 万人、820 万人，到 2019 年达到 834 万人。

② 教育是实现经济社会高质量发展所需人力资本的决定性因素，教育的发展状况直接决定着劳动力知识存量的多少、国民素质的高低、人力资本的构成状况，也决定着国民经济的发展水平和速度。大国之崛起往往与其发达的教育体系密切相关。德国在 19 世纪后期迅速崛起，成为世界第一强国，一个重要的原因就得益于其发达的教育体系。从 1851 年到 1900 年 50 年间，德国在基础科学与技术科学方面取得 200 多项重大成果，远远超出英、法两国之和，成为当时的世界科技中心。美国卡内基小组的研究表明，美国经济实力有 50% 是从其教育制度获得的（王炳林．育才造士，为国之本[N]．光明日报，2019－03－19．）

未上过学、小学教育、初中教育、普通高中教育、中等职业教育、高等职业教育、大学专科教育、大学本科教育、研究生教育的就业人口比例为1.7∶19.2∶50.0∶9.3∶5.1∶1.3∶8.1∶5.0∶0.4，全部就业人口中受教育程度明显较低，就业人口教育程度主要集中在初小学水平（初小学及以下就业人口占比达到70.9%），且未上过学的就业人口比研究生教育程度的就业人口要多。对比全国和上海就业人口教育程度，广西高层次人才比例不及全国平均水平，远不及上海等发达地区，表明广西高层次人才极其匮乏（见图1－1）。作为后发展、欠发达地区，人才紧缺是广西发展最大的制约，实现经济社会高质量发展不仅缺乏引领型的创新人才、领军人才、尖子人才，也缺乏推动产业变革所急需的金融人才、高技能人才、经营管理和战略决策人才。

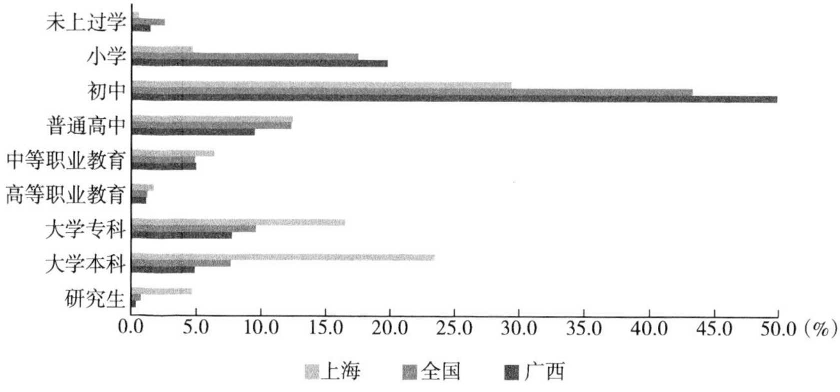

图1－1　广西、全国和上海就业人员受教育程度统计

资料来源：《中国劳动统计年鉴（2017）》。

（五）教育支撑不强，学科建设不足

习近平总书记指出：“高校肩负着学习研究宣传马克思主义、培养中国特色社会主义事业建设者和接班人的重大任务。”高校是创新型人才成长的摇篮，决定一个地区创新型人才的能力和水平。从985到“双一流”的变动中，郑州大学、新疆大学、云南大学入围了“双一流”建设高校，湖南大学、东北大学从985工程A类调整为“双一流”B类，中国农业大学、国防科学技术大学、中央民族大学、华东师范大学从985工程B类上升到“双一流”A类，可见高校质量不是一成不变的。层次变化不仅仅是资金扶持的问题，还是全社会认知度的问题，未来全社会将可能形成“双一流高校—双一流学科”等同于“985－211”的概念。而广西大学也仅为“双一流”学科建设学校，且入围的“土木工程”在全国并不具有绝对优势。“985”和“双一流”高校见表1－5。

表1－5　“985”和“双一流”高校

	985	双一流高校
A	北京大学、清华大学、复旦大学、南京大学、上海交通大学、中国科技大学、西安交通大学、浙江大学、哈尔滨工业大学、北京理工大学、南开大学、天津大学、华南理工 大学、中山大学、山东大学、华中科技大学、吉林大学、厦门大学、武汉大学、东南大学、中国海洋大学、湖南大学、中南大学、西北工业大学、大连理工大学、四川大学、电子科技大学、重庆大学、北京航空航天大学、兰州大学、东北大学、同济大学、北京师范大学、中国人民大学	北京大学、中国人民大学、清华大学、北京航空航天大学、北京理工大学、中国农业大学、北京师范大学、中央民族大学、南开大学、天津大学、大连理工大学、吉林大学、哈尔滨工业大学、复旦大学、同济大学、上海交通大学、华东师范大学、南京大学、东南大学、浙江大学、中国科技大学、厦门大学、山东大学、中国海洋大学、武汉大学、华中科技大学、中南大学、中山大学、华南理工大学、四川大学、重庆大学、电子科技大学、西安交通大学、西北工业大学、兰州大学、国防科技大学
B	中国农业大学、国防科学技术大学、西北农林科技大学、中央民族大学、华东师范大学	东北大学、郑州大学、湖南大学、西北农林科技大学、新疆大学、云南大学

学科建设薄弱是广西人才发展所存在的关键问题，以工程学科建设为例，存在门类不全、学科不强、布局不合理等多方面的问题，极大地制约了经济高质量发展。根据教育部第四轮学科评估结果，在国家划分的36个工学学科中，广西仅拥有13个，缺失23个。区内高校工程学科评估等级中，获评A类的没有，主要为B、B^-、C、C^+、C^-类，学科等级相对较低（见表1－6）。在高校学科设置与地方产业布局方面，工科院校高度集中在南宁、桂林两市。

表1-6　广西高校第四轮工学学科评估结果汇总

一级学科		高校代码及名称	评估结果	排名区间
代码	专业			
0801	力学	—	—	—
0802	机械工程	10595 桂林电子科技大学 10593 广西大学	B⁻ C	59~75 95~115
0803	光学工程	—	—	—
0804	仪器科学与技术	10595 桂林电子科技大学	B⁻	22~29
0805	材料科学与工程	10595 桂林电子科技大学 10596 桂林理工大学 10593 广西大学	C C C⁻	87~104 87~104 105~125
0806	冶金工程	—	—	—
0807	动力工程及工程热物理	—	—	—
0808	电气工程	10593 广西大学	C⁺	34~43
0809	电子科学与技术	10595 桂林电子科技大学	C	54~63
0810	信息与通信工程	10595 桂林电子科技大学	B⁻	43~55
0811	控制科学与工程	—	—	—
0812	计算机科学与技术	10593 广西大学 10595 桂林电子科技大学 10602 广西师范大学 10596 桂林理工大学	B⁻ B⁻ C⁺ C⁻	72~95 72~95 96~121 143~167
0813	建筑学	—	—	—
0814	土木工程	10593 广西大学 10596 桂林理工大学	B⁻ C	41~53 68~81
0815	水利工程	—	—	—
0816	测绘科学与技术	10596 桂林理工大学	C⁻	21~22
0817	化学工程与技术	10593 广西大学	B	30~44
0818	地质资源与地质工程	—	—	—
0819	矿业工程	—	—	—
0820	石油与天然气工程	—	—	—

续表

一级学科 代码	一级学科 专业	高校代码及名称	评估结果	排名区间
0821	纺织科学与工程	—	—	—
0822	轻工技术与工程	10593 广西大学	C+	10~12
0823	交通运输工程	—	—	—
0824	船舶与海洋工程	—	—	—
0825	航空宇航科学与技术	—	—	—
0826	兵器科学与技术	—	—	—
0827	核科学与技术	—	—	—
0828	农业工程	—	—	—
0829	林业工程	—	—	—
0830	环境科学与工程	10596 桂林理工大学 10593 广西大学 10602 广西师范大学	B C C-	32~46 78~93 94~110
0831	生物医学工程	—	—	—
0832	食品科学与工程	—	—	—
0833	城乡规划学	—	—	—
0834	风景园林学	—	—	—
0835	软件工程	10602 广西师范大学 10593 广西大学 10595 桂林电子科技大学 10596 桂林理工大学	B- C+ C+ C-	50~67 68~82 68~82 102~117
0837	安全科学与工程	—	—	—

资料来源：教育部学位与研究生教育发展中心2017年评估报告。

同时，广西高层次学历教育不足，高层次科研创新平台不足，博士点、硕士点少，全区现有全日制在校博士研究生不足千人。理工类、财经类院校偏少，文科类院校、师范类院校较多，热门的学科专业设置重复、雷同，与行业、企业需求严重脱节。广西高校与地方经济社会发展融合度不够紧密，开设的应用型、交叉新兴学科专业少，服务地方发展的能力不强，支撑产业发展的能力不足，部分急需的学科专业仍是空白。如制糖和有色金属工业、铝业加工是广西特色优势产业，但制糖生产技术与管理、有色金属、冶金专业人才供给严重不足。向海经济及海洋经济发展是重要的新兴领域，但海洋相关专业仍处于起步阶段。

与此同时，需要特别注意的是，广西在基础教育方面尤其是以高考为导向的区域竞争中严重处于劣势，2017 年全区高考一本录取率仅为 8.44%，在全国仅高于河南，意味着绝大部分高考学生难以进入具备较高教育质量的高校参与深造，211 高校录取率和 985 高校录取率均不理想，与本地高校尤其是 985 缺失、211 高校偏少具有直接关系，也与基础教育水平不足关系紧密。基础教育不强和高考录取堪忧的综合作用，相当程度决定了广西本籍人才的成长系数明显偏低，对打造具有竞争力的人才发展环境形成了“先天不足”现象。各地区高考分数录取率情况见表 1－7。

表 1－7　各地区高考分类录取率情况

地区	985 录取率（%）	211 录取率（%）	2016 年一本录取率（%）	2017 年一本录取率（%）
北京	4.29	13.99	30.53	30.5
天津	5.81	12.68	24.09	24.10
上海	5.33	13.58	—	21.80
宁夏	2.31	8.56	—	19.00
福建	2.01	5.37	20.17	18.70
辽宁	2.30	5.93	16.04	16.10
湖北	2.14	5.16	16.10	15.80
甘肃	1.47	3.50	15.28	15.22
青海	3.02	11.66	14.77	15.20
陕西	1.88	5.67	14.24	14.60
河北	1.48	4.42	15.86	14.55
贵州	1.19	5.17	14.77	14.50
安徽	1.10	4.10	14.47	14.20
内蒙古	1.54	6.03	13.37	14.03
浙江	1.87	4.40	13.07	14.00
黑龙江	2.01	6.67	13.71	13.50

续表

地区	985 录取率（%）	211 录取率（%）	2016 年一本录取率（%）	2017 年一本录取率（%）
新疆	1.67	7.76	12.33	12.86
吉林	3.56	8.95	12.54	12.40
江苏	1.41	5.19	12.45	12.10
重庆	2.13	5.38	11.87	11.50
湖南	1.71	4.53	11.66	11.20
广东	1.32	2.74	11.19	11.20
西藏	1.73	12.77	10.92	11.00
云南	1.35	4.50	10.56	10.85
四川	1.47	4.44	10.70	10.60
山东	1.47	4.44	13.89	10.60
江西	1.55	6.46	10.63	10.40
山西	1.30	4.67	9.93	9.80
广西	1.34	4.61	8.48	8.44
河南	1.14	4.14	7.73	7.80

资料来源：作者根据相关网络资料和各省公开资料整理而来。

（六）体制问题突出，人才流失严重

广西人才发展过程中存在较多体制性问题，选才“狭窄”、评价“缺失”、政策“落后”、流动“受限”等现象比较突出。人才选用机制不完善，选用范围狭窄、群众参与度低的现象比较突出，选才方式上存在论资排辈等问题。人才评价机制不健全，重选拔轻评价，重高层次人才轻基础性人才，没有建立起“按绩取酬”“多劳多得”的人才激励机制，现有激励机制存在重短期奖励轻长期激励、利益分配平均主义、有效激励不足等突出问题。人才管理政策体系不够完善，人才扶持政策力度偏弱，人才政策创新跟不上形势发展要求。人才培养机制力度不够，缺乏高层次科研平台，全区高校办学层次整体不高，高层次学历教育不足。同时，广西高校与行业、企业融合度不够紧密，在人才流动方面，“单位人”现象束缚了人才手脚，制约了人才流动，不利于实现高质量发展。

近年来，广西人才流失现象明显，总体呈现加剧趋势，尤其是高铁经济带建设背景下，与粤港澳大湾区形成显著人才“顺差”。[①] 广西总人口规模（以户籍人口为准）稳步壮大，从2005年的4925万人增长到2017年的5600万人，年均增长率为10.7‰，高于8.2‰的人口年均自然增长率，但广西外出人口从2005年的265万人增加到2017年的715万人，人口外出率最高达到13.28%，就外出人口来看，主要以外出务工、经商等为主，但在大量的外出人口中会存在相当规模的人才流失（见表1-8）。如果从广西6岁及以上人口受教育程度构成比例来看，大专及以上受教育程度人口占比为9%左右，考虑到外出人口基本为初高中及以上受教育程度人口，到2013年以后估算每年有70~90万的大专及以上人口外出，进而按照就业人口大学专科、大学本科、研究生受教育程度（20∶12.5∶1）的比例，每年约有2万~2.7万的硕士研究生及以上学历的人才在外。

表1-8　2005—2017年广西总人口、常住人口及外出人口情况

年份	总人口（万人）	常住人口（万人）	外出人口（万人）	外出率（%）
2005	4925	4660	265	5.38
2006	4961	4719	242	4.88
2007	5002	4768	234	4.68
2008	5049	4816	233	4.61
2009	5092	4856	236	4.63
2010	5159	4610	549	10.64
2011	5199	4645	554	10.66
2012	5240	4682	558	10.65
2013	5282	4719	563	10.66

① 《粤港澳大湾区发展规划纲要》提出打造人才高地，通过支持创造更具吸引力的人才引进环境，实行更积极、更开放、更有效的人才引进政策，加快建设粤港澳人才合作示范区，支持建立国家级人力资源服务产业园，建立紧缺人才清单制度等建设人才高地。从粤港澳9+2城市常住人口增速来看，2018年广州和深圳增速最高，分别达到3.5%和3.5%，东莞、佛山、惠州、中山和澳门的常住人口增长率比较接近（陈同海．借鉴大湾区人才发展经验，助力贺州经济发展[R].2019.）

续表

年份	总人口（万人）	常住人口（万人）	外出人口（万人）	外出率（%）
2014	5475	4754	721	13.17
2015	5518	4796	722	13.08
2016	5579	4838	741	13.28
2017	5600	4885	715	12.77

资料来源：历年《广西统计年鉴》。

根据不完全统计，贵广高铁和南广高铁的乘客中，桂籍乘客占比75%左右，并且从广西到区外，流动人口基本上是工作、消费；从区外到广西，流动人口基本是返乡（见表1－9）。

表1－9　从高铁乘客看人才流失

高铁	沿线城市	桂籍乘客比例（%）	广东→广西	广西→广东
贵广高铁	深圳、广州、贺州、桂林	55%～65%	返乡、旅游等	务工、旅游、消费、公务等
南广高铁	深圳、广州、佛山、云浮、肇庆、梧州、贵港、南宁等	75%～85%	返乡、公务、商务等	务工、旅游、消费、商务、公务等

资料来源：作者根据相关调研进行整理而来。

总的来看，未来一段时期内粤港澳大湾区的人才“虹吸效应”将对广西人才储备与培育造成较大的压力，2018年大湾区总体人才净流入率为1.39%，人才虹吸效应明显，其中超过七成流入人才集中在广州和深圳，除江门之外，其他城市均处于净流入状态，深圳和广州担当着人才流动中心的角色，40.4%流向深圳，[①] 31.4%流向广州，而从大湾区人才流入源来看，人才来源地主要为北京（11.33%）、上海、江苏、浙江等东部沿海

① 自2018年6月起，深圳市推行普通高校毕业生落户新政策，在落户方面取消纸质审批文件和现场报到环节，实现系统自动核准“秒批”办理，截至2018年12月底，半年时间，深圳共接收毕业生108367人，同比增长8.4%，其中通过“秒批”接收90881名毕业生（深圳全面实现4种人才“秒批”引进[N]. 经济日报，2019－02－17.）

省市，以及湖南、四川、河南等人口输出大省，这与有关广西人口输出情况的判断并不一致，某种程度上也反映出广西总体人口素质相对低下的现实问题（见表1－10）。①

表1－10 粤港澳大湾区人才流入数据

指标＼城市	深圳	广州	东莞	佛山	珠海	惠州	中山	肇庆	江门	
流入占比（%）	40.39	31.42	7.40	6.64	5.29	3.53	2.86	0.70	0.65	
净流入率（%）	0.78	1.36	1.30	2.65	6.07	2.65	2.75	1.85	－0.19	
人才来源占比（%）	北京	湖南	广东	江苏	湖北	河南	上海	山东	四川	浙江
	11.33	7.45	6.99	5.78	5.72	5.42	5.39	5.25	4.84	4.12

资料来源：陈同海．借鉴大湾区人才发展经验，助力贺州经济发展［R］．2019－07.

① 经济增长的主要驱动力是劳动生产率，经济增长的变化趋势及发展方式转变，归根结底取决于劳动生产率的变化。人口红利并不是简单的劳动力数量多少的问题，必须转换为单位劳动力的产出即人均劳动生产率才具有意义（刘志军．“人口红利”该转化为“人才红利”［N］．环球时报，2019－04－03.）

第二章　人才发展面临的总体环境

从全球经济发展来看，我国实现经济高质量发展是扭转发展格局的根本举措，而要实现经济高质量发展必须补齐人才短板，对于一个地区而言，更是如此。党的十九大报告提出，要破除妨碍劳动力、人才社会性流动的体制机制弊端，使人人都有通过辛勤劳动实现自身发展的机会。随着各地区、全国乃至全球纷纷加入“人才抢夺战”，广西人才发展面临怎样的环境？

一、全球视野下的人才竞争格局

根据《全球人才竞争力报告（2018）》，全球人才竞争力评价体系是一个“4 +2”的评价结构，所谓“5”，包括人才能力（Enable）、人才吸引（Attract）、人才成长（Grow）、人才保留（Retain）四个基础型指标的考量，所谓“2”，包括全球知识技能（Global knowledge skills）和职业岗位技能（Vocational and technical skills）两项技能型指标，由于这一体系更多地体现了一个国家或地区人才的能力和技能水平，因此传统意义上的人力资源大国并未在此评价结果中占据优势地位，而是一些人才能力和技能水平高的国家或人才体现了更高的竞争力。总体来看，科学技术差距背后的关键在于人才竞争力，从表2－1可以看出，我国人才竞争力与相关国家相比仍有较大差距。从评价结果来看，我国人才职业技能在各项指标中排位最高，[①] 居全球第22位，在人才吸引能力方面表现较弱，居全球第76位，远低于新加坡，甚至低于马来西亚的表现。从全球人才竞争力来看，除新加坡、美国之外，前十位的均为欧洲国家，从亚洲、太平洋区域来看，澳大利亚、新加坡、阿联酋、日本、卡塔尔和马来西亚均有不俗表现，其中阿联酋、新西兰、澳大利亚的人才吸引能力分别居全球第3、第6和第7位。新加坡具有卓越的全球人才竞争力，人才能力、人才吸引和职业技能均居全球第一，马来西亚具有较强的人才竞争力，因此，未来加强与新加坡、马来西亚等国家的人才合作是广西的重要选择（见表2－1）。

表2－1　相关国家人才竞争力全球排名

国家	排名	人才能力	人才吸引	人才成长	人才保留	全球知识	职业技能
瑞士	1	2	5	3	1	3	9
新加坡	2	1	1	10	25	8	1
美国	3	8	18	2	14	2	2
挪威	4	10	12	5	2	6	17
瑞典	5	5	11	6	4	11	8
芬兰	6	9	16	4	5	5	14
丹麦	7	3	13	8	6	10	13
英国	8	6	8	7	11	25	3
荷兰	9	12	17	1	9	9	16
卢森堡	10	18	2	19	8	17	18
澳大利亚	11	17	7	11	12	24	6
新西兰	12	4	6	13	21	20	7
阿联酋	17	11	3	21	28	1	43
日本	20	7	54	20	20	18	23
卡塔尔	23	20	4	23	38	16	62

① 我国于1999年发布了首部《职业分类大典》，将职业种类划分为1838个细类，着重指出了对于技术需求不断上升的职业门类，旨在解决技术人才缺口。我国共有1.7亿受过高等教育和拥有技能的人才资源，全球最大的中等收入群体，2018年全国16～59岁劳动力人口总数达8.97亿人，占总人口比重64.3%。我国技能劳动者超过1.65亿人，其中高技能人才4791万人，仅占就业人员总量的6.2%（深培人才厚土，涵养经济活力[N]. 人民日报，2019－07－08.）

续表

国家	排名	人才能力	人才吸引	人才成长	人才保留	全球知识	职业技能
马来西亚	27	22	23	32	34	21	39
韩国	30	25	81	25	40	35	15
波兰	39	36	61	43	43	29	44
沙特阿拉伯	41	35	44	53	33	37	60
中国	43	43	76	29	64	66	22
约旦	50	51	39	82	53	54	57
哈萨克斯坦	51	58	58	79	48	53	52
菲律宾	54	59	56	41	68	74	36
科威特	65	65	41	90	52	68	87
土耳其	68	61	108	63	59	85	47
泰国	70	48	55	69	71	89	68
印度尼西亚	77	70	84	61	88	58	89
印度	81	78	98	54	99	71	63
斯里兰卡	82	63	88	87	78	69	90
越南	87	77	87	91	86	100	61
老挝	95	80	62	107	75	99	116
埃及	104	108	115	118	80	116	59
缅甸	108	88	97	111	103	113	113
巴基斯坦	109	114	116	108	107	92	73

资料来源：The Business School for the World. Bruno Lanvin and Paul Evans, The Global Talent Competitiveness Indes (2018): Diversity for Competitiveness.

与各国人才竞争力平均水平相比，中国人才的全球知识技能和人才成长能力具有明显优势，但人才吸引能力和人才保留能力相对较弱，接近各国平均水平。

城市是世界各国人才的主要集聚地，与全球人才竞争力国家竞争格局相似，欧洲城市的人才竞争力在全球主要城市中具有明显的优势，尤其是斯德哥尔摩、奥斯陆、哥本哈根、赫尔辛基等北欧城市具有卓越的人才竞争力，这与其优越的城市环境、良好的福利环境和出色的营商环境具有直接关联。亚洲区域内，东京的人才竞争力最强，首尔、新加坡、阿布扎比、多哈、迪拜等均具有较强的人才竞争力，北京、杭州、上海、深圳、

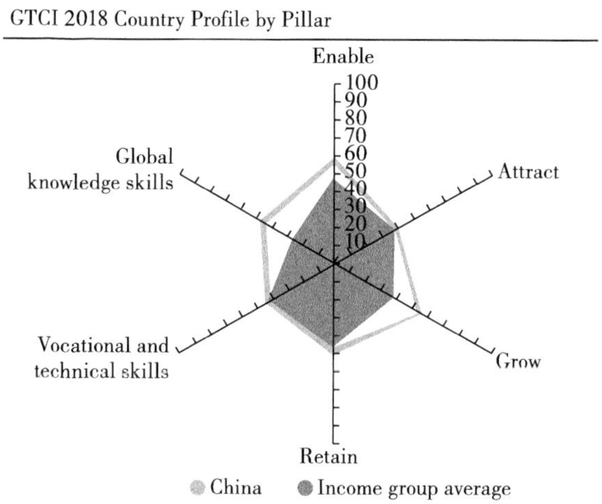

图 2 - 1　中国在国际人才竞争中的基本态势

广州、天津等城市是国内人才竞争力最强的城市（见表 2 - 2）。总体来看，加强与新加坡、吉隆坡的人才合作，积极对标北京、杭州、上海、深圳、广州等城市，是广西打造具有竞争力的人才发展环境的重要选择。

表 2 - 2　全球主要城市及相关城市人才竞争力（2018 年）

排名	城市	总分	排名	城市	总分	排名	城市	总分
1	苏黎世	71.0	18	首尔	57.8	67	吉隆坡	37.9
2	斯德哥尔摩	68.2	20	悉尼	56.9	70	上海	35.6
3	奥斯陆	68.1	26	纽约	55.0	73	深圳	34.7
4	哥本哈根	67.1	33	新加坡	52.7	77	广州	33.9
5	赫尔辛基	66.8	39	华沙	48.1	78	曼谷	33.8
6	华盛顿	66.5	46	奥克兰	46.0	83	天津	27.3
7	都柏林	66.1	54	阿布扎比	42.9	84	开罗	26.3
8	旧金山	63.4	55	北京	42.3	85	河内	25.7
9	巴黎	63.2	57	多哈	40.9	88	科威特	21.7
10	布鲁塞尔	62.7	65	迪拜	39.3	89	孟买	15.5
12	东京	60.2	66	杭州	38.1	90	德里	14.9

资料来源：The Business School for the World. Bruno Lanvin and Paul Evans, The Global Talent Competitiveness Indes (2018): Diversity for Competitiveness.

2011–2015全球人才指数

网易新闻 news.163.com DATA BLOG 数读
来源：经济学人社（EIU）

2011人才指数排名	分数		2015人才指数排名预估	分数预估															
1	74.2	美国	1	74.5	16	57.4	爱尔兰	17	58	31	43.7	智利	26	47.1	46	36.8	泰国	45	39
2	64.7	丹麦	2	65.4	17	55.7	奥地利	20	53.5	32	43.3	斯洛伐克	29	46.6	47	36.4	秘鲁	47	37.8
3	63.2	芬兰	3	64.2	18	55.5	比利时	18	57.2	33	41.1	中国	31	46.3	48	35	土耳其	43	39.9
4	61.9	挪威	5	62.3	19	55.1	法国	16	58.1	34	40.8	俄国	34	43.1	49	34.7	保加利亚	48	37.3
5	60.2	新加坡	6	61.9	20	54.5	中国台湾	19	54.3	35	40.5	印度	35	42.2	50	33.5	厄瓜多尔	50	36.7
6	60.1	澳大利亚	6	61.9	21	49.7	西班牙	22	49.5	36	40.1	罗马尼亚	37	41.8	51	32.8	埃及	48	37.3
7	59.5	瑞典	4	63.4	22	48.4	韩国	21	51.6	36	40.1	马来西亚	39	41.1	52	30.7	越南	53	32.7
8	59.1	中国香港	10	60.8	23	46.7	希腊	33	45.7	38	39.7	墨西哥	35	42.2	53	30.5	哈萨克斯坦	52	33.2
9	58.5	瑞士	9	60.9	23	46.7	意大利	23	48.1	39	39.4	委内瑞拉	51	36	54	29.8	阿塞拜疆	60	26.3
10	58.3	荷兰	13	59.4	25	45.9	捷克共和国	25	47.6	40	39.1	哥伦比亚	41	40.8	55	29.7	伊朗	55	30.3
10	58.3	以色列	11	59.9	26	45.4	葡萄牙	26	47.1	41	39	沙特阿拉伯	39	41.1	56	27	阿尔及利亚	58	28
12	58.2	英国	14	59.3	27	45	日本	24	48	42	38.2	巴西	38	41.7	56	27	巴基斯坦	54	30.8
13	57.9	德国	11	59.9	28	44.6	阿根廷	32	46.2	43	38	乌克兰	42	40.3	58	26.5	印尼	56	30.2
14	57.8	加拿大	8	61.3	29	44	波兰	28	46.7	44	37.6	菲律宾	44	39.8	59	26.3	斯里兰卡	57	29.2
15	57.7	新西兰	15	59.1	30	43.8	匈牙利	30	46.5	45	37.4	南非	46	38.7	60	23.1	尼日利亚	59	27.7

图 2－2　2011—2015 年全球人才指数

二、中国人才外流阶段逐步终结

改革开放尤其是进入新时代以来，我国经济实现了长足发展，国家崛起已经作为一个现实议题进入公共视野，而人才必定是绕不过的一个话题。中国在注重培育本土人才的同时也高度重视海外高层次人才的引进，实施“千人计划”“长江学者奖励计划”、中科院“百人计划”等重大人才政策。当前，我国顶尖研究人员“人才流失”现象正在逐步扭转，许多才华横溢的科学家选择留在国内，更丰厚的薪酬和对国内科学家看法的改变使国内岗位更具吸引力。[①] 在发达国家留学的中国学生毕业后选择留在当地的比例超过 95%。但从 2012 年起至 2017 年底，选择回国的比例超过 83%。[②]

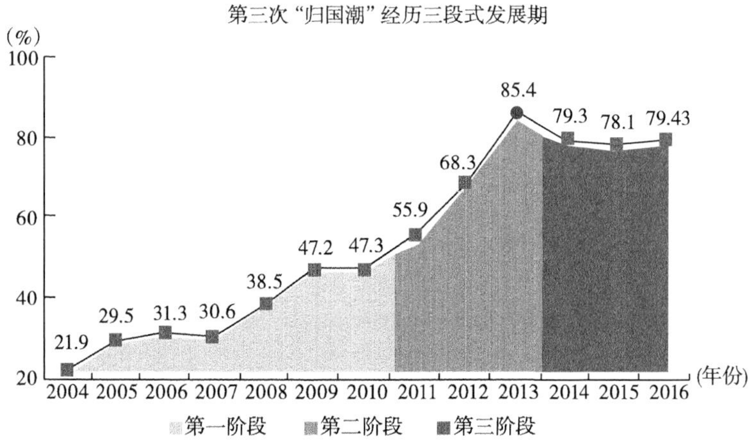

图 2－3　第三次“归国潮”发展期

测算留学归国人员规模可以采用“留学人员回流率”指标，是指同一时段内留学回国人数占出国留学人数的比率。如果回流率大于等于 1，则表示归国人数大于等于出国人数；如果回流率小于 1，则表示归国人数小于出国人数。[③] 2004 年至 2010 年，中国留学人员回流率呈现小幅上涨趋势，每年的涨幅比率控制在 10 个百分点以内。2010 年以后，中国出国留学人员回流率显著提高，呈现阶梯式上涨，如 2012 年的回流率为 68.3%，2013 年的回流率高达 85.4%（见图 2－3）。2016 年，中国出国留学人员 54.45 万人，比 2015 年增加了 2.08 万人，同比增长 3.97%；留学回国人

---

① 近年来，中国科学家收入猛增，已与美国同行大致相当，有时还高于后者。中科院大连某研究机构团队招聘的一种特定博士后研究职位的年薪高达 60 万元，是美国同类岗位平均薪酬的两倍。

② 中国对美人才流失正结束，这归功于国内更高的薪酬和特朗普[N]. 南华早报，2018－09－06. 作者认为特朗普政府咄咄逼人的举措已在美国催生出对华人科学家不友好的氛围，使大量研究人才停止从中国流出。

③ 考虑留学生出国求学的国别差异、学制年限以及不同学历的年限差别，更准确的测算方法是用当年回国人数对比三年前出国留学人数的差值变化，来观察留学生回国“进大于出”的实际拐点是否已经到来。在此口径可以发现，2011 年是拐点期，以往的留学人员由“逆差”变为“顺差”。

员 43.25 万人，比 2015 年增加了 2.34 万人，同比增长 5.72%。留学回国人员增长率首次超过出国留学人员增长率 1.75 个百分点。

与此同时，港澳台人才加速进入内地，各地大学加快步伐与港、澳、台大学合作培养高级人才。由于粤、港、澳经贸往来的日益密切，教育、科研合作日益频繁，广东走在全国各省份的前沿。广东外语外贸大学与香港城市大学的合作始于 2002 年。2018 年 1 月，“粤港青年创业孵化基地（莞城）”和“粤港青年科创投资基金”在东莞成立。近年来，东莞专门出台《港澳青年人才创新创业专项资金管理暂行办法》《东莞市莞港澳台科技创新创业联合培优行动计划（2016—2020）》等政策，建设粤港澳文化创意产业实验园、台港澳青年创业基地等一批平台，为港澳人才提供资金资助、办公场地、贷款贴息等全方位的扶持，针对香港青年来反映的创业、就业的文化差异、税制复杂、优惠政策理解困难等重点问题进行突破。深圳市更是与香港大学和香港中文大学等开展了深度合作。

三、人才需求和就业模式发生深刻变化

随着新一轮科技革命和产业变革的到来，以及网络信息技术的突飞猛进，人才就业生态不断演进，就业门槛从对人才体力、身体素质的要求加快演变为对知识、技术能力的要求；就业领域在机械及计算机技术发展的带动下不断拓展，新旧岗位不断更迭，就业方式打破物理空间、时间约束，变得更加灵活多样（见图 2－4）。①

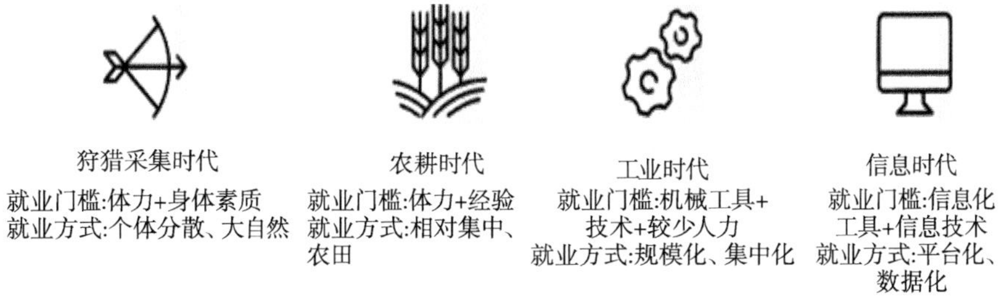

图 2－4　就业生态不断演进

① 中国信息通信研究院. 2018 中国数字经济时代人才流动报告[R]. 2018－08.

随着数字技术和网络技术的发展，大量传统行业+数字化+互联网化的“跨界”合作模式应运而生，传统行业的大规模转型，产生了大量既要具备行业业务能力，又要掌握数字技术行业应用的复合性就业需求。对于未来人才流动模式和特征，要有充足的科学判断和应对举措，随着数字经济、网络技术和高速铁路三大因素的交织影响，未来将对我国人才流动和引进形成比较显著的影响。在发展中国家，未来数十年内，2/3的工作岗位将因技能含量低而被取代。[①] 波士顿咨询在《迈向2035：4亿数字经济就业的未来》中预测，到2035年中国整体数字经济规模接近16万亿美元，数字经济渗透率达到48%，总就业容量达到4.15亿，同时55%～77%的就业易在未来因技能含量低而被新技术所取代。[②] 这所带来的启示是两方面：一是人才的就业及流动模式将发生新的变化，也意味着人才的引进应有新的举措；二是人才引进重在高层次人才，对于中低技能人才将被新技术予以取代。

之所以要对未来人才需求和就业模式进行论述和判断，总的来看，目前各地利用户籍政策与货币补贴等方式吸引人才流动的短期效应明显，但如果没有配套的中长期政策，人才也将难以留存和成长。对广西而言，发展新兴产业应避免盲目“追逐风口”，需将人才流动置于区域经济发展和产业价值链分工中去考虑，寻找比较优势，发掘当地优势产业的转型机会，补齐公共服务短板，尊重企业和个人在人才流动中的主体性地位，拆

---

① 王培安．科学把握人口发展规律，促进新时代人口均衡发展[N]．人民日报，2019-05-30.

② 根据牛津经济研究院2019年6月的报告，未来10年机器人有望取代约2000万个制造业岗位，这意味着全球约8.5%的制造业工人将因机器人“下岗”。该研究显示，2000年以来机器人已导致全球丧失约170万个制造业岗位，其中欧洲丧失40万，美国丧失26万，中国丧失55万。根据世界经济论坛《2018未来就业》的预测，到2025年前机器人的工作量将会超过人类，AI将在5年内带来约5800万个新的就业岗位，目前71%的工作任务由人类完成，到2025年将降至50%以内，到2022年前，机器学习和自动化发展将会减少7500万个工作岗位，同时一些技术会产生约1.33亿个新的就业机会。但牛津经济研究院认为这一趋势将极具破坏力，可能加剧各国甚至各国内部的收入不平等，自动化将在世界许多发达经济体内加剧地区分化，在各种群体中不平均地分配有关收益和成本。对29个发达经济体进行的分析发现，在低收入地区和更富裕地区，平均每个新工业机器人取代的制造业数量分别为2.2个和1.3个。到2030年将有1400万台机器人在中国“工作”。此外，2018年广东省工业机器人产量超过3.2万台套，占全国的22%（Cone，E. J. Lambert. How Robots Change the World [R]. Oxford Economic，2019(6)：3-4.）

除妨碍人才流动的体制障碍，以实现新旧动能的转换。

数字经济对人才的发展提出了更高要求，知识更新速度加快，终身学习体系的构建势在必行。在对待人才的态度上，应该摒弃“唯学历论”，既要有战略眼光与长远机制，培育基础研发创新人才，又要面向市场，树立“动态发展”的人才理念，提供“多元成才机遇”，让不同类型的人才能够脱颖而出。除了传统的学校及培训机构，互联网平台可以在终身学习体系中扮演更为重要的作用，知识付费平台的碎片化学习、在线教育平台的系统性学习、线上社区的知识经验分享等，可以有效激发学习动力，涵盖不同的学习需求。政府及传统教育机构应积极利用新型学习平台，提供多样化的学习成长机会，从“抢人才”到“育人才”，构建可持续发展的人才体系，走出人才引进、培养和人才发展环境营造的“误区”。

四、高维竞争下的城市人才格局变化

目前，城市和城市之间正在经历人口在空间上重新配置的过程，未来较长时间内将以政策牵引为催化剂，以人才流动为表现形式，向省会及区域中心城市进一步集聚。[①] 新一轮全国人口的腾挪应该是集中在人才资源的重新配置，城市对人才的吸引力格局发生了变化（见图 2－5）。

一线城市：由单边全国性流入向多维疏解优化转变。进入产业优化、疏解期，仍将以保持吸引力为自身的发展策略，其人才吸引格局将从面向全国扩大为面向全世界，在这个过程中部分在二线城市能够得到更好发展的人才也将向二线城市流入。

二线城市：处于产业承接或转型升级期，将重点提高城市吸引力，做大城市规模，其人才吸引格局从面向全省扩大为面向全省、全国，整体将处于“人才池”做大的时期，由被动吸纳省域人口向主动吸引全国人才转

① 今后较长一个时期，我国人口流动还将比较活跃，成为影响各地人口规模与结构变化的主要因素。近年来，流动人口长期居留、举家迁徙的趋势越来越突出。我们希望把流动人口引向中小城市，但实际上仍会有大量外来人口涌入大城市。目前，相关制度变革尚未定型，今后的路怎么走依然在探索。要认真探讨新生代流动人口“故土难回、融入不易”背后的体制性障碍等问题（王培安．科学把握人口发展规律，促进新时代人口均衡发展［N］．人民日报，2019－05－30．）

变。特别是一部分处于快速成长的二线城市对人才的需求越来越大，人才进一步向这些城市聚集将使后期的经济发展越来越有利，形成聚集效应。

三四线城市：大部分仍处于依靠城镇化做大城市规模的过程，城市数量多，受省会或区域中心影响仍然较大，未来若不能脱颖而出，短期内仍然无法避免人才向一线及二线流出的局面。

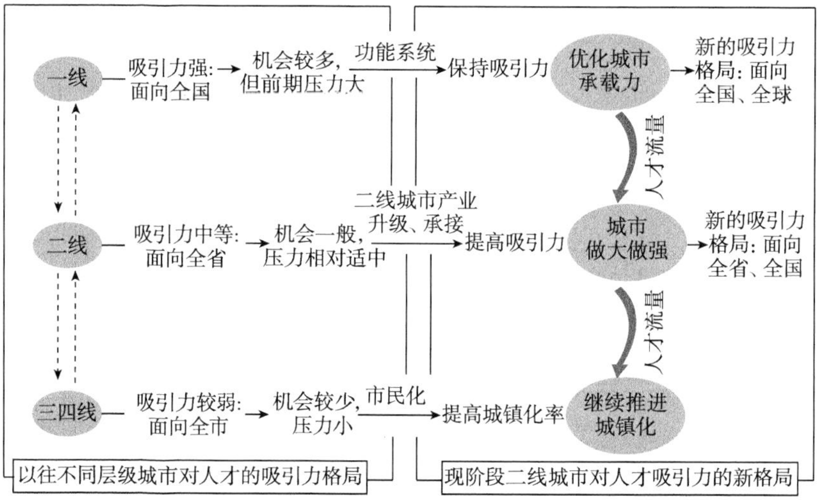

图2-5　不同阶段不同层级城市对人才吸引力格局的变化

资料来源：中国指数研究院，2018年。

根据华顿经济研究院①《2018年中国百强城市排行榜》和新一线城市研究所的《中国城市商业魅力排行榜》，综合来看，在中国338个地级以上城市分级中，上北深广成为绝对的一线城市，新一线城市15个，二线城市30个，三线城市70个，四线城市90个，五线城市129个，南宁在二线城市中游，桂林、柳州属于三线城市，玉林、北海属于四线城市，梧州、钦州、百色、贵港、防城港、河池、崇左、来宾、贺州属于五线城市。我国主要城市分级如表2-3所示。

① 前身为1988年成立的上海经济发展研究所。

表 2-3　我国主要城市分级

城市级	城市名称
一线城市	上海、北京、深圳、广州
新一线城市	成都、杭州、重庆、武汉、苏州、西安、天津、南京、郑州、长沙、沈阳、青岛、宁波、东莞和无锡
二线城市	昆明、大连、厦门、合肥、佛山、福州、哈尔滨、济南、温州、长春、石家庄、常州、泉州、南宁、贵阳、南昌、南通、金华、徐州、太原、嘉兴、烟台、惠州、保定、台州、中山、绍兴、乌鲁木齐、潍坊、兰州

市场在人才资源配置中发挥着决定性作用，人才向一线城市和发达地区的集聚在相当长时期内还难以转变。一座城市的人才储备和人才集聚，是由各城市的产业分工与定位引领的。高素质的人才支撑了经济发展与城市活力，人才流动的背后是人才资源的配置，要支撑经济高质量发展，高效合理的人才流动尤为必要，而人才流动的竞争，也成为城市综合实力的竞争。总的来看，一线城市和新一线城市作为人才主要集聚地的现状仍不会发生大的转变。

同时，新一线城市正在成为企业发展、人才集聚的“着陆点”。其中合肥是发展最快的城市，2012 年到 2017 年 GDP 增长超过 73%，合肥紧随沪京成为第三个对外国人才最具吸引力的中国城市。① 根据协力管理咨询的调查数据，在受访的 9 万名中国大学毕业生中有 40% 倾向于到成都、杭州和重庆等新一线城市工作，只有 27% 的人希望在一线城市工作。② 与此同时，日益上升的劳动力、住房和土地成本导致很多跨国公司寻求到二线城市投资。中等规模城市利用人们对（大都市）高房价、拥堵和污染的不满，通过现金奖励、住房补贴、迅速落户等措施吸引人才。2017

① 1982 年国务院确定合肥为全国四大科教基地之一，2004 年合肥作为全国首家国家科技创新型试点城市建设正式启动，2010 年合肥成为全国首批新型试点城市，2011 年荣获中国“十大创新型城市”称号。2017 年 1 月获批建设合肥综合性国家科学中心为标志，确立了合肥作为国家科技创新和产业创新中心城市的崭新定位。目前合肥市人才总量达 190 万，其中入选国家“万人计划”、省“特支计划”等各类人才工程项目的高层次人才有 4000 多人（常河．合肥：“理工类”城市的创新之路[N]．光明日报，2018-10-16；姚雪青等．人才引进来，还要留得住[N]．人民日报，2019-06-19.）

② 二三线城市成新宠，毕业生、外企都青睐[N]．环球时报，2018-09-07。

年，二三四线城市的消费增速几乎是一线城市的 1.5 倍。与新兴城市和一线城市拥有更充裕的现金流相比，短期内二三线城市会继续处于人才和资本的劣势地位。随着政府继续限制一线城市人口增长，众多企业和人才会选择留在低线城市，因为这些地方提供较低的生活成本和多样的投资激励措施。

五、各地人才政策竞争趋势不断加剧

人才竞争十分激烈，如同没有硝烟的战场。[①] 2017 年以来，以杭州、西安、武汉、成都、南京为代表的 15 个“新一线”城市竞相出台人才吸引政策，通过各种筹码加快抢人步伐，二线省会城市纷纷加入“抢人大战”，密集出台人才新政，结合本地实际和需求，加大揽才力度。以北京、上海、广州、深圳为代表的一线城市，人才吸引政策目的明确，行业分明，人群清晰，主要侧重于行业“高精尖”技术人才；以武汉、长沙、西安、成都、重庆等为代表的新一线城市侧重于中高端人才和人口规模效应，希望通过大量熟练劳动力的引入从而支撑地方工业的发展壮大和转型升级。对于经济发展水平不高、工业化技术积累不足的广西而言，在这一轮“抢人才”浪潮中，面临的挑战不容小觑。

北京和上海。2018 年 3 月，北京发布《北京市引进人才管理办法（试行)》，上海发布《加快实施人才高峰工程行动方案》。北京和上海的人才吸引政策主线突出、门槛较高，重点聚焦行业顶级精英、创新及高新科技人才、外籍人才/海外人才回流。北京基于首都四大核心功能建设需要，重点引进创新创业团队、科技创新人才、科技创新服务人才、文化创意人才、体育人才、国际交往中心建设人才、金融人才、高技能人才、教育、科学研究以及医疗卫生健康人才。上海则聚焦高新技术领域，明确列出 13 个重点发展领域，对符合条件的引进人才放开落户，是在人口控制任务重

---

① Dominique Fong. A Tug of War for Elite Skills is Raging Across China. The Wall Street Journal, Oct. 27, 2018.

压下，本轮京沪人才政策最大的亮点。在长三角更高质量一体化发展进程中，上海的人才高地龙头城市地位凸显。[①] 京沪人才政策的核心焦点是人才和人口的关系，围绕“精准行业、高端人群、城市定位”入手，核心是争夺高级人才。

杭州。作为新经济表现最为亮眼的城市之一，杭州的人才吸引力一直处于第一梯队。2015 年，杭州市出台“人才新政 27 条”，提升人才吸引力度。2018 年 2 月，杭州出台《关于加快推进杭州人才国际化的实施意见》，提出“全球聚才十条”和“开放育才六条”，用一线城市的标准，聚焦国际人才的引育和本土人才的国际化培养。2018 年第一季度，杭州应届生留存率接近 90%，紧跟北上深，高学历人才（硕士及以上）流入率[②]达到 1.32，大幅领先其他新一线城市。[③]

成都。成都的人才新政偏向于激活城市创业创新氛围，对高端人才和大学生创业补贴力度相对较高，对高学历人才的吸引力快速增强。2018 年第一季度，成都市高学历人才流入率达到 1.19，在新一线城市中仅次于杭州。从 2017 年开始，成都高学历人才流入率开始超过全国均值，在政策调控下，成都人才质量进入升级模式。

南京。南京推出“宁聚计划”，旨在建设具有全球影响力的创新名城，其中“40 周岁以下本科毕业生可落户”等细则成为亮点。南京在新一线人才争夺战中不占明显优势，人才政策推出较晚，影响尚未凸显。同时，由于地理位置接近上海和杭州，一定程度上形成了“人才分流”效应。

武汉。武汉拥有 84 所高校，但应届生留存率在新一线城市中处于偏低水平，2016 年为 62%，不及新一线城市均值。2017 年 2 月，武汉率先发布人才新政，通过引入最低年薪标准和住房优惠措施，提高了应届生留存率。武汉高学历人才流入率为 1.04，高级人才吸引力仍有较大提

---

① 在高水平人才方面，上海人才流入/人才流出比达到 1.41，是长三角城市中最高的（姜澎，张鹏．上海，长三角最吸引高水平人才的城市［N］．文汇报，2018－10－31.）

② 人才流入/流出比是地区人才吸引力最直接的体现，尤其是对高层次人才更是如此。

③ BOSS 直聘研究院，2018 年。

升空间。

西安。与一线城市不同，西安的人才争夺战以扩大人口规模为核心目标，预计到2020年底，主城人口突破1000万。西安人才吸引政策中要求的学历起点不高，附加条件少，落户速度快，显示出西安对扩大人口规模，加快城市发展，建设区域中心城市的极大决心。目前，西安高学历人才流入率仍有很大提升空间，在全力扩大人口规模的同时，人才质量是提升城市竞争力更为重要的指标。

沈阳。2018年7月，沈阳市出台人才引进落户新政策，明确提出为高层次人才提供医疗便利举措，一些公立医院贴出了“高层次人才优先就诊”告示，高层次人才就医时需要出示“盛京人才卡”和本人医保卡，由院方确认后可进入“绿色通道”享受医疗服务，并不会打破公平就医原则。总体来看，这种以人才为优先的举措符合当前的价值导向，是利国利民的好事。

此外，全国多个三线城市相继提出了人才政策，如江苏徐州制定了《关于加快建设淮海经济区人才高地的意见》等一系列政策文件，确立人才引领发展的战略地位，出台“领军人才10条”，设立初期规模10亿元的“彭城英才”投资基金，对到徐州创业顶尖人才团队给予最高1亿元的项目资助、顶尖人才给予最高500万元的资金奖励，5年来，共引进1600名高层次创新创业人才、1.1万多名硕博士研究生，诺贝尔奖得主、德国生物化学家哈特穆特·米歇尔和国家最高科学技术奖得主、中国科学院院士吴孟超在徐州建立工作站①。各大城市引才政策汇总见表2-4。

表2-4　各大城市引才政策汇总表

地区	引才政策和举措
上海	对宇宙起源与天体测量、光子科学与技术、大数据等13个领域的高峰人才，给予其本人及其家属、核心团队成员及其家属可以直接办理本市户籍等优惠政策

① 打造淮海经济区肿瘤治疗和研究高地[N]. 文汇报,2018-10-12.

续表

地区	引才政策和举措
深圳	实施鹏城英才计划、鹏城孔雀计划、“68 条”人才新政。①每年市级财政拿出 44 亿元用于人才工作；②抓住中端人才，提供新引进基础性人才一次性租房和生活补贴，本科、硕士、博士分别补贴 1.5 万元、2.5 万元和 3 万元；③大专以上学历者可直接入户，并且不设指标数量上限
广州	实施广聚英才计划、羊城计划、红棉计划等。①探索实施“人才举荐制”，实施“带头人全权负责制”；②构建以“引进人才入户为主体、积分制入户和政策性入户为有效补充”的落户政策；③实施“人才投”“人才贷”，建立“人才服务银行”；④为高层次人才提供住房补贴或 10 年免租的人才公寓等
杭州	①聚焦国际人才引育向一线城市看齐；②毕业后一年内在用人单位就业或自主创业，硕士研究生每人补贴 2 万元，博士研究生每人补贴 3 万元；③对引进的高层次人才按照不同层次，分别给予 60 万～100 万元购房补贴；④大学生创业企业可申请不超过 30 万元的小额担保贷款和 50 万～200 万元的“风险池”项目融资支持
西安	①出台“人才新政 23 条”，计划五年投入 38 亿元，引才育才 100 万人；②全国在校大学生仅凭学生证和身份证可在线落户，本科毕业生 45 周岁及以下，硕士学历以上不限，没有房子可落集体户；③高校毕业生 5 年内首次在西安创办企业或者从事个体经营，领取工商营业执照且正常经营 6 个月以上的，给予 5000 元一次性创业补贴
长沙	高校毕业生“零门槛”落户，租房和生活补贴，购房补贴，博士后科研人员生活补贴；“四青”人才奖励补贴，创业培训补贴，一次性开办费补贴，经营场所租金补贴，优秀青年创业项目扶持资金，高校毕业生就业见习补贴
南京	①鼓励青年学生创业高学历人才实行极简落户；②研究生以上学历/40 周岁以下的本科毕业生（含留学归国人员）及符合条件的技术人员可申请落户南京；③高层次人才最高可贷 120 万元公积金，购买首套南京住房不受户籍限制
重庆	①对人才个人的奖励，参照其实际缴纳个人所得税额度的一定倍数确定，奖励倍数分别为 2 倍、1.5 倍、1.2 倍，奖励标准最高分别不超过 200 万元、100 万元、30 万元。②对来渝从事科技创业的人才，如无法用当期薪酬来衡量能力水平的，按定额方式奖励
武汉	①出台指导性最低年薪标准：专科生 4 万元、本科生 5 万元、硕士 6 万元、博士 8 万元；②毕业 3 年内的大学生，拥有武汉市户籍且家庭在武汉无自有住房的，均可申请租赁大学毕业生租赁房，并确保低于市场价 20%，如属于合租的可低于市场价 30%；③大学毕业生落户零门槛，本科生和大专生是 40 岁以下，硕士生和博士生不受年龄限制
成都	①2018 年 1 月 1 日，成都市开始实施条件入户和积分入户“双轨制”，规定 45 周岁以下的全日制大学本科毕业生等各类人才，可在成都直接落户；②国际顶尖人才（团队）来成都创新创业，给予最高 1 亿元的综合资助；③对专家或做出重大贡献的本土创新型企业家、科技人才，给予最高 300 万元的资金资助

续表

地区	引才政策和举措
郑州	2017年1月1日后毕业、在郑州市域内落户、缴纳社会保险满3个月并符合“智汇郑州”人才政策规定条件的青年人才，均可申请生活补贴。其中，新引进落户的博士、35岁以下的硕士研究生、本科毕业生和技工院校预备技师（技师），3年内按每人每月1500元、1000元、500元的标准发放生活补贴。对符合条件的博士、硕士和“双一流”建设高校的本科毕业生，在郑首次购房分别给予10万元、5万元、2万元购房补贴
贵阳	采取发放住房补贴与免费提供人才公寓、发放租房补贴与提供公租住房相结合等方式，妥善解决外来人才居住问题
宁波	大专应届毕业生在宁波可先零门槛落户后再就业，取消住房和工作限制；中专、高中学历在宁波工作满两年，无房也可以落户；购房落户取消原100平方米面积要求和45周岁以下年龄要求
南宁	①实施引才举荐“伯乐计划”，鼓励人才中介机构、企事业单位引进、举荐和培养人才。②对符合产业领域的企业新引进的博士最高给予25万元、硕士最高10万元、本科一次性1万元生活补贴

资料来源：根据各地发布的文件整理而来。

第三章　人才发展环境的总体评价

为充分研究和分析广西人才发展环境，本部分在经济环境、生活环境、教育环境、创新环境、社会环境和自然环境的基础上，构建形成“六位一体”的人才发展环境评价体系，基于区域层面对广西人才发展环境进行总体评价和专项评价，并与周边地区进行专项对比分析，同时，考虑到高层次人才的特征导向，开展了有关高层次人才休闲吸附力的区域评价分析。

一、“六位一体”人才发展环境评价体系

对于人才发展环境的评价角度不同、视角不同，但总体来看，经济环境、生活环境、教育环境、创新环境、社会环境和自然环境是人才发展环境的重要构成部分。因此，本书构建了基于上述专项环境的“六位一体”人才发展环境评价体系（见表3－1），根据不同环境影响程度，采用专家赋值等方式综合确定各个评价指标的权重，对人才发展环境进行定量评价，明晰强弱项和优劣势，为增强人才环境建设的方向性、针对性和实效性提供参考和依据。

表 3－1 “六位一体”人才发展环境评价体系

二级指标	三级指标	三级指标权重	单位
经济环境（0.30）	1.1 人均 GDP	0.25	元
	1.2 城镇居民人均可支配收入	0.20	元
	1.3 人均地方财政收入	0.16	元
	1.4 近 5 年 GDP 年均增速	0.15	%
	1.5 每万人拥有的大中型工业企业个数	0.10	家
	1.6 全员劳动生产率	0.08	万元
	1.7 高新技术产品主营业务收入占工业主营业务收入比重	0.06	%
生活环境（0.22）	2.1 人均消费品零售总额	0.20	万元
	2.2 城镇居民恩格尔系数	0.16	%
	2.3 城镇居民每平方米房价收入比	0.16	-
	2.4 人均互联网宽带接入端口	0.13	个
	2.5 每千人口卫生技术人员	0.13	人
	2.6 单位面积铁路密度	0.08	公里/百平方公里
	2.7 单位面积高速公路密度	0.08	公里/百平方公里
	2.8 人均城市道路面积	0.06	平方米
教育环境（0.18）	3.1 全国百强大学拥有数量	0.20	所
	3.2 人均国家财政性教育经费	0.18	元
	3.3 每十万人口高等教育学校平均在校生数	0.15	人
	3.4 政府支出中教育支出所占比重	0.15	%
	3.5 全国百强高中拥有数量	0.12	所
	3.6 普通高中学校生师比（教师＝1）	0.10	-
	3.7 人均拥有图书馆藏书量	0.10	册/人

续表

二级指标	三级指标	三级指标权重	单位
创新环境（0.12）	4.1 R&D 经费投入强度	0.22	%
	4.2 人均 R&D 内部经费支出	0.18	元
	4.3 每万人高新技术企业数	0.15	家
	4.4 每万人中 R&D 人员数	0.15	人
	4.5 每万人拥有专利数	0.15	件
	4.6 技术市场成交额占 GDP 比重	0.15	%
社会环境（0.10）	5.1 人均一般公共服务投入	0.22	元
	5.2 城镇养老保险覆盖率	0.20	%
	5.3 社会服务中心覆盖率	0.20	%
	5.4 人均社会保障和就业支出	0.20	元
	5.5 社会安全指数（以每万人刑事诉讼件数代表）	0.18	件
自然环境（0.08）	6.1 森林覆盖率	0.25	%
	6.2 空气质量达二级以上天数率	0.25	%
	6.3 人均公共绿地面积	0.15	平方米
	6.4 生活垃圾无害化处理率	0.13	%
	6.5 人均城市污水日处理能力	0.12	立方米
	6.6 工业固体废物综合利用率	0.10	%

注：二级指标和三级指标的权重采用专家赋权法和 AHP 法综合对比确定。

经济环境。是衡量地区发展实力的根本，是反映地区人才发展环境的最基本指标。良好的经济环境为人才提供了必要的就业岗位、工作条件和公共设施服务，有利于吸引、保持、发展人才。本报告综合考虑地区经济发展的整体水平和人均经济水平，选取人均 GDP、城镇居民每平方米人均可支配收入、人均地方财政收入、近 5 年 GDP 年均增速、每万人拥有的大中型工业企业个数、全员劳动生产率、高新技术产品主营业务收入占工业主营业务收入比重共 7 个指标来评价人才发展环境中的经济环境水平。

生活环境。优质的生活质量是吸引人才的重要前提。综合考虑地区整体生活水平、生活质量和个体生活水平、生活质量，选取人均消费品零售总额、城镇居民恩格尔系数、城镇居民房价收入比、人均互联网宽带接入端口、每千人口卫生技术人员、单位面积铁路密度、单位面积高速公路密度、人均城市道路面积共8个指标来评价人才发展环境中的生活环境水平。

教育环境。是地区人才培养和人才储备的关键保障，是经济持续健康和高质量发展的根本性因素。综合考虑地区高等教育发展水平、高等教育发展质量、社会教育水平和社会教育氛围等，选取全国百强大学拥有数量、人均国家财政性教育经费、每十万人口高等教育学校平均在校生数、政府支出中教育支出所占比重、全国百强高中拥有数量、普通高中学校生师比、人均拥有图书馆藏书量共7个指标来评价人才发展环境中的教育环境水平。

创新环境。是影响地区经济格局的关键力量，是优化人才发展环境、提升人才竞争力的必要因素。综合考虑一个地区对创新的重视程度、技术成果转换的活跃性和地区的创新成果，选取R&D经费投入强度、人均R&D内部经费支出、每万人高新技术企业数、每万人中R&D人员数、每万人拥有专利数、技术市场成交额占GDP比重共6个指标来评价人才发展环境中的创新环境水平。

社会环境。是人才发展的重要保障，反映了地区的现代化水平以及为人才发展提供的社会保障水平。综合考虑一个地区的生活保障情况和治安状况等，选取人均一般公共服务投入、城镇养老保险覆盖率、社会服务中心覆盖率、人均社会保障和就业支出、社会安全指数共5个指标来评价人才发展环境中的人才社会环境水平。

自然环境。是指与人才的生存和发展息息相关的各种自然力量或作用的总和。良好的自然环境是吸引人才的重要因素。近年来，生态环境问题引起了人们对健康的重视。考虑到地区内的绿化、净化、美化状况，选取森林覆盖率、空气质量达二级以上天数率、人均公共绿地面积、生活垃圾无害化处理率、人均城市污水日处理能力、工业固体废物综合利用率共6个指标来评价人才发展环境中的自然环境水平。

本书所取数据均为客观数据，分别来源于2011年和2017年的《中国统计年鉴》《中国科技统计年鉴》以及各地统计年鉴，一些专项指标数据取自中国裁判文书网、高考信息以及相关网站等。

二、人才发展环境评价方法

评价方法。原始数据有着不同单位、不同性质，如果直接参与评价的话会突出数值高的指标在综合分析中的作用，相对削弱数值低的指标的作用，而不能保证评价结果的准确性和可靠性，因此为了便于指标之间进行比较研究，需要对原始数据进行标准化处理。采用 Min－Max 标准化（Min－Max Normalization）方法。原理是将数据按比例缩放，使之落入一个特定区域中，以除去数据单位的限制，将其转化为无量纲的纯数值，便于不同单位或量级的指标能够进行比较和加权。具体处理方法是对原始序列（x_1, x_2，…，x_n，$n=31$）进行下式变换：

$$y_i = \frac{x_i - \min\limits_{1\leq j\leq n}\{x_j\}}{\max\limits_{1\leq j\leq n}\{x_j\} - \min\limits_{1\leq j\leq n}\{x_j\}} * 100$$

一般做法是将新序列（y_1, y_2，…，y_n）落于［0，1］中，即不乘以100，为便于观察使之落于［0，100］中，对逆向指标（如城镇居民恩格尔系数，城镇居民一平方米房价收入比等）做添加负号转为正向指标再用上式处理。经过上述步骤得到消除量纲后的标准化数据，消除了因单位不同、量纲不同对研究结果的影响。接下来计算一级、二级指标的得分，二级指标得分 = ∑（三级指标标准化数据 × 三级指标的权重），一级综合指标得分 = ∑（二级指标得分 × 二级指标的权重），最终得到反映各地区人才发展环境的综合得分。

创新指标的评判分析。全国百强大学拥有数量和全国百强高中拥有数量，是本书创新提出的两个关键指标，全国百强大学拥有数量情况与人才发展环境具有直接关联，相当程度上充当了一个地区人才储备的“调节阀”，全国百强高中拥有数量体现了人才对自身及家庭培养延伸的重要期望，是确保人才价值的重要社会保障。一是人才尤其是高层次人才对于下一代教育和代际之间的教育传承有着非常高的重视程度，同时为人才自我提升和深造提供便利的条件，因而一个地区高等教育和高中教育对人才引进和吸引人才具有潜在的“诱惑力”；二是这两项指标是本研究中创新提出的指标，有助于对教育环境进行更加完善、更加科学的评估分析。但有关这两项指标的评价还存在不同版本和不同标准，为确保数据的准确性，作者对各类评价结果进行了综合比较分析并做了更加科学的评判，尽可能弥补不同评价标准的结果偏差。

类型区域的对标分析。为更好地对广西人才发展环境进行综合性和针对性相结合的评估，在基于全国人才发展环境分省评估的基础上，选择三类区域进行进一步的对标分析，即沿海毗邻地区（广东、福建、海南）、周边邻近地区（云南、贵州、湖南）和中西部先进地区（安徽、四川、陕西），这些地区或是与广西存在人才争夺竞争的关系，或是与广西所处的发展阶段相近。分别以两个节点年（2010 年和 2016 年）广西与沿海毗邻地区、周边邻近地区和中西部先进地区中评分最高的地区为标准，重新计算人才发展环境的相对得分，从横向、纵向进行人才发展环境综合分析。开展对标分析有助于更具针对性、更具参考性地分析广西人才发展环境的动态演变情况，为实际调查中摸清人才区域选择倾向①提供支撑。

三、人才发展专项环境评价

为进一步细化人才发展环境的评价，本部分结合“六位一体”人才发展环境评价体系，分别从经济、生活、教育、创新、社会、自然六个维度对人才发展环境进行区域性比较分析，以便更加深入、具体地了解和掌握广西人才发展环境的相对优势和关键短板。

---

① 所谓“人才区域选择倾向”，是本研究中提出的创新概念，是指人才在进行择业选择时往往存在一定的区域潜意识，即是在南方就业还是北方就业，到东部地区还是西部地区就业，选择了大的区域后，还有考虑在西北地区还是西南地区就业，如考虑在西南地区就业，即在广西、云南和贵州之间进行选择。虽然“人才区域选择倾向”并不对人才引进和人才就业产生显性影响，但其依然是人才发展环境中的关键一环，同时，也充分说明，一个地区的人才发展环境和竞争力，首先是和周边地区或发展相近地区的竞争，这一点，必须要有充分的认识。

（一）经济环境专项评价

经济发展状况对人才吸引和人才环境有着决定性作用，经济越发达，往往越能吸引人才集聚。根据“人才发展环境评价体系”中有关经济环境的指标评估，本书对2010年和2016年全国31个省（区、市）人才发展的经济环境进行了评估分析。从评估结果来看（见表3－2），2010年广西人才发展的经济环境在全国排名第22位，2016年仍排名第22位，2010年和2016年人才发展经济环境全国排名前三位的分别是上海、北京和天津，从发展趋势来看，广西人才发展经济环境与上述三个地区存在巨大差距。同时，从2010年到2016年人才发展经济环境的变化趋势来看，安徽、江西、湖北、湖南、河南等中部地区上升显著，尤其是江西和河南上升趋势非常明显，而西部地区人才发展的经济环境大多在下滑，贵州和重庆上升趋势比较明显，尤其是贵州，东北地区则全面下滑。总体来看，经济环境排位下滑较快的地区主要是近年来经济发展失速、结构调整缓慢、转型升级滞后，且资源依赖型特征明显，以东北三省和山西、宁夏为典型代表；而经济环境排位上升较快的地区代表性集中在中西部地区，产业承接效果明显、新兴产业发展较快，以河南、江西、贵州为典型代表。

表3－2　人才发展之经济环境得分及地区排名（2010年、2016年）

地区	2010年		2016年		变化	地区	2010年		2016年		变化
	得分	排名	得分	排名			得分	排名	得分	排名	
北京	72.3	2	80.3	2	—	湖北	23.3	15	28.6	11	↑↑
天津	71.5	3	63.9	3	—	湖南	21.3	16	25.2	12	↑↑
河北	17	23	15.8	27	↓↓	广东	48.1	6	57.1	5	↑
山西	20.1	17	11.6	29	↓↓↓	广西	17.9	22	18.8	22	—
内蒙古	44.9	7	30.2	10	↓↓	海南	19.4	18	21.8	16	↑
辽宁	35.4	9	17.5	25	↓↓↓	重庆	28.4	11	36.1	8	↑↑
吉林	24.1	14	20.9	19	↓↓↓	四川	18.9	19	20.9	18	↑
黑龙江	11.3	27	10.1	30	↓↓	贵州	11	28	21.7	17	↑↑↑
上海	81.9	1	83.3	1	—	云南	10.1	29	15.6	28	↑

续表

地区	2010年		2016年		变化	地区	2010年		2016年		变化
	得分	排名	得分	排名			得分	排名	得分	排名	
江苏	53.3	5	59.5	4	↑	西藏	8.8	30	18.7	23	↑↑↑
浙江	52.9	4	54.5	6	↓	陕西	27.1	12	24.1	13	↓
安徽	16.4	25	20.2	21	↑↑	甘肃	6.9	31	8.1	31	—
福建	40.1	8	44.8	7	↑	青海	18.4	20	18	24	↓↓
江西	18.3	21	23.1	14	↑↑↑	宁夏	26.2	13	20.6	20	↓↓↓
山东	32.7	10	35	9	↑	新疆	13.4	26	16.7	26	—
河南	16.8	24	21.9	15	↑↑↑						

注：—代表排位没有变化；↑代表该地区人才发展经济环境在全国的排位上升1～2位；↑↑代表上升3～4位；↑↑↑代表上升5位以上。下降趋势的判断以此类推。

京津沪粤苏浙等发达地区一直以来都是经济环境竞争力最强的地区，这些地区对人才的吸引有着绝对优势，广西目前与之相差过大。根据“人才区域选择倾向”，将研究范围缩小到广西周边地区，进一步利用经济环境的三级指标具体分析广西与相关地区相比在经济环境方面对人才吸引力的发展情况（见表3－3）。

沿海毗邻地区：2010年至2016年，广西、广东、福建、海南四省（区）经济发展稳定且有所提升，广东、福建排名前十，各项经济发展指标均远高于广西；海南的多项指标排位高于广西，且6年间进展幅度明显，综合排名比广西高6位，而广西经济环境综合排位没有变化，在城镇居民人均可支配收入、近五年GDP年均增速和人均地方财政收入三项指标的排名上均有下滑。总体来看，与沿海毗邻地区相比，广西经济环境的吸引力和竞争力差距巨大，与海南相比也存在差距。①

周边邻近地区：2010年至2016年，云南、贵州、湖南的经济发展均在提升，广西与这3个省相比，云南的经济环境实力最弱，但其城镇居民

① 2018年3月13日，习近平总书记在庆祝海南建省办经济特区30周年大会上宣布，党中央决定支持海南全岛建设自由贸易试验区，支持海南逐步探索、稳步推进中国特色自由贸易港建设，这将为海南省营造更加有利的人才发展环境。

表 3－3　广西与周边地区经济环境三级指标分析（2010 年、2016 年）

范围	地区	人均 GDP 排名		城镇居民人均可支配收入排名		近五年 GDP 年均增速排名		人均地方财政收入排名		每万人拥有的大中型工业企业个数排名		全员劳动生产率排名		高新技术主营业务收入占工业主营业务收入比重排名		综合排名	
		2010 年	2016 年	2010 年	2016 年	2010 年	2016 年	2010 年	2016 年	2010 年	2016 年	2010 年	2016 年	2010 年	2016 年	2010 年	2016 年
广　西		27	26	12	21	10	15	26	29	22	14	26	25	20	12	22	22
沿海毗邻地区	广东	7	7	5	5	26	18	8	6	3	1	7	1	1	1	6	5
	福建	10	6	7	7	18	6	11	10	6	4	11	9	5	10	8	7
	海南	23	17	21	18	14	7	10	9	28	30	19	21	19	11	18	16
周边邻近地区	云南	30	30	15	16	24	5	22	27	27	28	30	29	25	26	29	28
	贵州	31	29	27	28	13	1	28	20	29	25	31	27	11	16	28	17
	湖南	20	16	13	11	7	8	27	25	24	12	23	16	14	13	16	12
中西部先进地区	安徽	26	25	18	14	16	9	21	21	20	17	27	28	21	19	25	21
	四川	25	24	23	20	12	14	20	23	15	18	25	24	8	7	19	18
	陕西	15	13	19	19	3	16	14	16	23	21	16	13	12	8	12	13

人均可支配收入和近五年GDP年均增速在2016年排名分别是第16和第5，超过广西第21和第15的名次；湖南的经济环境实力最强，除2010年排名第27位的人均地方财政收入和2016年排名第13的高新技术主营业务收入占工业主营业务收入比重低于广西外，其他指标均高于广西；贵州经济发展最快，近五年年均GDP增速居于全国第一，人均地方财政收入排名2010年比广西低两个位次，到2016年比广西高9个位次，近五年GDP年均增速排名2010年比广西低3个位次，到2016年比广西高14个位次，经济环境综合实力由排名2010年比广西低6个位次，到2016年排名比广西高5个位次。贵州地理位置虽与广西相邻，但其旅游业比广西发达，加之贵州抓住大数据的发展机遇，使得经济实现快速转型提升。总体来看，与周边邻近地区相比，广西经济环境对云南省而言具有一定的比较优势，但与贵州省和湖南省的差距呈现明显的扩大态势。

中西部先进地区：与安徽、四川、陕西中西部先进地区相比，广西在吸引和集聚人才的经济环境方面不具备优势。但以2016年每万人拥有的大中型工业企业个数指标来看，广西拥有28.5个，比安徽、四川、陕西多3.3个、3.4个、6.2个，三省经济环境在全国的综合排名上升幅度不大，广西与其的主要差距集中在高新技术主营业务收入占工业主营业务收入比重方面。

总体来看，广西经济环境对人才的吸引力与沿海毗邻地区相比不具备优势，与周边邻近地区相比仅略强于云南，与中西部先进地区相比也不占优势，但其中广西与安徽经济环境对人才的吸引力相差不大。综合而言，广西经济环境在与沿海毗邻地区、周边邻近地区和中西部先进地区的综合比较中，强于云南、略优于安徽，但与其他地区均存在较为明显甚至是巨大的差距。

从经济环境综合排名以及各项指标排名可以辨别比较优势，但难以进行精准衡量，故以十个省份的相对得分来绘制柱状图，直观描绘各地区经济环境对人才的吸引力大小。由图3－1可知，广东、福建对人才吸引强度一直是最大的，云南是最弱的。2010年广西的得分为37.3，相对于云南、贵州、安徽具有比较优势，但由于近年来广西经济发展缓慢，到2016年得分下降到33，仅对云南有优势存在，从全国经济发展情况来看，广西经济发展态势有所下降。福建、陕西、四川2016年的经济优势较2010年也是有所下降的，贵州经济优势大幅上升，云南也有所提升。

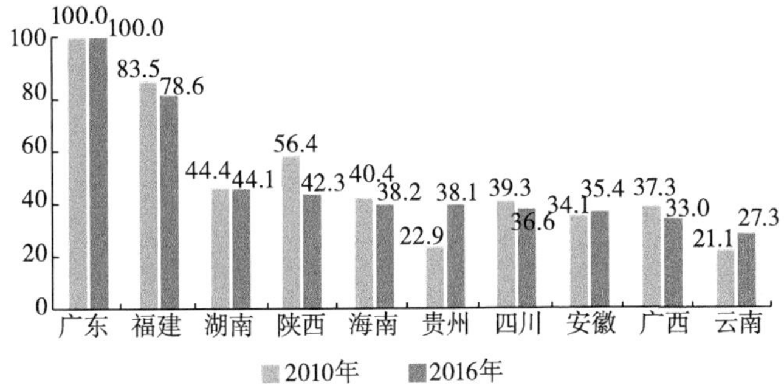

图3－1　广西与周边地区经济环境对人才的吸引力（2010年、2016年）

通过与相关地区的对标分析（见表3－4）可以发现，2010年广西经济环境对人才吸引力相对于广东、福建、海南、湖南、四川的比值分别为0.37、0.45、0.92、0.84、0.95，到2016年分别下降到0.33、0.42、0.86、0.75、0.90，可知与这五个省相比广西经济环境对人才吸引力一直处于相对劣势状态，并且这种劣势仍在扩大；2010年广西经济环境对人才吸引力相对于与贵州、安徽的比值分别为1.63、1.09，具有相对优势，但到2016年分别转变为0.87、0.93，由相对优势状态转为相对劣势状态；2010年广西经济环境对人才吸引力与陕西的比值为0.66，广西处于劣势状态，到2016年提高到0.78，广西对陕西的相对劣势有所减小；广西与云南相比，2010年的比值为1.77，到2016年下降到1.21，广西经济环境对云南的比较优势明显弱化。

表3－4　广西与周边地区经济环境对人才吸引力相对优势比较分析

地区	对标	2010年	2016年	判断
沿海毗邻地区	广西—广东	0.37:1	0.33:1	差距拉大
	广西—福建	0.45:1	0.42:1	差距拉大
	广西—海南	0.92:1	0.86:1	差距拉大

续表

地区	对标	2010 年	2016 年	判断
周边邻近地区	广西—云南	1.77:1	1.21:1	优势弱化
	广西—贵州	1.63:1	0.87:1	优势逆转
	广西—湖南	0.84:1	0.75:1	差距拉大
中西部先进地区	广西—安徽	1.09:1	0.93:1	优势逆转
	广西—四川	0.95:1	0.90:1	差距拉大
	广西—陕西	0.66:1	0.78:1	差距缩小

广西位于中国—东盟自贸区陆海交汇处，承担了“三大定位”的建设使命，区位有优势、资源有条件、产业有基础、政策有优惠，但目前来看，广西经济发展环境及对人才吸引力在全国仍处于低层次水平，经济发展缓慢、人均可支配收入低、工业发展不平衡不充分。与周边地区经济环境对人才吸引力相比，除了云南省外，并没有过多优势可言，所谓的“好牌”还没有打好打出彩，如何利用自身优势、借好外势外力，促进经济发展、提升人才引力成为广西在新时代下的新挑战。

（二）生活环境专项评价

一个地区的居住环境对人才的吸引影响很大，人才对吃住行等基础性生活环境有基本的需求，人才聚集的地方往往也是适宜生活的地方，同时对“宜居”的界定不能仅仅局限于气候宜居，而是一个综合的“宜居”。对2010 年和 2016 年全国 30 个省（区、市）人才发展的生活环境进行了评估分析（西藏单位面积高速公路密度指标数据缺失，不纳入评估序列），从评估结果来看，2010 年和 2016 年人才发展生活环境全国排名稳居前六的有北京、上海、江苏和浙江，广西 2010 年排名第 22，2016 年下降 3 位，可以看出，广西人才发展生活环境与上述四个地区存在巨大差距。从 2010—2016 年人才发展生活环境的变化趋势来看，中部地区和中南部大部分地区生活环境相对排名下滑明显，如山西、湖南、广东、广西，主要原因是房价占收入比重明显提升、人口密度增加；新疆、宁夏等西部地区生活环境排名靠前，主要依赖于房价增长缓慢以及互联网的普及；东北三省排名均有提升，主要因为城镇居民恩格尔系数下降、人口密度下降等。总的来看，经济发展迅速、房价增长平缓①、交通密度提升的地方生活环境排名大多明显提升。

表 3－5　人才发展之生活环境得分及地区排名（2010 年、2016 年）

地区	2010 年		2016 年		变化	地区	2010 年		2016 年		变化
	得分	排名	得分	排名			得分	排名	得分	排名	
北京	70.3	2	74.2	1	↑	湖北	39.6	17	41.6	19	↓
天津	61.9	3	50.0	7	↓↓	湖南	37.7	19	37.8	20	↓↓
河北	46.3	12	37.5	21	↓↓↓	广东	47.3	9	44.9	12	↓↓
山西	46.8	10	42.0	17	↓↓↓	广西	35.9	22	33.1	25	↓↓
内蒙古	48.2	8	47.5	8	—	海南	20.2	30	30.8	28	↑↑
辽宁	49.3	7	55.4	6	↑	重庆	37.6	20	41.8	18	↑
吉林	46.6	11	46.4	9	↑	四川	31.1	26	32.8	26	—
黑龙江	38.8	18	42.4	15	↑↑	贵州	25.2	29	31.0	27	↑
上海	72.8	1	65.6	2	↓	云南	28.0	28	30.0	30	↓
江苏	53.7	6	58.8	4	↑	陕西	39.8	16	46.0	10	↑↑↑
浙江	53.8	5	64.0	3	↑	甘肃	30.8	27	30.5	29	↓
安徽	35.0	23	33.3	24	↓	青海	31.5	25	33.9	22	↑↑
福建	42.2	13	45.8	11	↑	宁夏	41.4	15	43.6	14	↑
江西	33.8	24	33.5	23	↑	新疆	36.9	21	44.1	13	↑↑↑
山东	55.0	4	55.8	5	↓						
河南	42.1	14	42.2	16	↓						

注：—代表排位没有变化；↑代表该地区人才发展经济环境在全国的排位上升 1～2 位；↑↑代表上升 3～4 位；↑↑↑代表上升 5 位以上。下降趋势的判断以此类推。

从表 3－5 中可见，京津沪苏浙等发达地区一直以来都是生活环境竞争力最强的地区，这些地区对人才的吸引有着绝对优势，广西与之相差过大。根据“人才区域选择倾向”，进一步利用生活环境的三级指标具体分析广西与相关地区相比在生活环境方面对人才吸引力的发展情况（见表 3－6）。

① 高房价会对人才形成一定的“挤出效应”，造成一定程度的人才外流，对一个地方的发展后劲造成一定影响。但决定人才选择哪个城市发展的原因是多重的，包括文化、亲情、生活习惯、职业前景、发展空间等，更多的人才还是关注当地对于人才的支持力度，以及当地的产业基础和个人的发展舞台（留住人才需“软硬兼施”[N]. 经济日报，2018－09－12.）

表 3-6　广西与周边地区生活环境三级指标分析（2010 年、2016 年）

范围	地区	人均消费品零售总额排名		城镇居民恩格尔系数排名		城镇居民每平方米房价收入比排名		每千人口卫生技术人员排名		人均拥有互联网宽带接入端口排名		单位面积铁路密度排名		单位面积高速公路密度排名		人均城市道路面积排名		综合排名	
		2010 年	2016 年	2010 年	2016 年	2010 年	2016 年	2010 年	2016 年	2010 年	2016 年	2010 年	2016 年	2010 年	2016 年	2010 年	2016 年	2010 年	2016 年
广西		22	23	22	28	8	9	22	19	19	24	22	20	21	22	9	24	22	25
沿海毗邻地区	广东	6	6	15	26	26	26	8	17	5	7	21	18	8	5	17	9	9	12
	福建	9	9	24	27	25	22	19	25	6	6	19	13	15	8	18	13	13	11
	海南	21	22	30	30	30	28	16	12	16	9	12	10	16	21	11	7	30	28
周边邻近地区	云南	30	29	29	18	3	8	29	27	28	29	27	28	24	26	24	22	28	30
	贵州	31	31	28	21	17	3	31	22	30	31	24	23	23	16	29	26	29	27
	湖南	17	15	17	19	1	1	21	23	27	28	18	21	20	17	16	28	19	20
中西部先进地区	安徽	23	21	21	24	22	16	30	30	21	26	10	9	11	12	6	18	23	24
	四川	20	18	26	29	23	17	23	18	22	20	26	27	25	24	21	30	26	26
	陕西	18	16	18	11	18	12	13	3	14	11	11	17	18	19	13	25	16	10

沿海毗邻地区：从全国范围来看，广东、福建、海南的2016年城镇居民恩格尔系数和房价占收入比重均排名后六位，广西房价占收入比重指标排名前十外，其余指标在2016年均排名20位之后。与这三个省相比，广西的整体消费需求不足，人均消费品零售总额2010年年、2016年分别为0.61万元、1.45万元，分别排名第22和第23，2016年广东的人均消费品零售总额是广西的2.2倍，排名第6，且广西地区食品消费占比较高，城镇居民恩格尔系数2010年和2016年分别为38.06%、34.38%，排名分别是第22和第28；从交通方面来看（单位面积铁路密度、单位面积高速公路密度、人均城市道路面积），除2010年人均城市道路面积排名第9外，其他指标均在20位之后；广西人均拥有互联网宽带接入端口2016年只有0.43个，排名第24位。总体上，广西相较于海南在吸引和集聚人才的生活环境方面有一定优势。

周边邻近地区：广西、云南、贵州、湖南4省（区）中，贵州生活环境水平排名提升两位，广西、云南、湖南排位均有所下降，并且这4个省（区）的房价占收入比重（逆向指标）的排名均在前十名，说明相较全国水平房价相对较低。交通方面，贵州交通建设发展迅速，单位面积高速公路2016年为3.2公里/百平方千米，排名相较2010年提升7位，是广西的1.6倍，云南的2.9倍，比湖南多0.3公里/百平方千米。云南、贵州、湖南人均拥有互联网宽带接入端口数虽提升很快（2010年均为0.07个，2016年分别为0.35年、0.31个、0.35个），但相比全国整体水平，排名仍下降1位，且排名比广西低。总体来看，广西相较于云南、贵州在吸引和集聚人才的生活环境方面具有一定的比较优势。

中西部先进地区：与中西部先进地区相比，在房价方面，虽安徽、四川、陕西较2010年房价优势有所提升（2010年安徽、四川、陕西房价收入比排名分别为第22、第23和第18位，2016年均提升6名），但广西与之相比具有较大优势（广西2010年房价收入比排名第8，2016年降低1位）；交通方面，总体上广西仅优于四川，2016年广西人均城市道路面积比四川多1.4平方米，单位面积铁路密度是四川的2.4倍，单位面积高速公路密度多0.64公里/百平方千米；医疗方面，陕西最好，2016年每千人口卫生技术人员有7.57人，排名第3，比广西多1.58人，比安徽多2.83人，比四川多1.57人。总体来看，广西在吸引和集聚人才的生活环境方面与安徽、四川相当，但远弱于陕西。

总体来看，广西生活环境对人才的吸引力与沿海毗邻地区的广东和福建相比劣势比较明显，但略优于海南；与周边邻近地区相比，劣于湖南，优于云南和贵州；与中西部先进地区的陕西相比不具备比较优势，但与安徽和四川相比生活环境对人才的吸引力强弱相差不大。

与经济环境的显著差距相比，广西与相关地区生活环境的比较存在“离散化”特征，有些省份排名上升，有些下降。从生活环境综合排名以及各项指标排名可以辨别比较优势，但难以进行精准衡量，故以十个省份的生活环境相对得分来绘制柱状图，可直观看出在全国范围内，各省份生活环境是相对提升的还是落后的。由图3－2可知，广东、福建、陕西生活环境对人才吸引强度均较高；福建、陕西、贵州、海南生活环境提升幅度显著，主要原因在于这四个省份整体房价上升平缓，经济开放度显著提高，城镇居民恩格尔系数下降明显；广东、广西、安徽有些许下降，广西、安徽主要原因在于经济开放度和交通建设相对缓慢。总体来看，广西相对于四川、云南、贵州、海南对人才的吸引具有一定的生活环境优势。

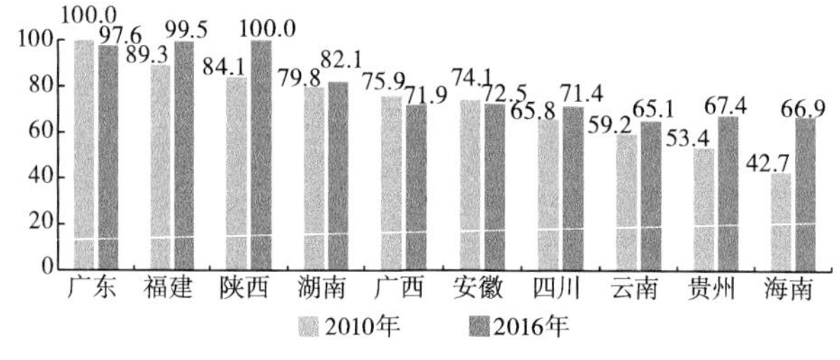

图3－2　广西与周边地区生活环境对人才的吸引力（2010年、2016年）

通过与相关地区的对标分析可以发现，2010年广西与广东、福建、湖南、陕西的生活环境得分比值分别为0.76、0.85、0.95、0.90，到2016年比值分别为0.74、0.72、0.88、0.72，可知与这四个省相比广西生活环境对人才吸引力一直处于相对劣势状态，并且这种劣势仍在扩大；2010 年广西与安徽的比值为 1.02，广西 2010 年是处于相对优势状态，到 2016 年比值为 0.99，可以看出广西由相对优势状态转为相对劣势状态；2010 年广西与海南、云南、贵州、四川的比值分别为 1.78、1.28、1.42、1.15，到 2016 年分别为 1.07、1.10、1.07、1.01，可以看出与这 4 个省相比，广西一直处于优势状态，但同时这种优势在明显减弱（见表 3－7）。

表 3－7　广西与周边地区生活环境对人才吸引力相对优势比较分析

地区	对标	2010 年	2016 年	判断
沿海毗邻地区	广西—广东	0.76∶1	0.74∶1	差距拉大
	广西—福建	0.85∶1	0.72∶1	差距拉大
	广西—海南	1.78∶1	1.07∶1	优势弱化
周边邻近地区	广西—云南	1.28∶1	1.10∶1	优势弱化
	广西—贵州	1.42∶1	1.07∶1	优势弱化
	广西—湖南	0.95∶1	0.88∶1	差距拉大
中西部先进地区	广西—安徽	1.02∶1	0.99∶1	优势逆转
	广西—四川	1.15∶1	1.01∶1	优势弱化
	广西—陕西	0.90∶1	0.72∶1	差距拉大

总体来看，广西生活环境在全国处于中等偏低的水平，与周边地区相比，目前广西在生活环境方面对人才吸引力比海南、云南、贵州、四川有优势，但相较于 2010 年这种优势在减弱，甚至是存在进一步减弱的相对态势。从区域生活环境的分析并不能非常精准地定位各地区尤其是城市对人才的吸引力，同时，生活环境对人才吸引力从现有的指标并不能很全面地反映人才的区域取向。

与此同时，城市宜居性和居民幸福感同样是影响人才环境的重要因素，根据中国科学院 2016 年 6 月公布的《中国宜居城市研究报告》①，全国直辖市、省会城市和计划单列市的 40 个城市中，从宜居性而言，青岛、昆明、

① 中国科学院建立的《GN 中国宜居城市评价指标体系》由包括生态环境健康指数、城市安全指数、生活便利指数、生活舒适指数、经济富裕指数、社会文明指数、城市美誉度指数在内的七项一级指标，48 项二级指标，74 项三级指标组成。从各维度来看，南宁主要在历史文化、经济、交通/通信和人文等维度存在显著短板。

三亚、大连、威海、苏州、珠海、厦门、深圳、重庆列在前10名，从居民幸福感来看，威海、厦门、宁波、福州、银川、苏州、长沙、南昌、兰州、济南居前10名，而南宁的城市宜居性和居民幸福感明显偏弱（见图3－3）。虽然国内有多个类似排名①，但总体来看，南宁均未体现出较强的竞争力。

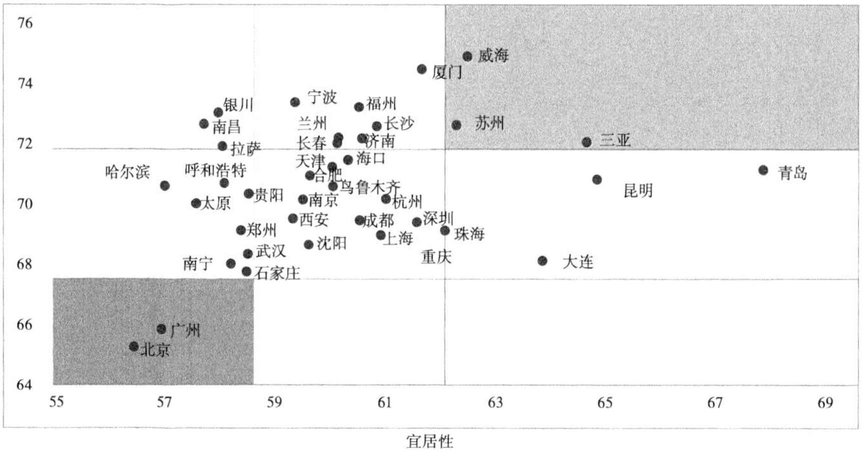

图3－3　全国40个中心城市宜居度—幸福感示意图

资料来源：中国科学院．中国宜居城市研究报告［R］．2016－06.

（三）教育环境专项评价

优质的教育环境创造人才，也是吸引和留住人才的重要因素，人才要长期留在一个地区，既要考虑自身发展，也要考虑下一代的成长教育环境，教育环境水平在相当程度上体现了一个地区人才培养积蓄的厚度，也是一个地区留住本地人才、吸引外来人才的关键所在。

通过对2010年和2016年全国31个省（区、市）人才发展的教育环境的评估分析（见表3－8），可以看出，京津沪苏浙是教育大省，稳居全国前5，广西整体教育水平比较差，2010年排第21位，2016年下降4位。

① 如由瞭望智库开展的2018年中国最具幸福感城市调查推选活动，成都、宁波、杭州、西安、南京、广州、长沙、台州、铜川、珠海十座城市被推选为“2018中国最具幸福感城市”。江苏太仓、浙江余姚、浙江普陀、浙江慈溪、浙江义乌、江苏昆山、江苏江阴、湖南长沙县、江苏张家港、山东荣成十座县级城市被推选为“2018中国最具幸福感城市”（县级）。

从变化趋势来看，中部和西部部分地区教育环境水平上升明显，如安徽、重庆、四川、贵州、西藏、甘肃，其主要原因可归结为政府加大对教育事业的投入和学校教育实力的增加，其中西藏教育实力很差，但排名靠前，主要是因为国家对西藏教育投入高，2016 年西藏人均教育经费 5798.89 元，位居全国第一。沿海地区中，福建、海南下降明显，主要原因是地方政府对教育投入比重降低。整体来看，各地大学实力变化不大，处于相对稳定状态；教育环境在全国平均水平下，处于下降状态的主要原因有地方政府对教育投入比重下降、师资力量增长缓慢、高中学校实力减弱等。

表 3-8　人才发展之教育环境得分及地区排名（2010 年、2016 年）

地区	2010 年		2016 年		变化	地区			2016 年		变化
	得分	排名	得分	排名			得分	排名	得分	排名	
北京	87.5	1	79.9	1	—	湖北	24.0	11	32.4	8	↑↑
天津	44.1	3	40.8	5	↓	湖南	19.1	18	22.9	17	↑
河北	22.4	13	23.3	15	↓	广东	26.6	10	32.5	7	↑↑
山西	22.5	12	25.7	12	—	广西	18.0	21	20.1	25	↓↓
内蒙古	17.7	22	15.7	30	↓↓↓	海南	22.4	14	22.1	20	↓↓↓
辽宁	21.2	15	24.9	13	↑	重庆	16.6	27	24.1	14	↑↑↑
吉林	19.8	16	23.1	16	—	四川	13.2	30	22.9	18	↑↑↑
黑龙江	18.6	20	17.3	28	↓↓↓	贵州	14.7	28	21.8	21	↑↑↑
上海	56.1	2	54.3	2	—	云南	17.6	23	18.2	27	↓↓
江苏	41.6	4	44.4	3	↑	西藏	19.1	17	26.8	11	↑↑↑
浙江	37.6	5	40.9	4	↑	陕西	30.5	7	36.7	6	↑
安徽	12.6	31	20.5	24	↑↑↑	甘肃	17.2	24	22.9	19	↑↑↑
福建	31.9	6	30.2	10	↓↓	青海	13.3	29	14.3	31	↓↓
江西	16.7	26	21.0	23	↑↑	宁夏	18.9	19	16.7	29	↓↓↓
山东	27.2	9	31.6	9	—	新疆	27.6	8	21.2	22	↓↓↓
河南	16.8	25	19.1	26	↓						

注：—代表排位没有变化；↑代表该地区人才发展经济环境在全国的排位上升 1~2 位；↑↑代表上升 3~4 位；↑↑↑代表上升 5 位以上。下降趋势的判断以此类推。

根据“人才区域选择倾向”，进一步利用教育环境的三级指标具体分析广西与相关地区相比在教育环境方面对人才吸引力的发展情况（见表 3-9）。

表 3－9　广西与周边地区教育环境三级指标分析（2010 年、2016 年）

范围	地区	前百强大学各省的发展实力排名		人均教育经费排名		每十万人口高等教育学校平均在校生数排名		政府支出中教育支出所占比重排名		前百强高中各省的发展实力排名		普通高中学校生师比（教师＝1）排名		人均图书馆藏书量排名		综合排名	
		2010 年	2016 年	2010 年	2016 年	2010 年	2016 年	2010 年	2016 年	2010 年	2016 年	2010 年	2016 年	2010 年	2016 年	2010 年	2016 年
广西		24	24	29	22	26	19	5	3	16	25	26	31	15	15	21	25
沿海毗邻地区	广东	6	6	13	12	17	14	12	14	18	12	20	14	12	10	10	7
	福建	17	17	15	15	14	13	1	7	12	14	5	9	11	8	6	10
	海南	28	25	9	7	18	21	13	20	19	26	21	16	23	20	14	20
周边邻近地区	云南	21	21	21	19	28	28	16	13	26	27	15	24	21	24	23	27
	贵州	25	25	24	14	31	26	7	2	27	23	29	28	27	29	28	21
	湖南	9	9	26	30	16	22	20	17	20	3	11	27	26	27	18	17
中西部先进地区	安徽	13	11	30	27	23	20	19	15	21	16	30	23	29	28	31	24
	四川	7	8	20	25	25	18	27	18	13	10	27	25	24	25	30	18
	陕西	5	5	12	16	4	3	10	10	4	9	25	20	25	26	7	6

沿海毗邻地区：广西、广东、福建、海南四省（区）中只有广东教育环境排名上升，其余均有所下降。广东教育环境排名上升的主要原因在于高校在校人数增加（每十万人口高等教育学校平均在校生数由2010年的2036.8人增加到2016年的2431.3人）、师资力量增加（普通高中学校生师比（教师=1）由16.7人减少到2016年的13.0人）。广西与沿海毗邻地区相比，整体教育实力最弱，2016年广西全国百强大学和全国百强高中数量排名分别为第24、第25位，师资力量薄弱，普通高中学校生师比（逆向指标）2010年为17.9∶1、2016年的17.2∶1，排名由第26位下降到第31位。但在2016年政府支出中教育支出所占比重为18.27%，全国排名第3，比广东高19.6个百分点，比福建高7.69个百分点，是海南的1.75倍，说明广西对教育越来越重视，教育投入水平有所提升。

周边邻近地区：广西、云南、贵州、湖南4省（区）中，贵州教育环境水平提升最快，上升7位，湖南上升1位，广西、云南均下降4位。贵州上升的主要原因在于高中实力增强，教育投入大幅提升，政府支出中教育支出占比由2010年的17.9%，上升到2016年的19.79%，人均教育经费由889.38元显著上升到2609.66元。广西、云南、湖南的师资力量水平较全国整体水平有所下降（普通高中学校生师比方面，广西排名由第26位下降到第31位，云南由第15位下降到第24位，湖南由第11位下降到第27位），贵州生师比由2010年的18.75下降到16.28，虽然贵州生师比仍比云南、湖南高，但生师比下降幅度最大。总体上，广西与周边邻近地区相比，仅比云南在吸引和集聚人才的教育环境方面具有一定优势。

中西部先进地区：与中西部先进地区相比，广西的学校实力不如安徽、四川、陕西，缺少名校。陕西全国百强大学实力排名全国第5，对人才培养源头就具有很强的吸引力；安徽、广西教育环境相差不大；四川教育环境对人才吸引力要强于安徽、广西，主要原因还是四川的全国百强学校实力强，对人才的源头吸引力较强。广西对教育的支出一直大于其他三省，但由于缺少实力强的学校，对人才的源头吸引力较弱。总的来看，西部地区除陕西外教育依然处于落后水平。

总体来看，广西教育环境对人才的吸引力与沿海毗邻地区的广东、福建、海南相比不具备优势；与周边邻近地区相比劣于湖南和贵州，但略强于云南；与中西部先进地区的陕西相比不具备优势，也劣于四川和安徽，但与安徽相比教育环境对人才的吸引力强弱相差不大。总之，广西的教育环境对人才吸引力仅优于云南，劣于其他周边地区教育环境对人才的吸引力。

以十个省份的教育环境相对得分来绘制柱状图，可直观看出在全国范围内，各省份教育环境上升和下降趋势。由图3－4可知，陕西、福建、广东教育环境对人才具有很强的吸引力，陕西、广东、贵州、四川、安徽提升很快。陕西、广东、四川教育环境优势主要在于这三个省的学校实力较强，对人才吸引大；贵州主要原因在于对教育重视度高，人均教育经费高；福建、安徽高中学校实力增强。从发展趋势来看，广西教育环境仅相对于云南具有一定优势，但并不明显。

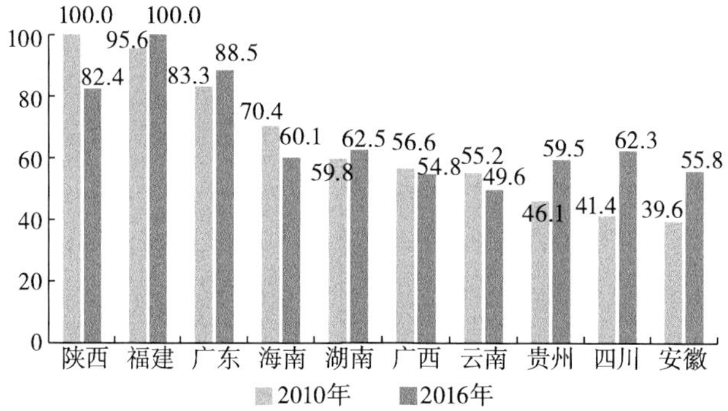

图3－4　广西与周边地区教育环境对人才的吸引力（2010年、2016年）

通过与相关地区的对标分析可以发现，2010年和2016年广西与陕西、广东、福建的教育环境得分比值均明显小于1，可知与这几个省相比广西经济环境对人才吸引力明显处于劣势状态；广西的教育环境与四川、安徽、贵州相比，在2010年具有一定比较优势，但到2016年均被三省逆转，已无优势可言，同时与陕西相比教育环境吸引力差距进一步拉大（见表3－10）。

表 3－10　广西与周边地区教育环境对人才吸引力相对优势比较分析

地区	对标	2010 年	2016 年	判断
沿海毗邻地区	广西—广东	0.68:1	0.62:1	差距拉大
	广西—福建	0.57:1	0.67:1	差距缩小
	广西—海南	0.80:1	0.91:1	差距缩小
周边邻近地区	广西—云南	1.02:1	1.10:1	优势增加
	广西—贵州	1.23:1	0.92:1	优势逆转
	广西—湖南	0.95:1	0.88:1	差距拉大
中西部先进地区	广西—安徽	1.43:1	0.98:1	优势逆转
	广西—四川	1.37:1	0.88:1	优势逆转
	广西—陕西	0.59:1	0.55:1	差距拉大

总体来看，广西教育环境在全国处于低层次水平，人均教育经费不足，高校实力明显偏弱，师资力量明显短缺。与周边地区相比，目前广西在教育环境方面对人才吸引力仅对云南有一定优势。加快经济发展是广西实现高质量发展的核心任务，教育和经济是相辅相成的，通过教育为经济建设提供人才、吸引人才、凝聚人才，更好地促进经济高质量发展；反过来，经济的高质量发展，将为教育提供更加充裕的资金投入，促进教育的高质量发展。

（四）创新环境专项评价

当前，我国经济进入新常态，经济增速放缓并呈现中速增长的态势将长期存在，要实现经济的高质量发展必须依靠产业升级和创新驱动，创新实力越强的省份，在未来竞争中将更具优势，而在创新环境具有优势的地区将会形成更具吸引力和竞争力的人才发展环境。本部分对全国 30 个省份的创新环境进行了评估分析（西藏技术市场成交额占 GDP 比重指标数据缺失），见表 3－11。

总体来看，京沪苏浙的创新实力非常强，广西创新实力在全国排名后十位，2016 年第 28 位。创新实力的强弱不仅与经济实力有关，也与地区的开放程度有关。从全国变化趋势来看，大部分省份实力上升，但变化不大，整体变化相对稳定，排名变化不超过 4 位，可见区域间创新环境及相应创新实力的改变最具难度。东北三省全面下降，同经济环境变化趋势相同；中西部地区相比东部地区经济落后，开放程度不足，创新能力不如东部地区，但从变化趋势来看中西部大部分地区创新实力有所增强，如河北、河南、安徽、湖北、贵州、甘肃等，其中陕西是中西部省份中唯一能与东部发达地区创新实力竞争的省份。[①]

表 3 – 11　人才发展之创新环境得分及地区排名（2010 年、2016 年）

地区	2010 年		2016 年		变化	地区			2016 年		变化
	得分	排名	得分	排名			得分	排名	得分	排名	
北京	95.5	1	93.6	1	—	湖北	14.9	11	20.3	11	—
天津	45.3	4	48.4	4	—	湖南	9.3	16	13.4	15	↑
河北	5.2	22	9.5	19	↑↑	广东	35.4	6	42.2	6	—
山西	6.6	20	6.5	23	↓↓	广西	4.0	26	4.9	28	↓
内蒙古	4.1	25	6.4	24	↑	海南	2.3	29	3.9	29	—
辽宁	18.7	8	15.1	13	↓↓	重庆	13.0	12	21.0	10	↑
吉林	9.9	15	11.1	18	↓↓	四川	12.3	13	14.9	14	↓
黑龙江	9.2	17	8.1	21	↓↓	贵州	2.8	27	5.1	27	—
上海	60.5	2	55.6	2	—	云南	2.4	28	5.5	26	↑
江苏	45.3	4	49.6	3	↑	陕西	17.2	9	24.1	8	↑
浙江	45.4	3	46.4	5	↓	甘肃	6.1	21	8.9	20	↑
安徽	10.9	14	20.0	12	↑	青海	5.0	23	6.3	25	↓
福建	16.3	10	22.9	9	↑	宁夏	4.3	24	7.0	22	↑
江西	7.1	18	13.2	16	↑	新疆	2.1	30	3.2	30	—
山东	19.2	7	24.3	7	—						
河南	6.9	19	11.4	17	↑						

注：—代表排位没有变化；↑代表该地区人才发展经济环境在全国的排位上升 1 ~ 2 位；↑↑代表上升 3 ~ 4 位；↑↑↑代表上升 5 位以上。下降趋势的判断以此类推。

根据“人才区域选择倾向”，进一步利用创新环境的三级指标具体分析广西与相关地区相比在创新环境方面对人才吸引力的发展情况（见表 3 – 12）。

① 从广西研发投入占 GDP 比重及在全国排名来看，分别从 2013 年的 0.75% 和第 24 位下降到 2018 年的 0.71% 和第 27 位，面临“双下降”的尴尬局面。

表 3－12　广西与周边地区创新环境三级指标分析(2010 年、2016 年)

范围	地区	R&D 经费投入强度排名		人均 R&D 内部经费支出排名		每万人高新技术企业数排名		每万人中 R&D 人员数排名		每万人拥有专利数排名		技术市场成交额占 GDP 比重排名		综合排名	
		2010 年	2016 年	2010 年	2016 年	2010 年	2016 年	2010 年	2016 年	2010 年	2016 年	2010 年	2016 年	2010 年	2016 年
广西		25	26	26	26	19	22	26	27	28	22	30	22	26	28
沿海毗邻地区	广东	7	5	6	6	6	2	6	6	5	6	11	9	6	6
	福建	16	14	10	8	8	11	7	7	8	7	18	25	10	9
	海南	30	29	30	27	20	23	28	26	27	30	24	28	29	29
周边邻近地区	云南	27	24	28	25	29	27	29	25	26	27	25	19	28	26
	贵州	26	27	29	30	26	19	30	30	24	25	23	24	27	27
	湖南	15	15	15	14	15	14	16	15	15	17	16	20	16	15
中西部先进地区	安徽	12	9	17	13	12	8	18	12	13	11	13	11	14	12
	四川	11	12	13	15	16	16	19	18	10	12	14	10	13	14
	陕西	4	8	9	9	17	15	9	9	14	9	5	2	9	8

沿海毗邻地区：与沿海毗邻地区相比，广西人才发展环境的创新环境与广东、福建存在显著差距，广东省保持了全国第6位的总体水平，福建从2010年的全国第10位上升到第9位。广东省的创新能力呈现“高投入、高产出”的显著特征，如2016年广东省的人均R&D经费支出达到1850.3元，是广西的7.6倍，每万人拥有专利数达到11.43件，而广西仅为0.79件，广东已发展成为我国研发创新人才高密度集聚地与强引力极，对人才的集聚能力极强，这在相当程度上对广西的人才引进形成了极大的挑战。[①]福建创新水平高于全国平均水平，2016年居第9位。广西与海南的创新环境相差不大。

周边邻近地区：与周边邻近地区相比，广西人才发展环境的创新环境与湖南存在显著差距。湖南创新实力强，稳居全国第15位，在四省（区）中对创新研发投入最大，2016年R&D经费投入强度（R&D经费占GDP比重）为1.5%，位居第15位，人均R&D经费支出为687.25元，比广西高443.45元，是广西的2.8倍，是云南的2.5倍，是贵州的3.3倍。广西、云南、贵州创新实力相差不大，排名均在27名左右。

中西部先进地区：安徽、四川、陕西是中西部创新实力较强的地区，2016年分别排名全国第12、第14、第8位，R&D经费投入强度最低的是四川省，为1.72%，是广西的2.6倍；每万人拥有专利数最低仍是四川(7.56件)，却是广西的2.5倍，广西与这三个地区相比，创新实力差距很大。

总体来看，广西创新环境对人才的吸引力与沿海毗邻地区的广东和福建相比不具备优势，略强于海南，但相差不大；与周边邻近地区的湖南相比不具备比较优势，强于云南和贵州，但与云南、贵州相差不大；与中西

① 创新驱动是广东发展主动力,2018年广东省研发经费支出超过2500亿元,PCT国际专利申请量约占全国一半,区域创新综合能力保持全国第一,技术合同交易量突破1000亿元,成长出华为、腾讯、广汽、格力、美的等具有强大创新能力的世界级企业。同时,广东强化企业创新主体作用至少有四个“接近90%”:一是研发投入接近90%来源于企业;二是研发人员接近90%来源于企业;三是研发机构数大约有90%来源于企业;四是发明专利接近90%来源于企业(常钦. 广东,改革开放再出发[N]. 人民日报,2019-06-04.)

部先进地区相比，差距要大于周边地区。总之，广西的创新环境对人才吸引力略强于海南，略优于云南、贵州，与其他周边地区相差甚大。

以十个省份的创新环境相对得分来绘制柱状图。由图3－5可知，广东创新环境对人才吸引强度非常大；安徽、福建、陕西水平提升显著，主要原因在于这3个省份人均R&D经费支出增加（安徽增加491.99元、福建增加709.91元、陕西增加518.02元、广西仅增加107.01元），R&D人员数增加，2010年每万人中R&D人员数分别为11人、21人、20人（比广西分别多4人、14人、13人，到2016年广西有8人，这三个省分别比广西多14人、26人、17人），促进科技创新能力的直接体现——每万人拥有的专利数大幅上升。四川、广西、云南的创新环境比较优势下降，经费投入不足是关键原因。

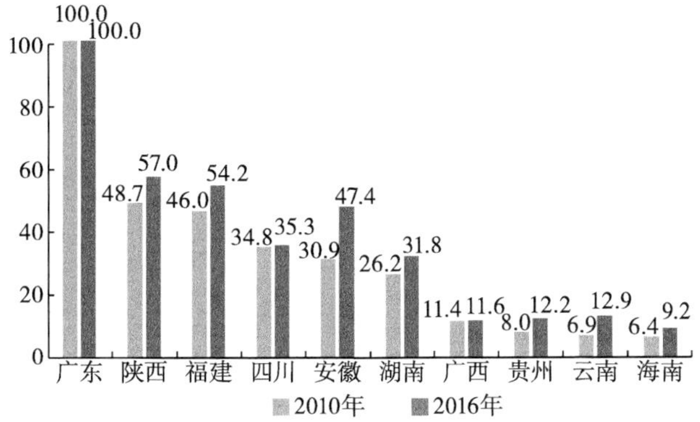

图3－5　广西与周边地区创新环境对人才的吸引力（2010年、2016年）

通过与相关地区的对标分析可以发现，2010年广西与海南、贵州、云南相比对人才吸引有创新环境上的比较优势，其中对海南优势最大，相比广东、福建、湖南、安徽、四川、陕西，广西的创新环境对人才吸引力处于劣势状态，到2016年，云南、贵州创新环境优势提升，广西仅对海南有创新上的优势，且广西相比海南在创新环境对人才吸引力上的优势相比2010年有所减弱（2010年广西对福建的创新环境相对优势比值为1.79，到2016年减少到1.27），同时广西与广东、福建、湖南、陕西、四川、安徽的创新实力差距呈现扩大态势（见表3－13）。

表 3-13　广西与周边地区创新环境对人才吸引力相对优势比较分析

地区	对标	2010 年	2016 年	判断
沿海毗邻地区	广西—广东	0.11∶1	0.12∶1	差距拉大
	广西—福建	0.25∶1	0.21∶1	差距拉大
	广西—海南	1.79∶1	1.27∶1	优势弱化
周边邻近地区	广西—云南	1.66∶1	0.90∶1	优势逆转
	广西—贵州	1.43∶1	0.95∶1	优势逆转
	广西—湖南	0.44∶1	0.37∶1	差距拉大
中西部先进地区	广西—安徽	0.37∶1	0.24∶1	差距拉大
	广西—四川	0.33∶1	0.37∶1	差距拉大
	广西—陕西	0.23∶1	0.20∶1	差距拉大

总体来看，创新实力与经济实力有着密不可分的联系，经济实力强的地区，创新实力普遍较强。广西创新环境在全国处于低层次水平，研发投入不足，高技术产业薄弱。① 与周边地区相比，目前广西在创新环境方面对人才吸引力仅对海南有一定比较优势。创新离不开经济的支持，人才又是创新的核心要素，因此，加快经济发展、促进教育质量提升是提高创新环境的重要前提。

（五）社会环境专项评价

要想吸引人才、留住人才，前提是要给人才提供一个稳定、安全的社会环境，社会环境是吸引人才的重要因素。以每万人刑事案件数来代表社会治安问题是比较片面的，社会治安问题不仅与犯罪率有关，文化信仰、地理位置、人口流动等多种因素也会影响社会治安问题，社会保障体系越完善，社会越稳定。人才对地区社会环境的考虑多是社会保障服务问题，对社会安全指数赋权 0.18，使得从吸引人才方面考虑的社会环境评价更符合实际问题。

---

① 2013—2016 年，我国研究与试验发展（R&D）经费年均增长 11.1%，增速世界领先。2017 年我国 R&D 经费投入总量超 1.76 万亿元，同比增长 12.3%，增速较上年提高 1.7 个百分点；R&D 经费投入强度（R&D 经费与国民生产总值的比值）达到 2.13%。2018 年，我国 R&D 支出达到 19657 亿元，投入强度为 2.18%（赵永新，余建斌．我国科技动能持续释放[N]．人民日报，2019-05-13.）

从评价结果来看，京沪苏粤四地的社会环境最好，主要原因是居民保障服务体系完善，单看社会安全指标（以每万刑事诉讼案件数代表），2016 年北京排名第 8，广东排名第 17，江苏排名第 21，上海排名第 25，浙江排名第 31，由此可见，治安问题并不符合普遍认为的“发达地区、治安最好”的看法。一般认为西部边疆地区社会稳定度低，但从分析中可以发现，西藏、新疆社会环境排名前十，国家对西藏、新疆的社会稳定非常重视。云南、广西社会环境排名后 3 位，总体社会环境对人才吸引力不高。从变化趋势来看，社会环境排名波动性大，主要原因在于社会服务设施覆盖率和每万刑事诉讼案件数指标波动性大。中部地区全面下滑，山西、吉林、黑龙江、安徽、江西、湖北均下降 2 位以上；西部大部分地区排名上升，如广西、贵州、四川、重庆、陕西、青海等地区，排名在第 15 之后，社会环境处于中等偏下水平；东部地区浮动不大，排名相对靠前（见表 3－14）。

表 3－14　人才发展之社会环境得分及地区排名（2010 年、2016 年）

地区	2010 年		2016 年		变化	地区	2010 年		2016 年		变化
	得分	排名	得分	排名			得分	排名	得分	排名	
北京	75.0	1	72.8	1	—	湖北	36.7	10	27.3	15	↓↓↓
天津	35.8	11	31.7	10	↑	湖南	27.9	21	24.9	21	—
河北	25.5	23	29.2	14	↑↑↑	广东	49.2	4	60.8	2	↑
山西	29.4	18	24.7	22	↓↓	广西	22.2	30	21.5	29	↑
内蒙古	34.6	12	24.5	25	↓↓↓	海南	30.4	16	38.3	6	↑↑↑
辽宁	46.5	5	36.9	7	↓	重庆	31.0	15	31.3	11	↑↑
吉林	22.7	27	14.5	30	↓↓	四川	29.1	19	30.9	12	↑↑↑
黑龙江	40.3	8	26.9	18	↓↓↓	贵州	24.2	27	27.0	17	↑↑↑
上海	52.9	3	51.1	3	—	云南	13.9	31	12.7	31	—
江苏	52.9	2	44.1	4	↓	西藏	38.8	9	40.0	5	↑↑
浙江	43.1	6	32.4	9	↓↓	陕西	30.0	17	27.1	16	↑
安徽	24.7	25	21.7	28	↓↓	甘肃	25.6	22	21.7	27	↓↓↓
福建	24.1	26	24.7	23	↑↑	青海	22.3	29	24.5	26	↑↑

续表

地区	2010 年		2016 年		变化	地区	2010 年		2016 年		变化
	得分	排名	得分	排名			得分	排名	得分	排名	
江西	31.2	14	26.2	20	↓↓↓	宁夏	28.5	20	26.3	19	↑
山东	33.2	13	30.4	13	—	新疆	41.4	7	33.4	8	↓
河南	24.8	24	24.6	24	—						

注：—代表排位没有变化；↑代表该地区人才发展经济环境在全国的排位上升1～2位；↑↑代表上升3～4位；↑↑↑代表上升5位以上。下降趋势的判断以此类推。

根据“人才区域选择倾向”，进一步利用社会环境的三级指标具体分析广西与相关地区相比在社会环境方面对人才吸引力的发展情况（见表3－15）。

沿海毗邻地区：与沿海毗邻地区相比，广西社会环境对人才吸引力很弱，不如广东、福建、海南。广东社会环境最好，社会保障中城镇养老保险覆盖率（2010年46.53%，2016年70.85%）、失业保险人数率（2010年15.59%，2016年27.46%）、社会服务设施覆盖率（2010年61.97%，2016年252.22%①）全国排名前5，2010年分别是广西的1.9倍、3倍、8.3倍，2016年分别是广西的2.2倍、4.7倍、3倍，是四个省区中排名最高的；海南次之，2010年海南排名第16，2016年海南排名第6，提升非常快，主要是人均一般公共服务支出增加多（2010年718.94元，2016年达到1412元）、社会服务设施覆盖率提升快（由2010年的3.6%提升到2016年的84.42%）、每万人刑事诉讼案件件数降低（2010年11.8件，2016年降低到7.9件）；福建的社会环境比广西好，主要是社会保障服务中城镇养老保险覆盖率和失业保险人数率比广西高，2016年福建城镇养老保险覆盖率比广西高7.45%，失业保险人数率是广西的4.7倍。

周边邻近地区：与周边邻近地区相比，广西的社会环境对人才吸引力略强于云南，但不如贵州和湖南。贵州在2010年社会环境不如湖南，到2016年优于湖南（2010年贵州、湖南分别排名第27和第21位，2016年排

① 社会服务设施覆盖率＝社会服务机构设施数/（村委会数＋居委会数），因此会出现超过百分之百的情况。

表 3－15　广西与周边地区社会环境三级指标分析（2010 年、2016 年）

范围	地区	人均一般公共服务支出排名		城镇养老保险覆盖率排名		失业保险人数率排名		社会服务设施覆盖率		社会安全指数（以每万人刑事诉讼案件件数代表）		综合排名	
		2010 年	2016 年	2010 年	2016 年	2010 年	2016 年	2010 年	2016 年	2010 年	2016 年	2010 年	2016 年
广西		19	22	28	26	28	29	23	8	8	23	30	29
沿海毗邻地区	广东	15	16	5	3	5	3	3	1	21	17	4	2
	福建	21	14	23	19	23	9	21	17	27	26	26	23
	海南	14	5	9	16	9	7	29	7	23	6	16	6
周边邻近地区	云南	26	17	30	28	29	30	28	26	22	29	31	31
	贵州	16	7	29	30	30	28	7	4	18	19	27	17
	湖南	24	18	18	25	25	22	13	15	17	13	21	21
中西部先进地区	安徽	31	31	27	27	4	23	11	16	15	12	25	28
	四川	28	25	12	7	27	19	26	19	6	10	19	12
	陕西	11	19	19	22	15	17	20	23	12	5	17	16

名分别是第17和第21位），主要是贵州人均一般公共服务支出增加非常多，2016年人均一般公共服务支出1254.88元，比2010年多增加643.5元，比广西多323.1元，比湖南多264元，比云南多255.1元，并且贵州社会服务设施覆盖率始终高于其他三省区，2010年贵州社会服务设施覆盖率31.96%，是湖南的1.5倍、广西的4.3倍、云南的8倍，2016年贵州社会服务设施覆盖率126.63%，是湖南的2.6倍，是广西的1.5倍，是云南的5.9倍。贵州对人才吸引力最强，湖南次之，云南最弱，广西在社会服务设施覆盖率方面仅优于云南。

中西部先进地区：与中西部先进地区相比，广西不如四川、陕西，略弱于安徽。陕西人均一般公共服务支出是四个省区中最高的，2010年人均一般公共服务支出769.14元，排名第11位，比广西高186.15元，比四川多262.85元，比安徽高309.63元，2016年956.88元，排名第19，比广西高34.13元，比四川多130.47元，比安徽高304.7元。2010年社会环境全国排名中四川排第19位，陕西排第17位，2016年四川排第12位，陕西排第16位，主要是四川城镇养老保险覆盖率比其他三个省区高，且提升幅度显著（2010年40.24%，排第12位，是广西的1.65倍，是安徽的1.5倍，比陕西高8.03个百分点，2016年53.07%，排名第7，是广西的1.64倍，是安徽的1.95倍，比陕西高15.59个百分点）。安徽2016年排第28位，广西排第29位，主要是安徽失业保险人数率达到7.24%，比广西高1.38个百分点。总的来看，广西与中西部先进地区相比对人才吸引力优势不大。

总体来看，广西社会环境对人才的吸引力与沿海毗邻地区相比不具备比较优势；与周边邻近地区相比劣于湖南和贵州，略强于云南；与中西部先进地区的四川和陕西相比不具备比较优势，略劣于安徽。广西的社会环境对人才吸引力略优于云南，但与其他周边地区相比不具备比较优势。

以十个省份的社会环境相对得分来绘制柱状图。由图3-6可知，广东社会环境对人才吸引强度非常大；海南、贵州水平虽有所提升，但相对于广东的进步程度，仍远远落后。

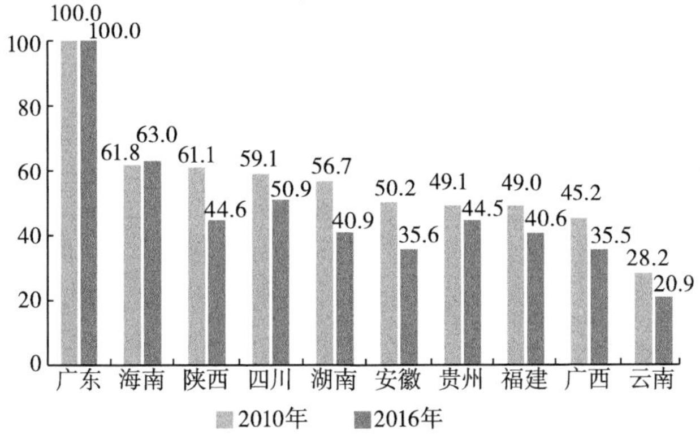

图 3-6　广西与周边地区社会环境对人才的吸引力（2010 年、2016 年）

通过与相关地区的对标分析（见表 3-16），可以发现，与云南相比，广西对人才吸引在社会环境方面具有较为明显的优势，且这种优势有所增强（2010 年广西对云南的社会环境相对优势比值为 1.6，到 2016 年增加到 1.7）；广西相比其他地区的社会环境相对比值小于 1，处于劣势状态，其中，与广东、福建、海南、贵州、四川相比，差距有所扩大，与湖南、安徽、陕西相比，差距有所缩小。

表 3-16　广西与周边地区社会环境对人才吸引力相对优势比较分析

地区	对标	2010 年	2016 年	判断
沿海毗邻地区	广西—广东	0.45∶1	0.35∶1	差距拉大
	广西—福建	0.92∶1	0.87∶1	差距拉大
	广西—海南	0.73∶1	0.56∶1	差距拉大
周边邻近地区	广西—云南	1.60∶1	1.70∶1	优势增强
	广西—贵州	0.92∶1	0.80∶1	差距拉大
	广西—湖南	0.80∶1	0.87∶1	差距缩小
中西部先进地区	广西—安徽	0.90∶1	0.99∶1	差距缩小
	广西—四川	0.76∶1	0.70∶1	差距拉大
	广西—陕西	0.74∶1	0.80∶1	差距缩小

总体来看，广西社会环境在全国处于低层次水平，人均一般公共服务投入不足，社会保障服务覆盖率低。与周边地区相比，目前广西在社会环

境方面对人才吸引力仅对云南有比较优势。经济状况是影响社会环境水平的重要因素，广西经济落后，贫困人口多，社会保障投入偏少，基础配套服务设施不完善，还存在较多的“社会短板”。

（六）自然环境专项评价

优越的自然生态环境对人才具有一定的吸引力，尤其是在国内区域性环境劣化的情况下，广西所拥有的良好自然生态条件优势体现出了比较优势，但自然环境并不是单纯的“原生态”环境，而应是在经济发展基础之上所体现的“人本”自然环境，同时这种先天禀赋式的优势也集中体现在中心城市建设方面。空气质量和绿化水平等因素有利于对人才的吸引，在自然环境评价中，空气质量达二级以上天数率指标观测的地区是重点城市，因此本书采用城市均值来代表省份，虽然并不全面，但也充分体现了一个地区以中心城市为代表的自然环境建设水平。由于西藏地区生活垃圾无害化处理率、城市污水日处理能力、工业固体废物综合指标缺失，因此对30个省（市、区）进行综合评估（见表3-17）。

从总体排名来看，广东排名第一，稳居前5位的地区还有海南、广西、福建、浙江，主要集中在东部沿海地区尤其是东南沿海地区。广东、浙江、福建的自然环境在全国各省份中排名前四，主要原因在于自然环境中的能力型指标优势（生活垃圾无害化处理率、人均城市污水日处理能力、工业固体废物综合利用率），通过雄厚的经济实力支撑不断得到改善提升，而禀赋型指标（森林覆盖率、空气质量达二级以上天数率）与地理位置和产业发展环境有着密切联系，人均公园绿地面积既是能力型指标，也可是禀赋型指标。南宁号称“中国绿城”，但2016年南宁市人均公共绿地面积为12.2平方米，低于广州市16.1平方米的人均公共绿地面积水平。同时，广西自然环境水平从2010年的全国第3位下降到2016年的全国第5位，由此可见，在自然环境中能力型指标的作用将进一步显现。

表 3－17　人才发展之自然环境得分及地区排名（2010 年、2016 年）

地区	2010 年		2016 年		变化	地区	2010 年		2016 年		变化
	得分	排名	得分	排名			得分	排名	得分	排名	
北京	54.5	14	56.8	11	↑↑	湖北	42.0	26	45.2	23	↑↑
天津	50.1	17	37.7	25	↑	湖南	59.9	9	57.0	10	↓
河北	47.6	22	37.7	24	↓	广东	75.7	2	80.0	1	↑
山西	36.1	27	35.0	26	↑	广西	73.7	3	69.8	5	↓
内蒙古	51.5	15	55.3	12	↑↑	海南	68.7	5	72.3	3	↑
辽宁	50.6	16	51.5	16	—	重庆	60.4	8	62.8	6	↑
吉林	49.9	18	51.5	17	↑	四川	48.5	20	46.6	19	↑
黑龙江	48.7	19	54.5	13	↑↑↑	贵州	47.6	23	61.3	9	↑↑↑
上海	54.7	13	50.3	18	↓↓↓	云南	61.2	7	62.7	7	—
江苏	56.4	11	52.7	14	↓↓	陕西	47.2	24	46.3	20	↑↑
浙江	71.9	4	71.4	4	—	甘肃	7.3	30	28.3	30	—
安徽	47.8	21	52.7	15	↑↑↑	青海	26.0	28	34.2	27	↑
福建	75.9	1	77.7	2	↓	宁夏	55.0	12	45.6	22	↓↓↓
江西	66.0	6	61.8	8	↓	新疆	21.2	29	32.4	28	↑
山东	57.8	10	46.3	21	↓↓↓						
河南	44.1	25	30.9	29	↓↓↓						

注：—代表排位没有变化；↑代表该地区人才发展经济环境在全国的排位上升 1～2 位；↑↑代表上升 3～4 位；↑↑↑代表上升 5 位以上。下降趋势的判断以此类推。

根据“人才区域选择倾向”，进一步利用自然环境的三级指标具体分析广西与相关地区相比在自然环境方面对人才吸引力的发展情况（见表 3－18）。

沿海毗邻地区：与沿海毗邻地区相比，广西人才发展环境的自然环境与广东、福建、海南存在一定的差距，比海南弱一些，但差距不大。广东和福建保持了全国第 1、第 2 位的水平，福建森林覆盖率最高，稳居全国第一，2016 年覆盖率达 65.96%。2010 年广西的自然环境对人才的吸引力只比海南强，到 2016 年在能力型指标和禀赋型指标两方面，均弱于广东、福建、海南。考虑到区域性因素，广西自然环境在全国具有比较优势，但在东南沿海地区则存在一定的比较劣势。从这个角度来看，依托自然环境，

表3－18　广西与周边地区自然环境三级指标分析（2010年、2016年）

范围	地区	森林覆盖率排名		空气质量达二级以上天数率排名		人均公园绿地面积排名		生活垃圾无害化处理率排名		人均城市污水日处理能力排名		工业固体废物综合利用率排名		综合排名	
		2010年	2016年	2010年	2016年	2010年	2016年	2010年	2016年	2010年	2016年	2010年	2016年	2010年	2016年
广西		4	4	7	6	19	22	9	10	2	9	15	14	3	5
沿海毗邻地区	广东	6	6	4	5	5	4	20	19	5	7	6	5	2	1
	福建	1	1	5	3	13	15	7	15	13	16	10	13	1	2
	海南	5	5	1	1	11	19	24	6	17	15	8	15	5	3
周边邻近地区	云南	7	7	1	1	22	24	11	26	26	29	24	23	7	7
	贵州	16	15	9	4	29	7	10	22	29	30	25	16	23	9
	湖南	8	8	11	15	23	28	18	8	14	20	9	11	9	10
中西部先进地区	安徽	18	18	22	19	14	11	26	5	11	22	7	7	21	15
	四川	14	17	17	21	18	16	12	13	27	25	22	29	20	19
	陕西	11	10	26	28	15	17	17	14	22	19	23	10	24	20

广西对北方尤其是青海、甘肃、河南、新疆、山西等地区具有较强的吸引力。

周边邻近地区：与周边邻近地区相比，广西人才发展的自然环境有较大优势。广西、云南的禀赋型指标比湖南好，其中云南空气质量排名稳居第1；贵州自然环境改善提升非常显著，主要在于人均公园绿地面积增加幅度非常大，2010年贵州人均公园绿地面积仅有7.33平方米，湖南、云南、广西分别是8.89平方米、9.3平方米、9.83平方米，到2016年，贵州、湖南、云南、广西分别达到14.02平方米、10.57平方米、11.33平方米、11.77平方米，贵州绿化面积增加最多。云南、贵州能力型指标不如广西、湖南，广西人均城市污水日处理能力最强，2016年人均城市污水日处理能力为0.15立方米，是贵州、云南的3倍，是湖南的1.7倍。总体来看，广西自然资源对人才吸引力要强于云南、贵州、湖南，但优势并不显著。

中西部先进地区：与中西部先进地区相比，广西的自然环境明显强于中西部地区，森林覆盖率广西是最高的（2016年达56.5%，是安徽的2倍，是四川的1.6倍，比陕西高15.1个百分点），但安徽的能力型指标中工业固体废物综合利用率为85.6%，明显高于其他三个省区（比广西高20.9个百分点，比陕西高8.8个百分点，是四川的2.2倍）。广西在禀赋型指标上与其他省份相比有明显优势。

总体来看，广西自然环境对人才的吸引力与沿海毗邻地区相比并不具备比较优势；与周边邻近地区相比，略强于湖南、贵州、云南；优于四川、陕西和安徽等中西部先进地区。总之，广西的自然环境不如广东、福建，但比其他周边地区自然环境对人才的吸引力具有比较优势。“广西生态优势金不换”是广西人才发展环境中的明显比较优势。

以十个省份的自然环境相对得分来绘制柱状图，由图3－7可知，福建、广东、广西自然环境对人才吸引强度非常大，贵州自然环境水平提升显著，主要原因在于人均公园绿地面积大幅提升和空气质量优势。广西的自然环境有所下降，主要原因在于能力型指标水平的降低，由于能力型指标的提升依赖经济实力的支持，综合来看，经济越发达的地区，能力型指标越具优势。

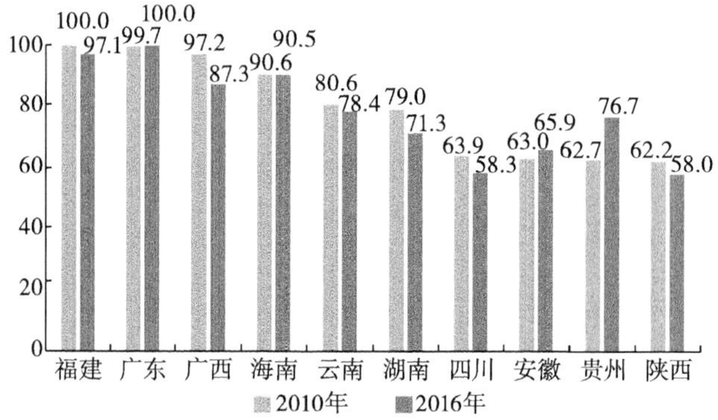

图 3－7　广西与周边地区自然环境对人才的吸引力（2010 年、2016 年）

通过与相关地区的对标分析（见表 3－19），可以发现，2010 年广西与广东、福建相比，自然环境对人才吸引力相对优势比值小于 1，因此广西自然环境对人才吸引力相比广东、福建处于劣势状态外，对其他省均有优势，但到 2016 年广西对海南、云南、贵州、湖南、安徽、四川、陕西的自然环境优势减弱，甚至与海南相比，从相对优势比值 1.07 减少到 0.97，由优势转为劣势状态，并且与广东、福建相比，这种劣势差距扩大。

表 3－19　广西与周边地区自然环境对人才吸引力相对优势比较分析

地区	对标	2010 年	2016 年	判断
沿海毗邻地区	广西—广东	0.97∶1	0.87∶1	差距拉大
	广西—福建	0.97∶1	0.90∶1	差距拉大
	广西—海南	1.07∶1	0.97∶1	优势逆转
周边邻近地区	广西—云南	1.23∶1	1.22∶1	优势弱化
	广西—贵州	1.55∶1	1.14∶1	优势弱化
	广西—湖南	1.21∶1	1.11∶1	优势弱化
中西部先进地区	广西—安徽	1.56∶1	1.51∶1	优势弱化
	广西—四川	1.52∶1	1.50∶1	优势弱化
	广西—陕西	1.54∶1	1.33∶1	优势弱化

总体来看，广西自然环境在全国处于领先水平，空气质量高，绿化环境好，污染物处理能力高于全国平均水平。与周边地区相比，除广东、福建外，广西在自然环境方面对人才吸引力有明显优势。得天独厚的自然环境，使得“宜居广西”的名片越擦越亮，但如何将优越的自然环境转化成经济优势是广西面临的巨大挑战。

四、人才发展环境总体评价

人才发展环境综合得分反映一个地区对人才吸引力大小，得分越高，排名越高，这个地区对人才的吸引力越强。由于西藏的生活、创新、自然指标中部分三级指标数据缺失，因此对除西藏外的30个省份进行人才发展环境的总体分析（见表3－20）。

从总体排名来看，京沪苏浙粤津闽鲁地区综合环境稳居全国前十，全部为东部沿海地区，重庆和陕西为中西部地区进入前十位的两个省市。广西人才发展环境排名由2010年的第20位下滑到2016年的第23位，与发达地区发展环境相差甚大。从变化趋势来看，海南、四川、安徽、贵州地区排名显著上升，河北、黑龙江、山西人才发展环境显著下降，可以发现，大部分地区人才发展综合环境的变化趋势和经济环境的变化趋势总体相似。

表3－20　人才发展环境总得分及地区排名（2010年、2016年）

地区	2010年		2016年		变化	地区	2010年		2016年		变化
	得分	排名	得分	排名			得分	排名	得分	排名	
北京	76.2	1	77.9	1	—	江西	25.2	19	27.2	17	↑
上海	67.6	2	65.0	2	—	四川	23.2	24	26.2	18	↑↑↑
江苏	50.5	4	53.4	3	↑	宁夏	28.1	15	25.9	19	↓↓
浙江	50.0	5	52.3	4	↑	安徽	22.5	26	25.9	20	↑↑↑
广东	44.8	6	50.4	5	↑	河南	24.2	22	25.6	21	↑
天津	56.0	3	49.5	6	↓↓	贵州	18.1	29	25.5	22	↑↑
福建	37.5	7	40.4	7	—	广西	25.1	20	24.9	23	↓↓
山东	37.1	8	38.1	8	—	新疆	23.2	23	24.8	24	↓

续表

地区	2010年		2016年		变化	地区	2010年		2016年		变化
	得分	排名	得分	排名			得分	排名	得分	排名	
重庆	29.3	12	35.0	9	↑↑	河北	26.3	18	24.2	25	↓↓↓
陕西	31.2	11	33.3	10	↑	黑龙江	24.3	21	23.5	26	↓↓↓
湖北	28.8	13	32.3	11	↑	山西	27.0	16	23.4	27	↓↓↓
辽宁	36.2	9	31.5	12	↓↓	云南	18.9	28	21.5	28	—
内蒙古	35.3	10	30.0	13	↓↓	青海	19.7	27	21.4	29	↓
湖南	26.8	17	28.7	14	↑↑	甘肃	15.8	30	18.8	30	—
吉林	28.5	14	27.5	15	↓						
海南	23.1	25	27.4	16	↑↑↑						

注：—代表排位没有变化；↑代表该地区人才发展经济环境在全国的排位上升1～2位；↑↑代表上升3～4位；↑↑↑代表上升5位以上。下降趋势的判断以此类推。

进一步利用人才发展环境的二级指标具体分析广西与相关地区相比在人才发展综合环境方面对人才吸引力的情况（见表3－21）。

沿海毗邻地区：广西与沿海毗邻地区相比，综合环境对人才吸引力明显偏弱，广东、福建对人才吸引力非常强。广东在各专项环境中均具有较强实力，各项三级指标均排名全国第10位左右。福建除社会环境排名靠后外，其他指标均排名前10位左右。海南人才发展环境变化最大，由2010年的第25位上升到2016年的第16位，其主要变化在社会环境，社会保障覆盖率高。广西相比沿海毗邻地区除自然环境优越外，其他环境对人才吸引力均不具备优势。2010年广西对海南有生活环境上的优势，其他环境和海南相差不大；2016年各项环境均弱于广东、福建、海南。与沿海毗邻地区相比，广西最有优势的自然环境也未能显现（见图3－8）。

周边邻近地区：与周边邻近地区相比，广西在2010年对人才吸引力强于云南和贵州，到2016年仅对云南有优势。湖南各项环境指标均强于广西，云南各项环境指标均弱于广西。贵州在2010年各项环境指标均不如广西，综合排名比广西低5个名次，但随着贵州经济环境不断改善以及经济环境和人才使用环境的优化，到2016年，贵州省人才发展环境上升到全国第22位，反超广西，教育环境比广西高4个名次，创新环境比广西高1个

表 3－21　广西与周边地区综合环境二级指标分析（2010 年、2016 年）

范围	地区	经济排名		生活排名		教育排名		创新排名		社会排名		自然排名		综合排名	
		2010 年	2016 年	2010 年	2016 年	2010 年	2016 年	2010 年	2016 年	2010 年	2016 年	2010 年	2016 年	2010 年	2016 年
广西		22	22	22	25	21	25	26	28	30	29	3	5	20	23
沿海毗邻地区	广东	6	5	9	12	10	7	6	6	4	2	2	1	6	5
	福建	8	7	13	11	6	10	10	9	26	23	1	2	7	7
	海南	18	16	31	28	14	20	29	29	16	6	5	3	25	16
周边邻近地区	云南	29	28	28	30	23	27	28	26	31	31	7	7	28	28
	贵州	28	17	29	27	28	21	27	27	27	17	23	9	29	22
	湖南	16	12	19	20	18	17	16	15	21	21	9	10	17	14
中西部先进地区	安徽	25	21	23	24	31	24	14	12	25	28	21	15	26	20
	四川	19	18	26	26	30	18	13	14	19	12	20	19	24	18
	陕西	12	13	16	10	7	6	9	8	17	16	24	20	11	10

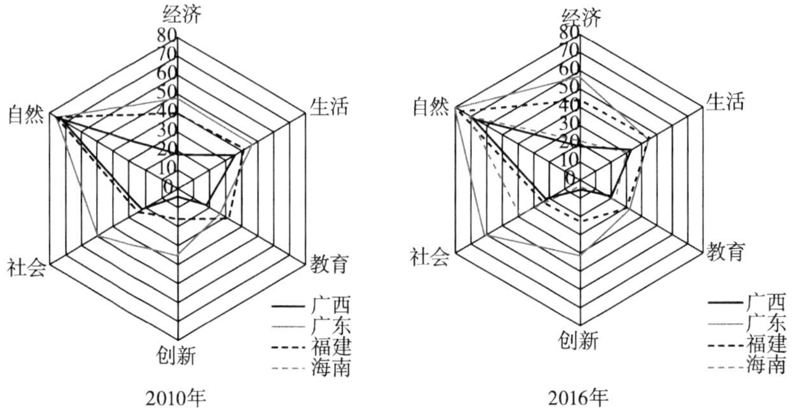

图 3-8　广西及沿海毗邻地区（2010 年、2016 年）

名次，生活环境比广西高 2 个名次。总体来看，广西人才发展环境仅对云南具有比较优势。广西与周边邻近地区相比对人才的吸引力，在自然环境上一直处于优势状态，但并不明显，2010 年除自然环境外其他环境和湖南相差不大，优于云南、贵州；2016 年广西社会环境优于云南，但不如贵州、湖南，除自然环境和社会环境外，其他环境和云南、贵州相差不大，但弱于湖南（见图 3-9）。

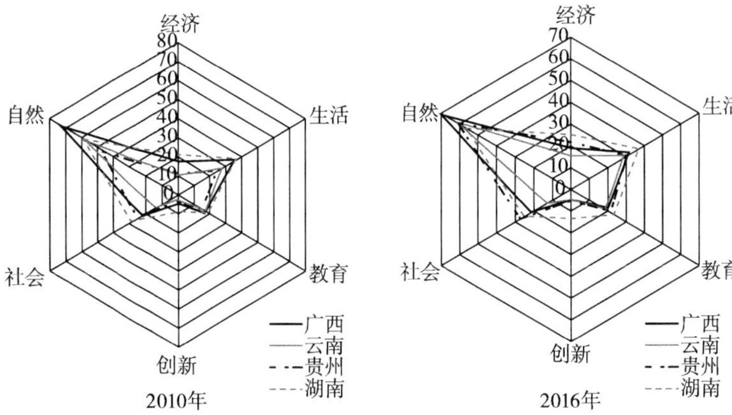

图 3-9　广西及其周边邻近地区（2010 年、2016 年）

中西部先进地区：与安徽、四川、陕西中西部先进地区相比，仅在自然环境上对其他地区有绝对优势，与陕西人才发展环境始终存在较大差距，在2010年，广西对安徽、四川均有优势存在，但到2016年，广西与这三个地区相比，均处于劣势状态，主要原因在于，安徽、四川经济发展态势持续向好，四川的教育环境由2010年排名第30到2016年排名第18，其他指标安徽、四川也略有上升，广西除社会环境上升1位、经济环境排位未变外，其他环境排位均出现下滑，尤其是教育环境。在2010年广西教育环境强于安徽、四川，除自然环境和教育环境强于安徽、四川，创新环境弱于安徽、四川外，其他环境和安徽、四川相差不大；到2016年，自然环境相比其他地区优势缩小，除自然环境外其他环境和陕西差距拉大，创新环境劣势拉大，社会环境和四川相比劣势拉大（见图3－10）。

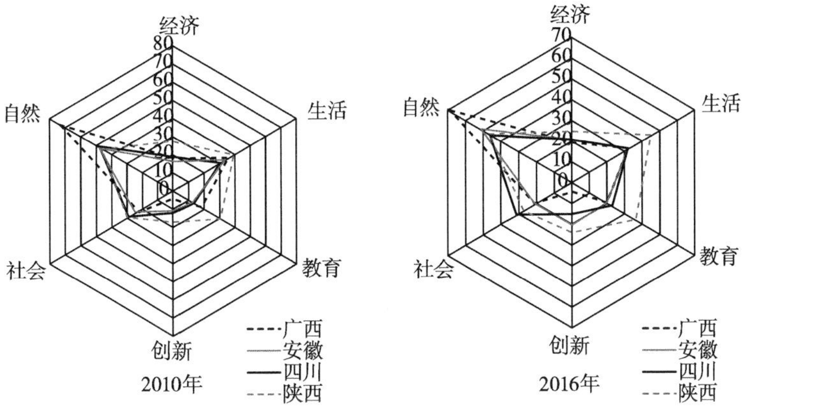

图3－10　广西及其他西部先进地区（2010年、2016年）

总体来看，广西综合环境对人才的吸引力与沿海毗邻地区相比不具备优势；与周边邻近地区相比，略强于云南，与湖南和贵州相比不具备比较优势，但和贵州相差不大；与中西部先进地区相比不具备比较优势。综合而言，广西人才发展环境综合水平与沿海毗邻地区、周边邻近地区和中西部先进地区相比，不具备优势，劣势短板更多，补齐人才环境短板、提升人才环境优势迫在眉睫。

以十个省份的综合环境相对得分来绘制柱状图。由图3－11可知，广东、福建综合环境对人才吸引强度非常大；贵州人才发展环境水平提升显著，主要原因在于贵州经济的大幅提升，社会保障服务体系完善，绿化范围增加。广西与周边9个地区相比，综合环境水平低，2016年在10个地区中排名倒数第二，仅比云南人才发展环境水平高。

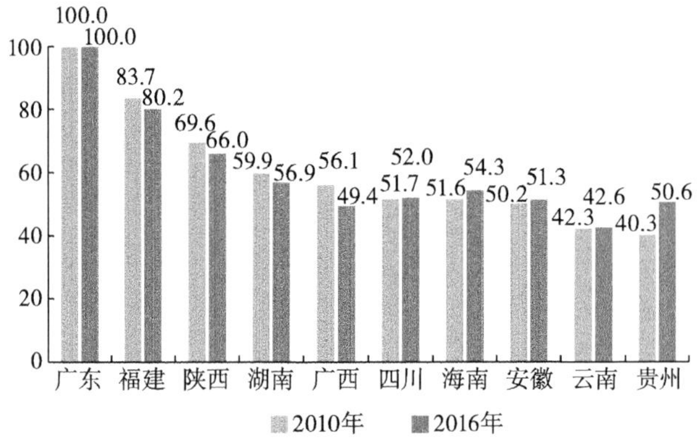

图3－11　广西与周边地区综合环境对人才的吸引力（2010年、2016年）

通过与相关地区的对标分析（见表3－22），可以发现，2010年广西与广东、福建、湖南、陕西相比，综合环境对人才吸引力相对优势比值小于1，说明广西综合环境对人才吸引力相较于这四个省处于劣势状态，相比其他省均有优势，但到2016年广西与广东、福建、湖南、陕西相比综合环境对人才吸引力的劣势扩大，并且与其他省份相比的优势大幅减弱，甚至与海南、贵州、安徽、四川相比，从优势状态转为劣势状态。

表3－22　广西与周边地区综合环境对人才吸引力相对优势比较分析

地区	对标	2010年	2016年	判断
沿海毗邻地区	广西—广东	0.56:1	0.49:1	差距拉大
	广西—福建	0.67:1	0.62:1	差距拉大
	广西—海南	1.09:1	0.91:1	优势逆转
周边邻近地区	广西—云南	1.33:1	1.16:1	优势弱化
	广西—贵州	1.39:1	0.98:1	优势逆转
	广西—湖南	0.94:1	0.87:1	差距拉大
中西部先进地区	广西—安徽	1.12:1	0.96:1	优势逆转
	广西—四川	1.08:1	0.95:1	优势逆转
	广西—陕西	0.81:1	0.75:1	差距拉大

综合来看，广西人才发展环境在全国处于下游水平，存在长板较长、短板很短的问题，自然环境优势明显，教育环境与创新环境垫底。“环境好，则人才聚、事业兴；环境不好，则人才散、事业衰”[①]，如何将自然生态环境与经济发展有效结合，为各项环境水平的提升提供保障，进而转化成有利于人才集聚的综合优势，将是广西未来人才发展必须解决的问题。

五、人才休闲环境吸附力评价

在健康的人才生态系统中，一个城市的吸引力和承载力，除了经济要素外，还包括房价物价、创新要素、自然环境、文化氛围、公共服务等，同样是人才去留的重要条件。高层次人才对生活环境尤其是高品质的生活环境具有较高要求，以星巴克门店数量为例，一般来说，星巴克数量越多，说明城市中青年高层次人才群体集聚度越高。从国内各区域尤其是中心城市作为人才集聚载体来看，上海、深圳、杭州、成都、广州等一线城市在发展经济的同时，城市休闲环境不断完善提升，而这种高品质的休闲生活环境对人才引进形成了更具竞争力的优势。高品质休闲生活环境必须要有高品质的休闲服务，这其中休闲餐饮服务具有代表性。本部分选择包括直辖市、副省级城市和省会城市在内共38个城市的休闲餐饮数量来考察各个城市休闲生活环境水平及品质，以便进一步甄别相关城市对人才吸引和集聚的能力。休闲餐饮服务选择星巴克、必胜客、麦当劳、肯德基四大连锁品牌，并对其进行专家赋值，星巴克、必胜客一直以来都是“高端人士”或高层次群体的聚集地，权重赋值均为0.3；麦当劳、肯德基的高薪人群占比较大，权重赋值均为0.2，并根据各城市2017年末人口，计算出综合休闲服务数量和每十万人拥有休闲餐饮服务指数。星巴克、必胜客、麦当劳、肯德基，这四个休闲服务提供商面向群体以高层次群体或中青年白领为主，以此进行分析具有一定的说服力。

---

① 闫华.总书记说人才政策还要“放开手脚”透出啥信号？［EB/OL］.人民网,2015－03－11.

表 3-23 休闲餐饮服务的城市分布

单位：家

城市	星巴克（权重 0.3）	必胜客（权重 0.3）	麦当劳（权重 0.2）	肯德基（权重 0.2）	2017 年末人口（万）	综合休闲服务/家	每十万人拥有休闲餐饮服务	排名
上海	690	233	260	608	2418	450.5	1.86	1
深圳	156	111	340	399	1253	227.9	1.82	2
杭州	202	81	69	275	947	153.7	1.62	3
北京	342	202	302	640	2170	351.6	1.62	4
广州	149	99	441	341	1449	230.8	1.59	5
南京	85	52	71	240	834	103.3	1.24	6
天津	84	76	215	272	1294	145.4	1.12	7
厦门	35	26	52	52	401	39.1	0.98	8
武汉	93	53	118	192	1091	105.8	0.97	9
宁波	93	42	25	107	800	66.9	0.84	10
海口	14	14	20	31	227	18.6	0.82	11
西安	62	49	42	84	824	58.5	0.71	12
沈阳	36	35	54	93	733	50.7	0.69	13
大连	25	24	49	68	595	38.1	0.64	14
长沙	37	34	45	89	792	48.1	0.61	15
福州	28	28	76	56	766	43.2	0.56	16
银川	3	6	31	16	222	12.1	0.55	17
青岛	33	34	52	92	929	48.9	0.53	18
济南	22	27	29	70	706	34.5	0.49	19
太原	14	18	17	42	438	21.4	0.49	20
成都	99	48	70	95	1604	77.1	0.48	21
乌鲁木齐	0	10	34	14	311	12.6	0.41	22
合肥	24	29	31	49	796	31.9	0.40	23
昆明	23	17	29	44	673	26.6	0.40	24
呼和浩特	6	11	12	21	311	11.7	0.38	25
兰州	7	10	9	21	300	11.1	0.37	26
长春	15	18	19	73	767	28.3	0.37	27
南昌	14	14	16	40	546	19.6	0.36	28

续表

城市	星巴克（权重0.3）	必胜客（权重0.3）	麦当劳（权重0.2）	肯德基（权重0.2）	2017年末人口（万）	综合休闲服务/家	每十万人拥有休闲餐饮服务	排名
哈尔滨	20	23	25	76	938	33.1	0.35	29
贵阳	16	19	12	20	480	16.9	0.35	30
西宁	3	5	19	8	235	7.8	0.33	31
南宁	18	13	27	40	715	22.7	0.32	32
郑州	20	23	35	53	988	30.5	0.31	33
石家庄	9	27	21	46	1088	24.2	0.22	34
柳州	6	4	7	12	400	6.8	0.17	35
桂林	5	6	10	17	534	8.7	0.16	36
重庆	61	33	42	60	3075	48.6	0.16	37
宝鸡	2	2	1	8	383	3	0.08	38

资料来源：各相关企业官方网站资料及网络数据，采集时间为2018年10月。

从表3－23来看，东部城市每十万人拥有的休闲餐饮服务数量远高于中西部城市，也有经济落后的西部城市排名靠前，如银川。上北广深和杭州等一线城市及新一线城市休闲餐饮服务分布密集，表明这些城市对高层次人才休闲吸附力非常强，高层次人才更易积聚；南宁与昆明、贵阳等周边城市存在差距，柳州的休闲服务优于西部地区同类型城市宝鸡，桂林作为国际旅游城市，休闲服务明显不足，柳州和桂林两地休闲服务供给总量与西宁接近，由此可见，广西对高层次人才休闲吸附力明显偏弱。

第四章　基于人才主体的调查研究

为更好地了解和掌握关于广西人才发展环境的评价和具体意见，本部分在大量区内外调研统计基础上开展基于人才主体的调查评估，调研对象包括在桂各类人才和区内外高等院校在校生，来自区内外31个省（区、市）。作者与北京、广州等专业调查机构联合开展了有关人才问卷的调查工作，按照调研对象的不同分别设计两份问卷，并从人才信息源[①]、人才对发展环境的评价和交叉评价三个维度开展调查评估分析。

一、人才发展环境的主体评价

在桂工作人才是广西人才队伍建设的第一资源，为更加精准、深入地了解和掌握在桂工作人才对广西的认知情况和就业意愿，在广西区内面向相关单位发放电子问卷。在桂工作人才问卷共有1732份，数据缺失问卷数152份，有效问卷数1580份（调查问卷详见附件1）。

（一）在桂工作人才信息源分析

为保障问卷调查的科学性、合理性，以及在广西工作人才的实际情况，整体按照东北+内蒙古[②]、东部地区、中部地区、西北地区、西南地

---

① 信息源包括地区信息、年龄信息、单位信息和是否到过广西。

② 内蒙古的面积为118.3万平方公里，占全国总面积的12.3%，2017年底常住人口为2504万人，约占全国的1.8%。对于内蒙古的区域划分方法不够统一，从西部大开发的角度，内蒙古应当纳入西部地区，但这与传统西北五省区的提法和划分存在冲突。本报告按照《国务院关于深入推进实施新一轮东北振兴战略加快推动东北地区经济企稳向好若干重要举措的意见》（国发〔2016〕62号），将东北三省和内蒙古自治区作为一个区域整体进行分析，即所谓“三省一区”。

区、周边地区以及广西本地区域的划分，其中东北 + 内蒙古、东部地区、中部地区、西北地区、西南地区、周边地区的人才样本占比采用各区域人才样本量除以外地来桂工作人才总量，外地在桂人才和广西本地人才样本占比采用各自样本量除以有效样本总量（见表 4 – 1）。从实际调查结果来看，18 岁以前主要生活地是上海和海南的人才样本存在缺失，表明两地在桂工作人才甚少。①

从在桂工作各类人才的地区来源构成来看，18 岁之前在广西生活的人才占比为 54.9%，② 在广西以外生活的人才占比为 45.1%。从各区域人才在广西以外生活人才样本量的占比高低来看，依次为中部地区（34.77%）、东部地区（32.78%）、西北地区（16.23%）、东北和内蒙古（9.54%）、西南地区（9.27%），来自周边地区（云南、贵州、湖南）的人才占比为 11.2%。西南地区和周边地区人才在桂广西较少与本次调研关系网络有一定关系，但深层次体现了广西对西南地区和周边地区人才的吸引力不强的基本现实，同时，贵州、云南等西南地区人才在择业区域选择方面往往会跨过同样落后的邻居广西、奔向先进发达的东部地区。

表 4 – 1　在桂工作人才地区分布（18 岁以前主要生活地）构成情况

序号	区域划分	样本量（个）	样本占比（%）
1	东北 + 内蒙古	68	9.54
2	东部地区	237	33.22
3	中部地区	246	34.54
4	西北地区	96	13.49

① 二十世纪五六十年代，上海部分企业响应党的号召，从上海搬迁到广西，支援边疆少数民族地区建设，为广西工业和经济发展做出了重大历史贡献，同时一批上海籍贯的人才来到广西工作，但之后上海籍贯的人才甚少到广西工作，这主要是区域发展差距、地区文化等因素。海南到广西工作人才甚少的原因，主要还是由于地缘因素，同时，海南省人口相对较少也是重要原因。

② 为了更加充分地体现人才的“地域情结”，采用了“您 18 岁以前主要在以下哪些地区生活？”的问题进行人才来源地区的分析，而没有采用笼统的籍贯的提法。所谓籍贯，按照公安部《关于启用新的常住人口登记表和居民户口簿有关事项的通知》（公通字〔1995〕91 号），公民籍贯应为本人出生时祖父的居住地（户口所在地），祖父去世的，填写祖父去世时的户口所在地；祖父未落常住户口的，填写祖父应落常住户口的地方。

续表

序号	区域划分	样本量（个）	样本占比（%）
5	西南地区	66	9.21
6	周边地区	101	14.14
7	外地在桂人才	713	45.1（占总样本比重）
8	广西本地人才	867	54.9（占总样本比重）

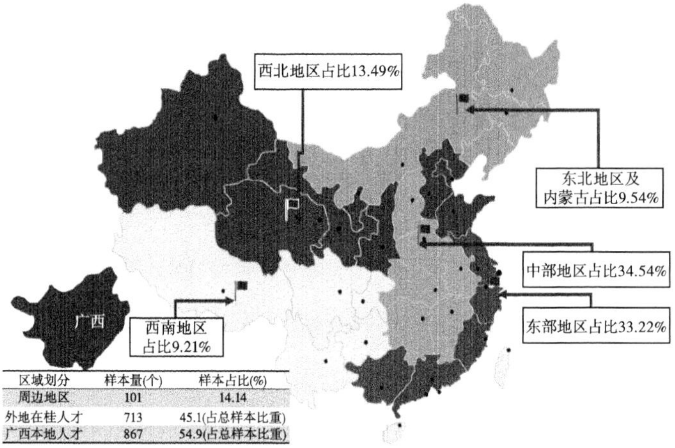

图 4－1　在桂工作人才地区分布图

从在桂工作各类人才的年龄阶段构成来看，处于 21～30 岁的人才群体占比 38.28%、31～40 岁的调查人才群体占比 41.1%、41～50 岁的调查人才群体占比 13.35%、51～60 岁的调查人才群体占比 7.27%（见表 4－2）。总体来看，受访的青壮年人群占比接近 80%、中老年人群占比 20.62%，这样的人才样本结构有助于分析得出更具价值的研究结论（见图 4－2）。

表 4－2　在桂工作人才年龄阶段构成情况

序号	年龄阶段（岁）	样本量（个）	样本占比（%）
1	21～30	605	38.28
2	31～40	649	41.1
3	41～50	211	13.35
4	51～60	115	7.27

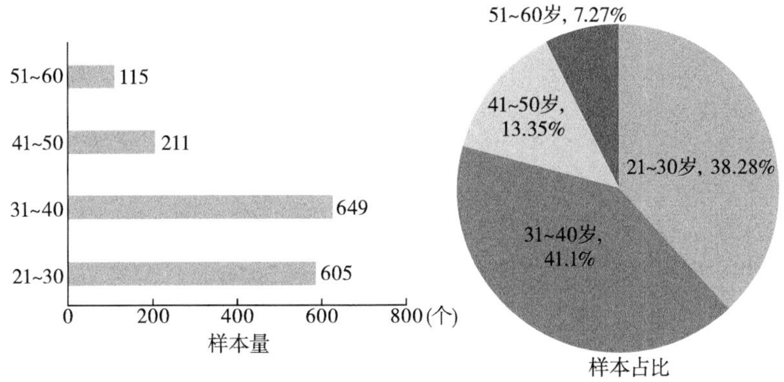

图4－2　在桂工作人才年龄阶段构成图

从在桂工作各类人才所在单位类型来看，在党政机关工作的人才占全部调查对象的24.63%，在高校院所工作的人才占全部调查对象的23.44%，在国有企业工作的人才占全部调查对象的15.13%，在民营及合资企业工作的人才占全部调查对象的17.06%，在事业单位工作的人才占全部调查对象的15.13%，自主创业的人才占全部调查对象的4.6%（见表4－3）。人才所在单位类型与调研关系网络有关，但基于样本量相对充足的考虑，同样可以反映相关问题（见图4－3）。

表4－3　在桂工作人才所在单位类型情况

序号	所在单位	样本量（个）	样本占比（%）
1	党政机关	389	24.63
2	高校院所	370	23.44
3	国有企业	239	15.13
4	民营及合资企业	270	17.06
5	事业单位	239	15.13
6	自主创业	73	4.60

是否在某一地区上过大学，对人才的就业选择和事业发展具有相当程度的影响，从在桂工作各类人才是否在广西上过大学情况来看，在广西上过大学的人才样本占比36.2%，未上过大学的人才样本占比63.8%（图4－4）。

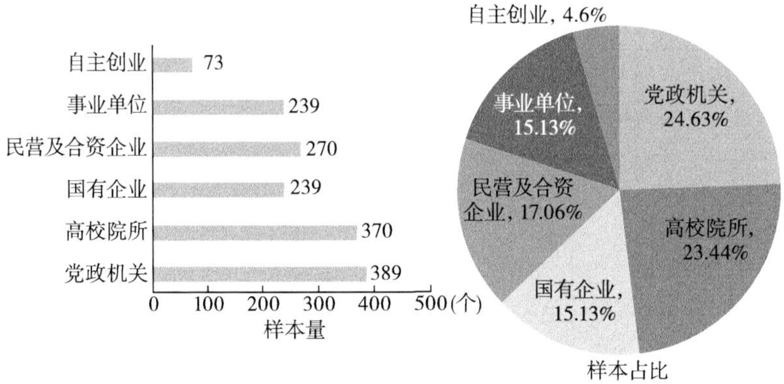

图4－3　在桂工作人才所在单位类型分布图

表4－4　在桂工作人才是否在广西上过大学情况

序号	是否在广西桂上过大学	样本量（个）	样本占比（%）
1	在广西上过大学	572	36. 2
2	未在广西上过大学	1008	63. 8

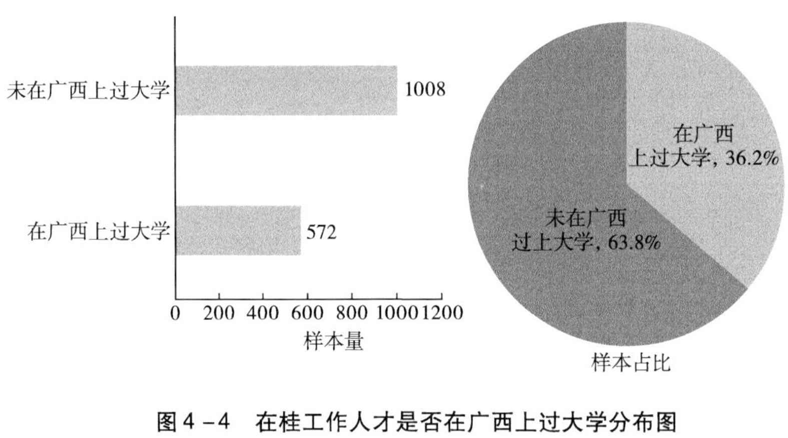

图4－4　在桂工作人才是否在广西上过大学分布图

对于各类人才在桂工作的主要原因分析，在前述描述性调研基础上，从是否在广西长期生活和是否在广西上过大学两个维度进行交叉分析，用各维度的交叉数据除以各维度总量得到各维度在桂工作原因的样本占比（见表4－5）。

表4－5　各类人才到（或在）广西工作的主要原因　单位:%

序号	主要原因	是否在广西长期生活过		是否在广西上过大学		合计
		是	否	是	否	
1	家乡在桂	81.35	4.61	62.30	37.91	46.74
2	配偶原因	10.00	14.14	12.30	11.63	11.87
3	长辈原因	17.03	4.61	13.11	10.47	11.28
4	在桂读书	19.73	13.82	43.03	2.33	17.06
5	事业发展	20.27	29.61	25.00	24.19	24.48
6	校友推荐	2.43	12.50	1.64	10.00	6.97
7	亲友在桂	32.16	7.57	25.82	18.37	21.07
8	气候环境	18.38	27.30	22.95	22.09	22.40
9	单位安排	4.32	18.75	5.33	13.95	10.83
10	看好前景	11.35	22.04	14.34	17.21	16.17
11	机缘巧合	12.16	42.11	14.34	32.09	25.67
12	压力较小	15.14	17.43	15.16	16.74	16.17

从各类人才在桂工作的主要原因来看，在广西长期生活或在广西学习过的人才留在广西工作的主要原因一致，分别为家乡在桂、在桂读书、亲友在桂、事业发展、气候环境，符合长期生活某一地方或熟悉某一地方人才的选择特征。未在广西长期生活而选择来广西工作的主要原因依次为机缘巧合（42.11%）、事业发展（29.64%）、气候环境（27.3%）、看好前景（22.04%）、单位安排（18.75%），由此可见，择业就业的需求更多，看好广西发展的占比相对较低。未在广西学习而选择在广西工作的主要原因有家乡在桂、机缘巧合、事业发展、气候环境、亲友在桂。总的来看，两个维度下人才在桂工作的前五个原因依次为家乡在桂、机缘巧合，事业发展、气候环境、亲友在桂。可以看出来在广西生活、学习和未在广西上过大学而选择在广西的原因大多与生活环境有关，而未在广西长期生活过的人才来广西工作的主要原因与机遇和事业发展有关，由此可见“地域黏性”和“生活黏性”对人才的吸引和留用具有相当的影响。

（二）在桂人才对发展环境的评价分析

从在桂人才对广西吸引人才主要优势的评价来看（见表4－6），气候条件适宜、在广西生活舒适、地方包容性强、在广西生活成本较低、毗邻东盟经济圈是主要原因，占比分别为 48.52%、48.07%、43.47%、34.12%、21.36%。由此可见，广西吸引人才的主要优势在自然、生活环境和区位优势方面，基本总结为“生态宜居、文化包容”的主要特征优势。而薪酬待遇较高（1.93%）、人才机制灵活（6.38%）、引才政策有竞争力（6.97%）、经济发展活跃（9.5）四项均不足 10%，即绝大部分调查对象认为广西经济发展不活跃且各行业薪酬待遇偏低，同时人才机制欠缺灵活性、人才政策竞争力不强（见图 4－5）。

表 4－6　在桂工作人才对广西吸引人才的主要优势评价情况

序号	主要优势	评价量（个）	评价占比（%）
1	气候条件适宜	767	48.52
2	在广西生活舒适	760	48.07
3	地方包容性强	687	43.47
4	在广西生活成本较低	539	34.12
5	毗邻东盟经济圈	338	21.36
6	紧靠粤港澳大湾区	244	15.43
7	交通条件比较便利	162	10.24
8	经济发展活跃	150	9.5
9	引才政策有竞争力	110	6.97
10	人才机制灵活	101	6.38
11	薪酬待遇较高	30	1.93

从在桂人才对广西吸引人才主要劣势的评价来看（见表 4－7），薪酬待遇偏低、发展意识落后、产业支撑不强、人才机制不活、科教实力太弱是主要原因，占比分别为 58.16%、49.41%、35.46%、33.68%、32.05%。由此可见，广西吸引人才的主要劣势集中体现在经济发展和科教建设两方面，加之发展意识落后和人才机制不活等，基本总结为“发展缓慢、意识落后、机制不活、科教薄弱”的主要特征劣势。这与有关主要优势的调研结果形成了一定相互说明。同时，在其他各类选项中，占比均超过 10%，表明广西吸引人才的主要劣势不但突出，而且呈现多因素化，各

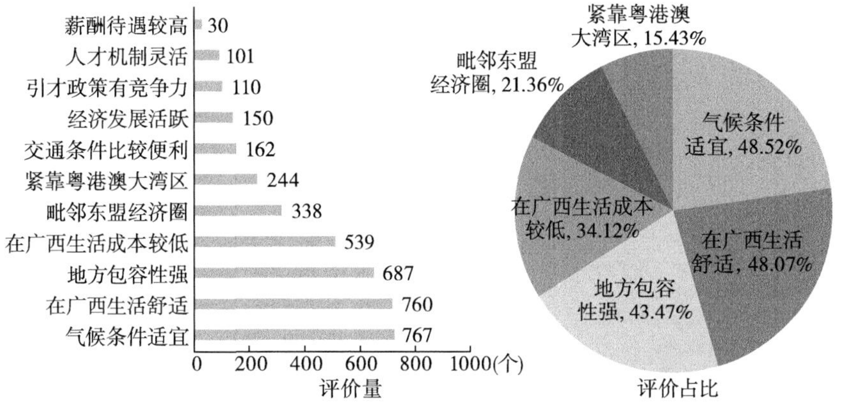

图4-5　在桂工作人才对广西吸引人才的主要优势评价情况图

类劣势原因中，薪酬待遇偏低、发展机会不多与产业支撑不强、经济发展缓慢存在较强的关联，平台太少、文化缺失等劣势值得关注（图见4-6）。

表4-7　在桂工作人才对广西吸引人才的主要劣势评价情况

序号	主要劣势	评价量（个）	评价占比（%）
1	薪酬待遇偏低	919	58.16
2	发展意识落后	781	49.41
3	产业支撑不强	560	35.46
4	人才机制不活	532	33.68
5	科教实力太弱	506	32.05
6	经济发展缓慢	499	31.60
7	发展机会不多	492	31.16
8	平台载体太少	438	27.74
9	文化氛围缺失	312	19.73
10	技术交流缺乏	288	18.25
11	公共配套欠缺	272	17.21
12	创业扶持不够	251	15.88
13	交通条件不便	202	12.76
14	社会保障较差	195	12.31

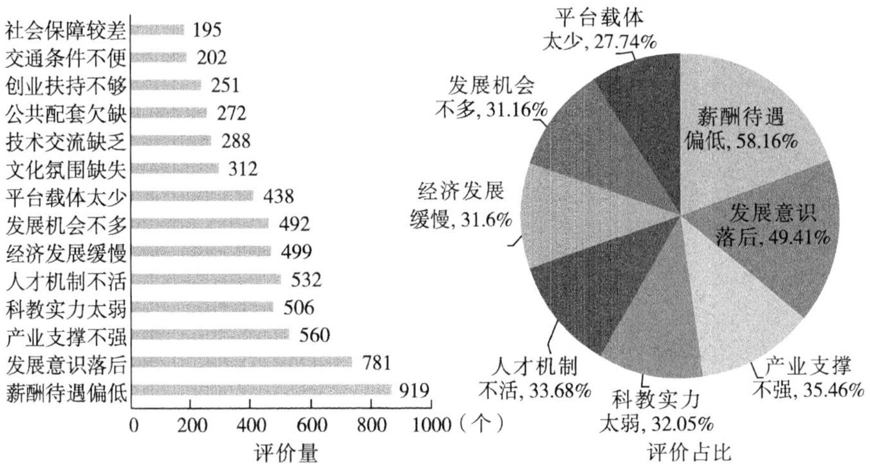

图4－6 在桂工作人才对广西吸引人才的主要劣势评价情况

从在桂人才认为广西吸引和留住人才最关键因素来看（见表4－8），前五个关键因素是提高薪资水平、强化人才政策、提高经济水平、创造发展空间、增强创新激励，占比分别是59.64%、41.84%、35.76%、32.49%、28.93%。由此可见，广西吸引和留住人才的最关键因素在于经济发展和创新环境方面，因此，人才发展环境从最基本或最前提来看，是经济发展的问题，发达地区之所以比中西部尤其是广西这样的欠发达、后发展地区更具人才竞争力的关键在于其更加发达、更具实力的经济体系，而一线城市除了具有发达的经济水平外更为重要的是为人才提供了创新灵活、机会广泛、要素充分、支撑有力的发展环境。

表4－8 在桂人才认为吸引和留住人才最关键因素

序号	关键因素	评价量（个）	评价占比（%）
1	提高薪资水平	942	59.64
2	强化人才政策	661	41.84
3	提高经济水平	565	35.76
4	创造发展空间	513	32.49
5	增强创新激励	457	28.93

续表

序号	关键因素	评价量（个）	评价占比（%）
6	完善城市配套	370	23.44
7	强化平台支撑	361	22.85
8	降低生活成本	333	21.07
9	增强城市活力	328	20.77
10	提高国际化程度	209	13.20
11	增加创业机会	267	16.91
12	确保能上能下	232	14.69
13	增强社会保障	251	15.88
14	解决子女上学	213	13.50
15	提供交流合作	192	12.17
16	优化治安环境	101	6.38

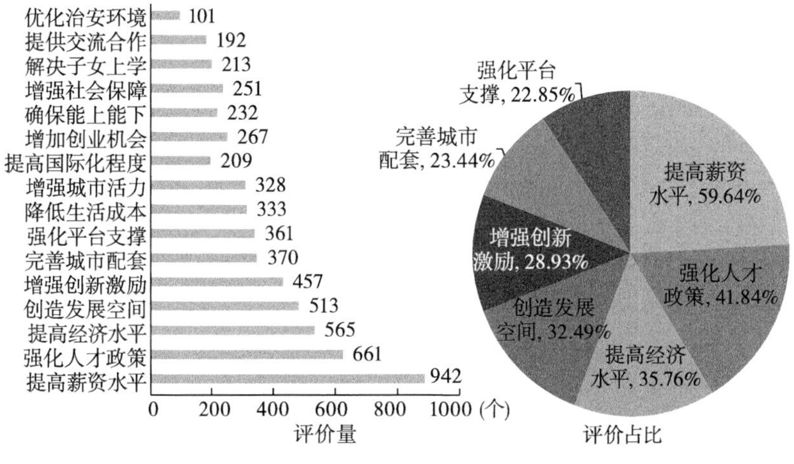

图4-7　在桂人才认为吸引和留住人才最关键因素分布

从在桂人才认为广西人才机制建设主要不足来看（见表4-9），前三个主要不足有分配激励机制、选拔任用机制、人才培养机制，占比分别是50.59%、42.88%、41.54%。由此可见，广西要完善人才机制建设，重点在于人才的分配激励、选拔任用和人才培养方面，即从现有人才来看，“用”上出现了较多问题，此外，人才保障、人才引进、人才评价以及人才合理流动等方面也存在较多的机制建设问题（见图4－8）。

表4－9　在桂人才认为广西人才机制建设主要不足

序号	关键因素	评价量（个）	评价占比（%）
1	分配激励机制	799	50.59
2	选拔任用机制	677	42.88
3	人才培养机制	656	41.54
4	人才保障机制	539	34.12
5	人才引进机制	455	28.78
6	人才评价机制	366	23.15
7	合理流动机制	345	21.81

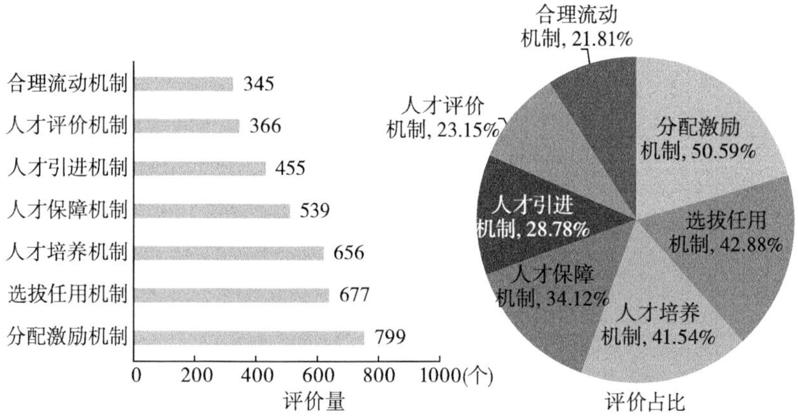

图4－8　在桂人才认为广西人才机制建设主要不足分布图

从在桂人才认为广西人才队伍建设的工作重点来看（见表4－10），前三个工作重点是要完善人才激励政策、优化人才成长环境、培养提升本土人才，占比分别为52.52%、51.19%、32.64%，同时，创新人才使用机制也是重点之一，进一步表明如何“用人”是人才发展环境的关键环节。可见广西人才队伍建设的工作重点和人才机制建设主要不足的调查结果基本一致，都在于人才的分配激励和人才培养环境方面。部分受访者表示广西人才队伍建设的工作重点还在于要打破原有领导思维僵化机制，打破“熬”的思想，增加就业机会，留位本地人才，政企分开市场导向等（见图4－9）。

表 4 - 10　在桂人才认为广西人才队伍建设的工作重点

序号	工作重点	评价量（个）	评价占比（%）
1	完善人才激励政策	830	52. 52
2	优化人才成长环境	809	51. 19
3	培养提升本土人才	516	32. 64
4	创新人才使用机制	509	32. 20
5	促进广西籍或流失人才回流	452	28. 64
6	完善人才工作制度	361	22. 85
7	引进外地和留学人才	319	20. 18
8	大力发展中介服务	87	5. 49

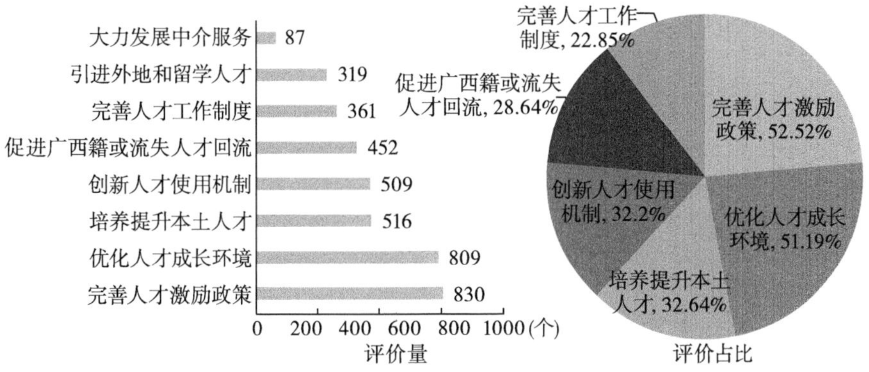

图 4 - 9　在桂人才认为广西人才队伍建设的工作重点分布图

从在桂人才认为打造具有竞争力人才发展环境的关键来看（见表 4 - 11），前三个关键是破除僵化机制创新使用机制、建立能上能下公平合理的竞争环境、提升本土人才国际化水平，占比分别为 46. 14%、37. 39%、35. 91%。由此可见，广西打造具有竞争力人才发展环境的关键在于改善人才使用机制和提供公平竞争环境。有受访者表示广西不应好高骛远，必须先确保在西南地区的绝对领先，再去谈全国性、国际性竞争力。结合本书有关人才发展环境的评价，具有国际竞争力的人才发展环境必须立足具有区域竞争优势的人才发展环境。

表 4－11　在桂人才认为打造具有竞争力人才发展环境的关键

序号	关键因素	评价量（个）	评价占比（%）
1	破除僵化机制创新使用机制	729	46. 14
2	建立能上能下公平合理的竞争环境	591	37. 39
3	提升本土人才国际化水平	567	35. 91
4	引进国内外院校或机构入驻	504	31. 90
5	加强与国际先进领域衔接	464	29. 38
6	加大国际化人才引进力度	274	17. 36
7	建立人才荣誉机制	241	15. 28
8	建立国内外人才大数据库	239	15. 13
9	打通外籍人才永久居留新渠道	134	8. 46

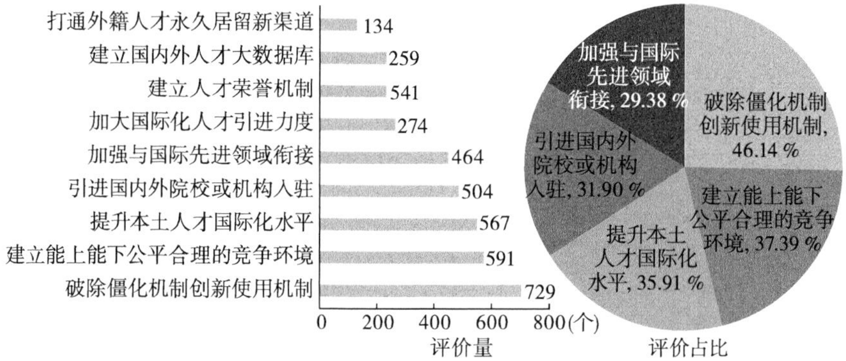

图 4－10　在桂人才认为打造具有竞争力人才发展环境的关键分布图

（三）在桂人才对发展环境的交叉评价分析

交叉评价分析有助于深度了解不同类型人才对广西人才发展环境的更深层次评价，有助于精准识别和区别评价结果，主要包括各类人才对广西人才发展环境的总体评价、各类人才流失倾向度及主要原因、各类人才在桂工作亟待解决的问题等。

从各类人才对广西人才发展环境的总体评价情况来看（见表 4－12），按照长期生活地划分，广西籍在桂人才对广西人才发展环境评价为较好及以上的占比 17. 41%，较差及以下占 25. 28%；非广西籍在桂人才对广西人才发展环境评价为较好及以上的占比 32. 41%（比广西籍人才评价高 15 个百分点），较差及以下占 18.82%（比广西籍人才评价低 6.46 个百分点），两相对比，广西籍人才对广西人才发展环境的评价要明显低于非广西籍人才，值得关注。这其中的原因可能较多，与广西籍人才相关较广的接触面、较深的接触度有一定关系，同时，不排除“引来女婿气走儿子”的现象问题。

按照不同年龄阶段划分，21～30 岁的人才对广西人才发展环境评价为较好及以上的占比 35.66%，较差及以下占 25.28%；31～40 岁的人才对广西人才发展环境评价为较好及以上的占比 18.05%，较差及以下 28.57%；41～50 岁的人才对广西人才发展环境评价为较好及以上的占比 16.28%，较差及以下占 27.91%；51～60 岁的人才对广西人才发展环境评价为较好及以上的占比 12.77%，较差及以下占 27.66%。总体来看，随着人才年龄阶段的提高，其对广西人才发展环境的评价趋于下降，21～30 岁年龄段的人才对广西人才发展环境的“好评度”相对较高，但各年龄阶段人才的“好评度”普遍不高。

按照不同单位类型划分，在党政机关工作的人才对广西人才发展环境评价为较好及以上的占比 24.52%，较差及以下占 25.16%；在高校院所工作的人才对广西人才发展环境评价为较好及以上的占比 29.53%，较差及以下占 13.42%；在国有企业工作的人才对广西人才发展环境评价为较好及以上占比 23.47%，较差及以下占 29.59%；在民营企业工作的人才对广西人才发展环境评价为较好及以上的占比 20.9%，较差及以下占 20%；在事业单位工作的人才对广西人才发展环境评价为较好及以上的占比 19.19%，较差及以下占 27.27%；自主创业人才对广西人才发展环境评价为较好及以上的占比 25%，较差及以下占 21.43%。总的来看，高校院所人才对广西人才发展环境的“差评度”最低，而国有企业和事业单位人才对广西人才发展环境的“差评度”最高，这恰恰表明国有企业和事业单位体制机制改革的重要性和紧迫性。

综合来看，非广西籍人才对广西人才发展环境的评价高于广西籍人才，青壮年人才对广西人才发展环境的评价高于中老年人才，高校院所人才对广西人才发展环境的评价高于国有企业和事业单位人才。

表 4－12　各类人才对广西人才发展环境总体评价

特征	类型划分	很好（%）	较好（%）	一般（%）	较差（%）	很差（%）
生活地	广西	1.40	16.01	57.30	19.38	5.90
	非广西	9.41	23.00	48.78	16.03	2.79
年龄阶段	21～30 岁	9.02	26.64	51.64	11.48	1.23
	31～40 岁	3.76	14.29	53.38	20.68	7.89
	41～50 岁	0.00	16.28	55.81	25.58	2.33
	51～60 岁	0.00	12.77	59.57	21.28	6.38
单位类型	党政机关	3.77	20.75	50.31	18.87	6.29
	高校院所	9.40	20.13	57.05	10.74	2.68
	国有企业	3.06	20.41	46.94	22.45	7.14
	民营企业	5.45	15.45	59.09	18.18	1.82
	事业单位	0.00	19.19	53.54	22.22	5.05
	自主创业	10.71	14.29	53.57	17.86	3.57
总计		4.98	19.13	53.50	17.88	4.51

从各类人才在未来时期是否有离开广西的可能性来看（见表 4－13），从不同年龄段人才的流动性（或流失性）来看，在 21～30 岁的各类人才中，很可能离开广西的人才占比达到 23.02%，可能离开广西的人才占比为 24.60%，两者相加即在 21～30 岁目前存在离开可能的人才占比高达 47.62%，意味着在这一年龄段约有近半的人才存在流失倾向，而不会离开的人才占比仅为 15.87%；31～40 岁可能和很可能离开的人才占比 29.97%，不会离开的人才占比 28.16%；41～50 岁可能和很可能离开的人才占比 35.95%，不会离开的人才占比 38.2%；51～60 岁可能和很可能离开的人才占比 14.28%，不会离开的人才占比 65.31%。总体来看，21～30 岁和 41～50 岁两个年龄段的人才的流失倾向明显高于 31～40 岁和 51～60 岁两个年龄段，尤其是 21～30 岁的人才正处于事业探索阶段，其流动的主要原因体现在两个方面：一是现实落差较大，即个人发展预期与现实选择供给之间的偏差，如广西难以提供像发达地区更加丰富的工作选择机会和

更具品质的工作生活环境；二是生活黏性较小，这一阶段的人才大部分未结婚，事业生活大多为“轻资产”，独立性、自主性都非常强；31～40岁这一阶段，同龄人之间的职业发展情况和能力状况，开始表露出千差万别，多数人才处于事业发展的上升期或黄金时期，加之大多成家立业，生活相对稳定，子女年龄偏小，这一年龄阶段的人才稳定性相对较高，“事业处于上升期”“生活黏性较大”是这一年龄阶段人才的主要特征；41～50岁的人才往往会处于事业瓶颈期和生活转型期，事业上要进一步提升尤其是往往会出现“天花板”现象，这是造成这一年龄段人才流失的关键原因，尤其是在一些人才具备更高学历、更多资历和更高职称的情况，一旦人才觉得难以突出“天花板”和“瓶颈期”，“用脚投票”成为必然选择；51～60岁的人才，更注重事业平稳和生活稳定，没有特殊原因，往往不会出现流动倾向。由此可见，要留住21～30岁的人才，关键要为其提供更多的就业机会；要留住31～40岁的人才，要为他们提供公平的竞争环境；要留住41～50岁的人才，需要为其提供更多的事业上升空间和二次提升机会，要强化其归属感；要留住51～60岁的人才，则需要提供更多的荣誉感以及更好的社会保障和医疗保障。

从不同单位类型人才的流动性（或流失性）来看，党政机关人才可能和很可能离开广西的占比24.24%，不会离开的人才占比40.61%；高校院所人才可能和很可能离开广西的占比高达52.95%，尤其是很可能离开广西的占比达到了30.07%，不会离开的人才占比仅为11.11%，值得高度关注；在国有企业工作可能和很可能离开广西的人才占比37.26%，不会离开的人才占比26.47%；在民营及合资企业工作可能和很可能离开广西的人才占比37.39%，不会离开的人才占比23.48%；在事业单位工作可能和很可能离开广西的人才占比22.54%，不会离开的人才占比39.22%；自主创业可能和很可能离开广西的人才占比高达56.66%，不会离开的人才占比20%，相当程度上表明当前广西的创业环境远未达到理想状况。由此可见，高校院所和自主创业人才流失率明显偏高，进一步表明广西的创业创新环境亟待改善。

从生活地和读书地两个维度来看，广西籍人才离开广西的可能性（22.83%）明显低于非广西籍人才离开广西的可能性（52.84%），虽然之前的分析中非广西籍人才对广西人才发展环境的评价要高于广西籍人才的评价，但“他乡虽好，但终非故乡”“家乡虽不好，但仍是故乡”的有趣情怀；在桂读过书的人才可能和很可能离开广西的人才占比24.59%，不会离开的人才占比37.3%；未在桂读过书的人才可能和很可能离开广西的人才占比43.03%，不会离开的人才占比21.99%。由此可见，生活地和读书地对人才的吸引、留育具有非常关键的影响。

综合来看，广西本地人离开可能性比非广西人小，壮老年比中青年离开广西可能性小，党政机关、国有企业离开可能性小，在桂读书人才比不在桂读书人才离开可能性小，说明“生活地黏性、年龄黏性”对人才的选择影响很大。

表4－13　各类人才流动性倾向结构分析

类型1划分	类型2划分	很可能（%）	可能（%）	不确定（%）	不会（%）
生活地	广西	8.70	14.13	36.68	40.49
	非广西	28.43	24.41	35.45	11.71
年龄阶段	21～30岁	23.02	24.60	36.51	15.87
	31～40岁	13.72	16.25	41.88	28.16
	41～50岁	20.22	15.73	25.84	38.20
	51～60岁	6.12	8.16	20.41	65.31
单位类型	党政机关	8.48	15.76	35.15	40.61
	高校院所	30.07	22.88	35.95	11.11
	国有企业	13.73	23.53	36.27	26.47
	民营及合资企业	19.13	18.26	39.13	23.48
	事业单位	10.78	11.76	38.24	39.22
	自主创业	33.33	23.33	23.33	20.00
是否在桂读书	是	11.48	13.11	38.11	37.30
	否	21.04	21.99	34.99	21.99
总计		17.54	18.74	36.13	27.59

从各类人才流失原因分析来看（见表4－14），首先从生活地对人才

流失影响的原因来看，广西籍人才流失的前五个原因是薪酬待遇太低、发展空间有限、发展平台太弱、人才制度僵化①、对人才不够重视，这五个原因分别占比 14.32%、10.27%、7.84%、7.3%、7.3%，薪酬待遇太低、发展空间有限的选择最为集中；非广西籍人才流失的前五个原因是薪酬待遇太低、发展空间有限、发展平台太弱、对人才不够重视、考虑子女教育，这五个原因分别占比 20.72%、19.74%、14.14%、13.49%、13.49%。薪酬待遇太低和发展空间有限的选择相对集中，但后三个原则的选择也较为普遍，尤其是考虑子女教育问题很值得关注，表明在人才引进和发展过程中，仅仅局限于人才自身发展还远远不够，还应充分考虑到人才的代际发展问题，这为打造具有竞争力的人才发展环境提供了新的思路。

从不同年龄段人才流失原因构成来看，21～30 岁的人才流失的前六个原因依次是薪酬待遇太低、发展空间有限、发展平台太弱、对人才不够重视、家属家庭原因和考虑子女教育，占比分别为 18.22%、14.34%、12.79%、10.85%、9.69%和9.69%；31～40 岁的人才流失的前五个原因依次是薪酬待遇太低、发展空间有限、人才制度僵化、考虑子女教育、对人才不够重视，占比分别为 18.41%、15.16%、11.19%、9.75%、9.39%，这一年龄阶段人才对人才制度的感受以及对子女教育的关注都非常突出；41～50 岁的人才流失的前五个原因依次是发展空间有限、薪酬待遇太低、对人才不够重视、发展平台太弱、考虑子女教育，占比分别为 17.78%、14.44%、14.44%、13.33%、12.22%，这一年龄阶段人才对薪酬待遇依然有较高的关注度，但发展空间问题成为关键原因，同时认同感不高、重视感不强也是流失的主要原因，对子女教育的考虑依然重要。

---

① 近年来，关于中西部地区人才流失的讨论不断，中西部地区人才流失，既有外部因素，也有内部原因，外部因素是全国统一的人才市场逐渐建立起来后，过去很长时期留下的人才制度对中西部地区不利，新的人才制度是以发挥市场在人才资源配置中的基础作用为目标的，必然带来不同地区和用人单位间的人才竞争，形成人才竞价现象（吕德文．中西部要适应人才竞争趋势[N]．环球时报，2019－06－22.）

表 4－14 各类人才流失原因构成分析

序号	原因	生活地(%)		年龄阶段(%)				工作单位(%)					
		广西	非广西	21~30岁	31~40岁	41~50岁	51~60岁	党政机关	高校院所	国有企业	民营企业及合资	事业单位	自主创业
1	薪酬待遇太低	14.32	20.72	18.22	18.41	14.44	10.20	15.06	17.09	24.51	18.26	13.73	12.90
2	人才制度僵化	7.30	12.83	8.91	11.19	11.11	4.08	9.64	10.76	14.71	6.96	8.82	3.23
3	发展空间有限	10.27	19.74	14.34	15.16	17.78	6.12	9.64	13.29	21.57	16.52	10.78	29.03
4	发展平台太弱	7.84	14.14	12.79	9.03	13.33	4.08	5.42	13.29	15.69	12.17	5.88	19.35
5	家属家庭原因	2.70	10.86	9.69	5.42	2.22	2.04	4.22	10.13	6.86	7.83	0.98	9.68
6	遇人遇事不公	4.32	6.25	6.20	5.05	5.56	0.00	3.61	5.06	3.92	6.96	6.86	6.45
7	论资排辈普遍	4.32	5.59	5.04	5.42	4.44	2.04	6.63	6.33	3.92	2.61	4.90	0.00
8	考虑子女教育	5.95	13.49	9.69	9.75	12.22	0.00	7.83	11.39	11.76	9.57	2.94	19.35
9	不看好广西前景	2.97	10.20	6.98	5.78	6.67	4.08	6.63	6.33	5.88	6.96	2.94	12.90
10	准备求学深造	2.16	4.28	5.43	2.17	1.11	0.00	1.20	5.70	0.00	6.96	0.98	3.23
11	气候环境不适	0.54	3.62	3.10	0.72	2.22	2.04	0.60	4.43	0.98	1.74	0.98	3.23
12	饮食条件不适	0.27	6.25	6.59	0.36	2.22	0.00	0.60	8.86	0.00	2.61	0.00	6.45
13	创业扶持不强	2.43	4.61	3.10	1.81	8.89	4.08	1.81	2.53	2.94	6.09	0.98	16.13
14	对外交流缺乏	3.51	7.24	8.14	3.61	3.33	2.04	4.82	8.86	4.90	3.48	0.98	9.68
15	对人才不够重视	7.30	13.49	10.85	9.39	14.44	2.04	9.04	11.39	10.78	8.70	10.78	9.68
16	承诺落实不到位	4.32	6.58	6.98	3.61	8.89	0.00	4.22	6.33	5.88	6.96	3.92	3.23

在党政机关工作人才流失的前五个原因依次是薪酬待遇太低、人才制度僵化、发展空间有限、对人才不够重视、考虑子女教育，占比分别为15.06%、9.64%、9.64%、9.04%、7.83%；在高校院所工作人才流失的前五个原因依次是薪酬待遇太低、发展空间有限、发展平台太弱、对人才不够重视、考虑子女教育，占比分别为17.09%、13.29%、13.29%、11.39%、11.39%；在国有企业工作人才流失的前五个原因依次是薪酬待遇太低、发展空间有限、发展平台太弱、人才制度僵化、考虑子女教育，占比分别为24.51%、21.57%、15.69%、14.71%、11.76%；在民营及合资企业工作人才流失的前五个原因依次是薪酬待遇太低、发展空间有限、发展平台太弱、考虑子女教育、对人才不够重视，占比分别为18.26%、16.52%、12.17%、9.57%、8.7%；在事业单位工作人才流失的前五个原因依次是薪酬待遇太低、发展空间有限、对人才不够重视、人才制度僵硬化、遇人遇事不公，占比分别为13.73%、10.78%、10.78%、8.82%、6.86%；自主创业人才流失的前五个原因是发展空间有限、发展平台太弱、考虑子女教育、创业扶持不强、薪酬待遇太低，占比分别为29.03%、19.35%、19.35%、16.13%、12.9%，创业型人才更加看重空间、平台和地方前景。

综合来看，各类人才选择离开广西的原因各不相同，但其中薪酬待遇太低、发展空间有限是各类人才出现流失现象的共性原因，尤其是薪酬待遇太低，进一步表明人才发展环境本质上还是一个经济发展的问题。同时，发展平台支撑不足以及人才对代际发展的考虑也是重要原因。

从在桂工作人才离桂后意向发展地区来看（见表4-15），前五个意向地区是广东、上海、北京、浙江、江苏，占比分别为51.35%、27.95%、27.33%、16.36%、12.84%，广东是在桂人才第一意向发展地区，上海和北京的发展意向大体相当，由此可见，广西在人才流失方面面临的直接压力来自广东，尤其是在贵广、南广高铁开通后，桂粤之间人才流动趋势明显，同时，上海和北京作为一线城市对人才具有强大的吸引力。

表 4－15　在桂工作人才离桂后意向发展地区

序号	意向地区	评价量（个）	评价占比（%）
1	广东	581	51.35
2	上海	316	27.95
3	北京	309	27.33
4	浙江	185	16.36
5	江苏	131	12.84

从各类人才急需解决的问题来看（见表 4－16），21～30 岁、31～40 岁、41～50 岁、51～60 岁各年龄段和党政机关、国有企业、民营及合资企业、事业单位人才急需解决的前三个问题均是薪酬偏低、上升空间，激励不足，这三个问题以及在职深造问题是各年龄段和各类人才所面临的四大共性问题。除此之外，职称评审和学术交流是高校院所人才急需解决的个性问题，民营及合资企业人才急需解决的个性问题还体现在子女就学方面，21～30 岁人才的住房问题也急需解决。

表 4－16　各类人才急需解决的问题

序号	原因	年龄阶段（%）				工作单位（%）					
		21～30 岁	31～40 岁	41～50 岁	51～60 岁	党政机关	高校院所	国有企业	民营及合资企业	事业单位	自主创业
1	薪酬偏低	60.85	58.12	52.22	48.98	67.47	51.27	65.69	53.04	61.76	16.13
2	住房较差	22.48	17.33	12.22	10.20	21.69	20.89	17.65	13.91	13.73	16.13
3	子女就学	9.30	16.97	18.89	12.24	11.45	11.39	18.63	21.74	8.82	12.90
4	职称评审	12.79	18.41	8.89	6.12	6.02	22.78	9.80	11.30	24.51	3.23
5	学术交流	12.02	12.64	12.22	14.29	3.01	22.78	5.88	12.17	16.67	19.35
6	在职深造	24.81	23.83	22.22	8.16	22.29	20.25	19.61	30.43	23.53	19.35
7	配偶调动	5.43	4.69	5.56	0.00	7.23	3.16	5.88	1.74	4.90	6.45
8	上升空间	46.12	47.29	33.33	30.61	44.58	38.61	47.06	46.96	46.08	35.48
9	激励不足	25.97	40.07	50.00	48.98	46.39	22.15	40.20	36.52	46.08	16.13
10	医疗保障	7.75	7.94	16.67	18.37	5.42	11.39	13.73	10.43	8.82	12.90

二、全国高校在校生对广西的评价

高等院校毕业生的引进和培养是人才队伍建设的关键构成，能够对高等院校毕业生形成强有力的吸引力是一个地区打造具有竞争力人才发展环境的重要“风向标”。为更加精准、更加深入了解和掌握全国各区域、各地高等院校在校大学生（包括本科生、硕士研究生、博士研究生）对广西的认知情况和就业意愿，对全国31省（区、市）共80所高校（以985和211高校或双一流建设高校为重点）在校大学生进行了问卷调查，共回收问卷2703份，存在数据缺失的问卷155份，有效问卷共2548份。

（一）高校在校生信息源分析

此次问卷调查对不同层次的高等院校（985、211、非211高校）和不同教育水平（本科生、硕博士研究生）两个维度的在校大学生进行了问卷调查。根据区域划分方法，将东部地区划分为华北、华东、华南地区，将中部地区划分为中北部和中南部三省。从问卷调查高校在校生区域空间分布构成来看（见表4－17），东北＋内蒙古占比为8.78%，华北地区占比为15.98%，华东地区占比为14.33%，华南地区占比为11.18%，中北部地区占比为8.98%，中南部地区占比为8.30%，西北地区占比为14.61%，西南地区占比为17.83%。同时，周边地区占比15.43%，外地在校生问卷数占问卷总数的78.47%，广西在校生问卷数占问卷总数的21.53%。总体来看，各地区的调查问卷数分布均匀，以便获得准确的对比数据。

表4－17　高校在校生区域空间分布构成

序号	区域划分	样本量（个）	样本占比（%）
1	东北＋内蒙古	176	8.78
2	东部地区	830	41.50
2.1	#华北	320	15.98
2.2	#华东	287	14.33
2.3	#华南	224	11.18

续表

序号	区域划分	样本量（个）	样本占比（%）
3	中部地区	346	17.28
3.1	#中北部三省	180	8.98
3.2	#中南部三省	166	8.30
4	西北地区	292	14.61
5	西南地区	357	17.83
6	周边地区	309	15.43
7	外地在校生	1999	78.47
8	广西在校生	549	21.53

高校在校生区域空间分布如图 4－11 所示：

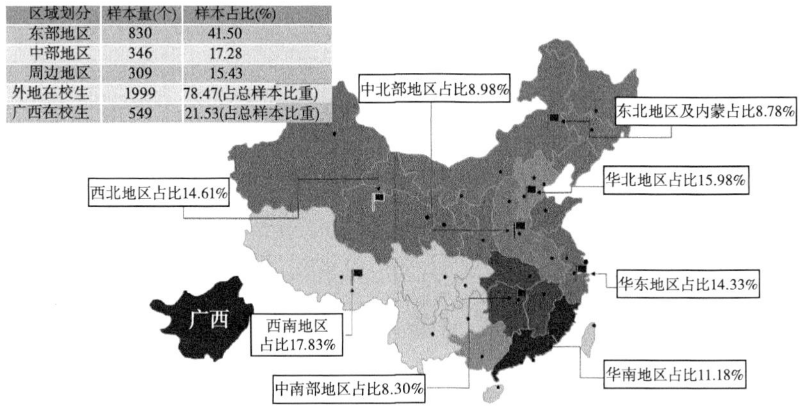

图 4－11　高校在校生区域空间分布图

从广西高校在校生、外地高校在校生的地区划分和是否为广西籍生源两个维度综合调查在校生的分布结构情况。从高校在校生区域及生源地分布构成来看（见表 4－18），广西高校在校生问卷中属于广西籍生源在校大学生的占比 59.25%，非广西籍的占比 40.75%；外地高校在校大学生中属于广西籍的占比 9.67%，非广西籍的占比 90.33%，外地高校中的广西籍大学生的调查有助于更好地了解和掌握在外学习的广西籍大学生的吸引力以及其相应的意愿及评价。

表 4－18　高校在校生区域及生源地分布构成

序号	区域划分	广西籍生源		非广西籍生源	
		样本量（个）	样本占比（%）	样本量（个）	样本占比（%）
1	广西高校在校生	325	59.25	224	40.75
2	外地高校在校生	193	9.67	1806	90.33

从高校在校生区域及高校层次分布构成来看（见表 4－19），由于广西没有 985 高校，因此广西高校在校生问卷中是 211 高校的占比 55%，非 211 高校的占比 45%，即重点了解和掌握广西大学在校生的意愿及评价；外地高校在校生问卷中是 985 高校的占比 30.8%，211 高校的占比 33.68%，非 211 高校的占比 35.53%，问卷分布比较均衡，有助于进行数据的对比分析。

表 4－19　高校在校生区域及高校层次分布构成

序号	区域划分	985 高校		211 高校		非 211 高校	
		样本量（个）	样本占比（%）	样本量（个）	样本占比（%）	样本量（个）	样本占比（%）
1	广西高校在校生	—	—	302	55.00	247	45.00
2	外地高校在校生	616	30.80	673	33.68	710	35.53

从高校在校生区域及教育水平分布构成来看（见表 4－20），广西高校在校生问卷中本科阶段的占比 46.75%，硕士阶段的占比 52%，博士阶段的占 1.25%；外地高校在校生问卷中本科阶段的占比 40.53%，硕士阶段的占比 52.4%，博士阶段的占比 7.06%，问卷分布比较均衡，有助于进行数据的对比分析。

表 4－20　高校在校生区域及教育水平分布构成

序号	区域划分	本科阶段		硕士阶段		博士阶段	
		样本量（个）	样本占比（%）	样本量（个）	样本占比（%）	样本量（个）	样本占比（%）
1	广西高校在校生	256	46.75	285	52.00	7	1.25
2	外地高校在校生	810	40.53	1048	52.40	142	7.06

（二）外地高校在校生问卷调查信息交叉分析

从外地高校在校生对广西美誉度评价、外地高校在校生是否愿意到广西就业及原因三个方面和不同区域、教育水平、高校层次、是否到过广西四个维度分析广西吸引人才的优劣势。

1. 广西美誉度（或区域形象）的交叉分析

从不同区域外地高校在校生对广西美誉度（或区域形象）评价来看（见表4-21），东北+内蒙古地区评价较好及以上占比53.13%，较差及以下占比4.69%；东部地区评价较好及以上占比43.14%，较差及以下占比8.76%；华东地区评价较好及以上占比39.23%，较差及以下占比11.96%，华南地区评价较好及以上占比42.33%，较差及以下占比6.75%，中北部地区评价较好及以上占比45.04%，较差及以下占比9.16%，中南部地区评价较好及以上占比40.49%，较差及以下占比8.26%，西北地区评价较好及以上占比41.78%，较差及以下占比7.51%，西南地区评价较好及以上占比40%，较差及以下占比5.77%，周边地区评价较好及以上占比42.23%，较差及以下占比4.89%。外地广西籍生源在校生对广西评价较好及以上占比52.86%，较差及以下占比8.57%，外地非广西籍生源在校生对广西评价较好及以上占比42.21%，较差及以下占比7.52%。综合来看，东北部地区高校在校生对广西评价要好于西南地区高校在校生；外地广西籍高校在校生对广西的评价要好于非广西籍高校在校生，但从各地区高校在校生评价来看，一般性评价仍占据主导，同时华东地区高校在校生对广西的评价相对较低。

表4-21　不同区域外地高校在校生对广西美誉度（或区域形象）评价

序号	区域划分	很好（%）	较好（%）	一般（%）	较差（%）	很差（%）	较好及以上（%）	较差及以下（%）
1	东北+内蒙古	21.88	31.25	42.19	3.91	0.78	53.13	4.69
2	东部地区	11.90	31.24	48.10	7.44	1.32	43.14	8.76
2.1	#华北	12.88	34.33	45.49	6.44	0.86	47.21	7.30
2.2	#华东	11.00	28.23	48.80	9.57	2.39	39.23	11.96
2.3	#华南	11.66	30.67	50.92	6.13	0.61	42.33	6.75

续表

序号	区域划分	很好（%）	较好（%）	一般（%）	较差（%）	很差（%）	较好及以上（%）	较差及以下（%）
3	中部地区	9.92	32.94	48.41	7.14	1.59	42.86	8.73
3.1	#中北部三省	11.45	33.59	45.80	7.63	1.53	45.04	9.16
3.2	#中南部三省	8.26	32.23	51.24	6.61	1.65	40.49	8.26
4	西北地区	6.57	35.21	50.70	6.57	0.94	41.78	7.51
5	西南地区	8.85	31.15	54.23	4.23	1.54	40.00	5.77
6	周边地区	10.67	31.56	52.89	4.00	0.89	42.23	4.89
7	外地广西籍生源	17.86	35.00	38.57	5.71	2.86	52.86	8.57
8	外地非广西籍生源	10.40	31.81	50.27	6.45	1.06	42.21	7.52

从不同教育水平外地高校在校生对广西美誉度（或区域形象）评价来看（见表4－22），本科生对广西评价较好及以上占比47.55%，较差及以下占比6.62%，硕士研究生对广西评价较好及以上占比40.97%，较差及以下占比8.12%，博士生对广西评价较好及以上占比34.95%，较差及以下占比12.62%。总的来看，教育层次越高的高校在校生对广西的评价越低，说明教育水平、实践接触以及认知水平影响着对广西的区域评价。

表4－22　不同教育水平的外地高校在校生对广西美誉度（或区域形象）评价

序号	教育水平	很好（%）	较好（%）	一般（%）	较差（%）	很差（%）	较好及以上（%）	较差及以下（%）
1	本科生	13.71	33.84	46.19	5.08	1.18	47.55	6.26
2	硕士研究生	9.16	31.81	50.92	7.07	1.05	40.97	8.12
3	博士研究生	10.68	24.27	52.43	8.74	3.88	34.95	12.62

从不同高校层次外地高校在校生对广西美誉度（或区域形象）评价来看（见表4－23），985高校生对广西评价较好及以上占比42.57%，较差及以下占比6.87%，211高校生对广西评价较好及以上占比39.88%，较差及以下占比7.77%，非211高校生对广西评价较好及以上占比46.91%，较差及以下占比8.3%。总的来看，985高校、211高校和非211高校在校生对广西的评价大体一致，211高校在校生对广西的评价要低于985高校

和非211高校，非211高校在校生对广西的评价最高。

表4－23　不同高校层次的外地高校在校生对广西美誉度（或区域形象）评价

序号	高校层次	很好（%）	较好（%）	一般（%）	较差（%）	很差（%）	较好及以上（%）	较差及以下（%）
1	985高校	10.64	31.93	50.11	5.99	0.89	42.57	6.87
2	211高校	9.00	30.88	52.76	6.75	1.02	39.88	7.77
3	非211高校	13.51	33.40	44.79	6.37	1.93	46.91	8.30

从高校在校生是否到过广西对广西美誉度（或区域形象）评价来看（见表4－24），到过广西对广西评价较好及以上占比50.88%，较差及以下占比6.76%，未到过广西对广西评价较好及以上占比40.88%，较差及以下占比7.96%。总的来看，到过广西的高校在校生对广西好的评价要高于未到过广西的高校在校生，同时差的评价也要低于未到过广西的高校在校生。由此可见，广西拥有好的资源禀赋，但对外宣传不足，广西故事讲得不够好①，宣传广西和建设广西是打造具有竞争力人才发展环境的两个基础前提。

表4－24　外地高校在校生（到过/未到过）对广西美誉度（或区域形象）评价

序号	是否到过广西	很好（%）	较好（%）	一般（%）	较差（%）	很差（%）	较好及以上（%）	较差及以下（%）
1	到过广西	15.59	35.29	42.35	5.59	1.18	50.88	6.76
2	未到过广西	9.75	31.13	51.16	6.62	1.34	40.88	7.96

2. 关于到广西就业意愿的交叉分析

从不同区域外地高校在校生在广西就业意愿来看（见表4－25），东北＋内蒙古地区考虑到广西就业的高校生占比14.06%，不考虑到广西就业的高校生占比85.94%；东部地区考虑到广西就业的高校生占比

①　“刘三姐”是最具广西特色的代表性“广西故事”，但时代在变化，在互联网＋时代背景下，缺少新的“广西故事”，缺乏新的表现形式；以往广西在宣传或是向中央申请政策支持的时候过多突出“老少边山穷”，一定程度上容易让外界对“广西形象”的固定化，将“老少边山穷”转为“老少边山寿”是一个新的思路。

15.04%，不考虑到广西就业的高校生占比84.96%；华北地区考虑到广西就业的高校生占比19.31%，不考虑到广西就业的高校生占比80.69%；华东地区考虑到广西就业的高校生占比16.27%，不考虑到广西就业的高校生占比83.73%；中北部地区考虑到广西就业的高校生占比12.21%，不考虑到广西就业的高校生占比87.79%；中南部地区考虑到广西就业的高校生占比18.18%，不考虑到广西就业的高校生占比81.82%；西北地区考虑到广西就业的高校生占比22.54%，不考虑到广西就业的高校生占比77.46%；西南地区考虑到广西就业的高校生占比12.31%，不考虑到广西就业的高校生占比87.69%。周边地区考虑到广西就业的高校生占比9.33%，不考虑到广西就业的高校生占比90.67%；外地广西籍生源在校生考虑到广西就业的高校生占比74.47%，不考虑到广西就业的高校生占比25.53%，外地非广西籍生源在校生考虑到广西就业的高校生占比9.26%，不考虑到广西就业的高校生占比90.74%。综合来看，不同区域外地高校在校生对在广西就业的意愿普遍不强，80%～93%的调查对象不考虑到广西就业，广西籍在校生考虑回广西就业的比例显著高于不考虑回广西就业的外地高校在校生，但必须注意的是74.47%仅是考虑意愿的占比，如有更好机会、更好工作的话，从实际来看，真正能够返乡就业的比重恐怕不足30%；同时，华南地区和周边地区高校在校生对在广西就业的意愿非常低，这与之前的评价存在一定关联，而西北地区对到广西就业的意愿是各地区最高的，达到了22.54%，随着西部陆海新通道的不断完善，依托通道，吸引人才，凝聚要素，将提供一个新的选项。

表4－25　不同区域外地高校在校生在广西就业意愿分析

序号	区域划分	考虑（%）	不考虑（%）
1	东北＋内蒙古	14.06	85.94
2	东部地区	15.04	84.96
2.1	#华北	19.31	80.69
2.2	#华东	16.27	83.73
3	中部地区	15.08	84.92

续表

序号	区域划分	考虑（%）	不考虑（%）
2. 3	#华南	7. 36	92. 64
3. 1	#中部北三省	12. 21	87. 79
3. 2	#中部南三省	18. 18	81. 82
4	西北地区	22. 54	77. 46
5	西南地区	12. 31	87. 69
6	周边地区	9. 33	90. 67
7	外地广西籍在校生	74. 47	25. 53
8	外地非广西籍在校生	9. 26	90. 74

从不同教育水平外地高校在校生在广西就业意愿来看（见表4－26），本科生考虑到广西就业的高校生占比20. 14%，不考虑到广西就业的高校生占比79. 86%，硕士研究生考虑到广西就业的高校生占比11. 52%，不考虑到广西就业的高校生占比88. 48%，博士生考虑到广西就业的高校生占比9. 42%，不考虑到广西就业的高校生占比90. 58%。总的来看，随着教育履历的不断丰富、学术层次的不断提升，本科生、硕士研究生、博士研究生到广西就业的意愿呈现梯次下降，硕士和博士差距不大，但也仅在10%左右，硕士以上层面更倾向于到发达地区、一线城市就业，由此来看，广西对高层次高校在校生的吸引严重缺失。

表4－26　不同教育水平外地高校在校生在广西就业意愿分析

序号	教育水平	考虑（%）	不考虑（%）
1	本科生	20. 14	79. 86
2	硕士研究生	11. 52	88. 48
3	博士研究生	9. 42	90. 58

从不同高校层次外地高校在校生在广西就业意愿来看（见表4－27），985高校考虑在广西就业的在校生占比17. 59%，不考虑在广西就业的在校生占比82. 41%，211高校生考虑在广西就业的在校生占比14. 46%，不考虑在广西就业的在校生占比85. 54%，非211高校生考虑在广西就业的在校生占比14. 86%，不考虑在广西就业的在校生占比85. 14%。总的来看，

211 高校和非 211 高校在校生考虑在广西就业的占比大致相同，985 高校在校生在广西就业意愿要高于 211 高校和非 211 高校，这与 985 高校调查对象中本科生相对较多有一定关系，但综合而言，三个层次高校在校生在广西就业的意愿均不足 20%。

表 4－27　不同高校层次外地高校在校生在广西就业意愿分析

序号	高校层次	考虑（%）	不考虑（%）
1	985 高校	17.59	82.41
2	211 高校	14.46	85.54
3	非 211 高校	14.86	85.14

从是否到过广西外地高校在校生在广西就业意愿来看（见表 4－28），到过广西考虑在广西就业的在校生占比 58.25%，不考虑在广西就业的在校生占比 41.75%，未到过广西考虑在广西就业的在校生占比 6.79%，不考虑在广西就业的在校生占比 93.21%；在剔除外地广西籍高校在校生后，外地非广西籍到过广西的高校在校生在广西就业意愿要显著高于未到过广西的高校在校生。总的来看，认知广西、了解广西、宣传广西依然是吸引外地高校在校生到广西就业的重要手段。

表 4－28　外地高校在校生（到过/未到过广西）在广西就业意愿分析

序号	是否到过广西	考虑（%）	不考虑（%）
1	到过广西	58.25	41.75
1.1	#广西籍	78.03	21.97
1.2	#非广西籍	25.96	74.04
2	未到过广西	6.79	93.21

3. 关于是否到广西就业的原因分析

在调查人才考虑或不考虑到广西工作的主要原因时，要求调查对象最多选择五个在广西工作的主要原因。同时从生源地和教育层次两个维度分别分析考虑和不考虑在广西就业的原因，了解广西籍、非广西籍、本科、硕博士的外地高校在校生到或不到广西工作的原因（见表 4－29 和表 4－30）。广西籍外地高校在校生考虑到广西工作的主要原因分别是家乡在桂、气候环境比较舒适、在广西生活比较舒适、广西社会发展和谐、在广西生活成本低；非广西籍外地高校在校生考虑到广西工作的主要原因分别是气候环境比较舒适、看好广西前景、在广西生活比较舒适、引才政策有吸引力、在广西生活成本低。

表 4-29　广西生源/非广西生源考虑在广西就业意愿原因分析

广西生源	占比（%）	非广西生源	占比（%）
在桂读书	8.57	在桂读书	3.28
家乡在桂	57.14	家乡在桂	0
广西经济发展活跃	14.29	广西经济发展活跃	17.21
看好广西前景	18.10	看好广西前景	40.16
引才政策有吸引力	12.38	引才政策有吸引力	23.77
人才机制灵活	3.81	人才机制灵活	13.93
创业发展机会较多	8.57	创业发展机会较多	14.75
紧靠粤港澳大湾区	17.14	紧靠粤港澳大湾区	20.49
毗邻东盟经济圈	22.86	毗邻东盟经济圈	15.57
薪酬待遇水平较高	4.76	薪酬待遇水平较高	8.20
气候环境比较舒适	32.38	气候环境比较舒适	47.54
交通条件比较便利	12.38	交通条件比较便利	18.03
广西社会发展和谐	20.00	广西社会发展和谐	14.75
广西的包容性强	11.43	广西的包容性强	17.21
在广西生活比较舒适	31.43	在广西生活比较舒适	27.87
在广西生活成本较低	20.00	在广西生活成本较低	22.13

外地高校本科和硕士在校生考虑到广西工作的主要原因一致，分别是气候环境比较舒适、家乡在桂、看好广西前景、在广西生活比较舒适、在广西生活成本低；外地高校博士在校生考虑到广西工作的主要原因分别是广西经济发展活跃、气候环境比较舒适、看好广西前景、引才政策有吸引力、在广西生活比较舒适、在广西生活成本低。由此可见，广西籍外地高校在校生考虑到广西工作的主要原因大多与生活环境有关，而非广西籍外地高校在校生考虑到广西工作的主要原因是广西的生活压力小和看好广西发展前景，“生活地黏性”对人才影响可见一斑。本科生和硕士研究生更

看重生活舒适度，而博士生明显更看重未来经济前景，由此可提出针对性的意见政策以提高广西对人才的吸引力。

表4－30　不同教育层次在校生考虑在广西就业意愿原因分析

本科阶段	占比（%）	硕士研究生	占比（%）	博士研究生	占比（%）
在桂过读书	5.88	在桂过读书	6.82	在桂读书	0.00
家乡在桂	32.77	家乡在桂	25.00	家乡在桂	15.00
广西经济发展活跃	18.49	广西经济发展活跃	15.91	广西经济发展活跃	35.00
看好广西前景	31.09	看好广西前景	27.27	看好广西前景	25.00
引才政策有吸引力	15.97	引才政策有吸引力	20.45	引才政策有吸引力	25.00
人才机制灵活	10.08	人才机制灵活	6.82	人才机制灵活	10.00
创业发展机会较多	17.65	创业发展机会较多	3.41	创业发展机会较多	15.00
紧靠粤港澳大湾区	18.49	紧靠粤港澳大湾区	15.91	紧靠粤港澳大湾区	25.00
毗邻东盟经济圈	19.33	毗邻东盟经济圈	19.32	毗邻东盟经济圈	15.00
薪酬待遇水平较高	5.88	薪酬待遇水平较高	6.82	薪酬待遇水平较高	10.00
气候环境比较舒适	43.70	气候环境比较舒适	34.09	气候环境比较舒适	45.00
交通条件比较便利	16.81	交通条件比较便利	14.77	交通条件比较便利	5.00
广西社会发展和谐	19.33	广西社会发展和谐	14.77	广西社会发展和谐	15.00
广西的包容性强	11.76	广西的包容性强	15.91	广西的包容性强	15.00
在广西生活比较舒适	30.25	在广西生活比较舒适	29.55	在广西生活比较舒适	25.00
在广西生活成本较低	21.85	在广西生活成本较低	22.73	在广西生活成本较低	10.00

外地高校在校生不考虑到广西就业的大部分原因都相同，广西籍外地高校在校生不考虑到广西工作的主要原因分别是薪酬待遇不高、经济发展缓慢、就业岗位和机会不多、区位优势不强、创新创业氛围差；非广西籍外地高校在校生不考虑到广西工作的主要原因分别离家乡太远、区位优势不强、经济发展缓慢、薪酬待遇不高、就业岗位和机会不多（见表4－31）。

表4－31　外地高校在校生不考虑在广西就业意愿原因分析

广西生源影响因素	占比（%）	非广西生源影响因素	占比（%）
经济发展缓慢	61.11	经济发展缓慢	28.70
城市建设落后	22.22	城市建设落后	17.66

续表

广西生源影响因素	占比（%）	非广西生源影响因素	占比（%）
区位优势不强	36.11	区位优势不强	41.76
离家乡太远	16.67	离家乡太远	77.07
薪酬待遇不高	72.22	薪酬待遇不高	24.35
广西的包容性差	8.33	广西的包容性差	4.44
创新创业氛围差	33.33	创新创业氛围差	9.04
就业岗位和机会不多	47.22	就业岗位和机会不多	25.27
气候条件不适	11.11	气候条件不适	21.34
饮食条件不适	19.44	饮食条件不适	20.42
文化娱乐条件弱	19.44	文化娱乐条件弱	9.62
基础教育配套不强	25.00	基础教育配套不强	14.98

外地高校本科和硕士在校生不考虑到广西工作的主要原因一致，分别是离家乡太远、区位优势不强、经济发展缓慢、薪酬待遇不高、就业岗位和机会不多；外地高校博士在校生不考虑到广西工作的主要原因分别是离家乡太远、区位优势不强、经济发展缓慢、城市建设落后、就业岗位和机会不多（见表4－32）。可以看出来广西籍外地高校在校生不考虑到广西工作的主要原因大多与经济和发展前景有关，而非广西籍和以教育层析来分析的外地高校在校生不考虑到广西工作的主要原因是距离家乡太远和经济环境有关，“生活地黏性”对人才的影响以及经济环境对人才吸引力依然是关键性因素。

表4－32　外地高校在校生不考虑在广西就业意愿原因分析

本科阶段影响因素	占比（%）	硕士研究生影响因素	占比（%）	博士研究生影响因素	占比（%）
经济发展缓慢	27.97	经济发展缓慢	30.47	经济发展缓慢	30.12
城市建设落后	16.95	城市建设落后	17.16	城市建设落后	27.71
区位优势不强	40.04	区位优势不强	42.46	区位优势不强	43.37
离家乡太远	71.19	离家乡太远	78.70	离家乡太远	71.08
薪酬待遇不高	25.85	薪酬待遇不高	26.33	薪酬待遇不高	20.48
广西的包容性差	4.87	广西的包容性差	3.99	广西的包容性差	7.23

续表

本科阶段影响因素	占比（%）	硕士研究生影响因素	占比（%）	博士研究生影响因素	占比（%）
创新创业氛围差	11.02	创新创业氛围差	9.02	创新创业氛围差	8.43
就业岗位和机会不多	27.12	就业岗位和机会不多	25.30	就业岗位和机会不多	24.10
气候条件不适	22.67	气候条件不适	19.67	气候条件不适	22.89
饮食条件不适	22.03	饮食条件不适	19.38	饮食条件不适	19.28
文化娱乐条件弱	12.08	文化娱乐条件弱	8.43	文化娱乐条件弱	9.64
基础教育配套不强	2.97	基础教育配套不强	15.53	基础教育配套不强	14.46

（三）广西高校在校生问卷调查及交叉分析

针对广西本地高校在校生的问卷调查从在校生的基本情况、交叉信息两个方面和生源地、高校层次、教育水平三个维度来分析广西本地高校在校生对广西人才发展环境的评价。

1. 广西高校在校生基本信息分析

从生源地来看，非广西籍生源在广西高校在校生中占比 40.75%，由于问卷调研以随机调研为主，从结果来看可以充分体现非广西籍生源的评价及意愿；从高校层次来看，211 高校在校生占比 55%，非 211 高校在校生占比 45%，211 高校和非 211 高校的调查样本大体各占一半；从教育水平来看，本科生占比 46.75%，硕博士研究生占比 53.25%（见表 4－33），本科生和研究生比例大致相同，由于广西高校博士生数量少，因此将硕博士归为一类。总体来看，调查广西高校在校生各类型分布均匀，可以得出较为客观的数据分析结果。

表 4－33　广西高校在校生调查样本基本情况

类别	划分	样本量（个）	样本占比（%）
生源地	广西籍生源	325	59.25
	非广西籍生源	224	40.75
高校层次	211 高校	302	55.00
	非 211 高校	247	45.00

续表

类别	划分	样本量（个）	样本占比（%）
教育水平	本科生	256	46.75
	硕士研究生	285	52.00
	博士研究生	7	1.25

2. 广西高校在校生调查交叉分析

从广西高校在校生对广西美誉度（或区域形象）评价来看（见表4-34），广西籍生源高校在校生对广西评价较好及以上占比38.4%，较差及以下占比14.35%；非广西籍生源高校在校生对广西评价较好及以上占比24.54%，较差及以下占比22.09%；本科生对广西评价较好以上占比45.45%，较差及以下占比12.3%；硕博士研究生对广西评价较好及以上占比21.6%，较差及以下占比22.07%。211高校在校生对广西评价较好及以上占比22.27%，较差及以下占比24.09%。非211高校在校生对广西评价较好及以上占比45.56%，较差及以下占比9.44%。总的来看，高校层次和教育水平越高的在校生对广西的评价越低，且非广西籍生源高校在校生对广西评价不如广西籍高校在校生。

表4-34　广西高校在校生对广西美誉度（或区域形象）评价

序号	区域划分	很好（%）	较好（%）	一般（%）	较差（%）	很差（%）	较好及以上（%）	较差及以下（%）
1	广西籍生源	24.89	13.50	47.26	12.66	1.69	38.40	14.35
2	非广西籍生源	6.13	18.40	53.37	19.02	3.07	24.54	22.09
3	本科	26.20	19.25	42.25	10.70	1.60	45.45	12.30
4	硕博士	9.39	12.21	56.34	19.25	2.82	21.60	22.07
5	211高校	10.91	11.36	53.64	21.36	2.73	22.27	24.09
6	非211高校	25.00	20.56	45.00	7.78	1.67	45.56	9.44

广西高校在校生在广西就业意愿交叉分析见表4-35，从生源地来看，广西籍高校在校生考虑到广西就业的高校生占比91.14%，不考虑到广西就业的高校生占比8.86%；非广西籍高校在校生考虑到广西就业的高校生占比29.45%，不考虑到广西就业的高校生占比70.55%。从教育水平来

看，本科生考虑到广西就业的高校生占比 83. 42%，不考虑到广西就业的高校生占比 16. 58%，硕博士研究生考虑到广西就业的高校生占比 50. 7%，不考虑到广西就业的高校生占比 47. 73%。从高校层次来看，211 高校在校生考虑到广西就业的高校生占比 52. 27%，不考虑到广西就业的高校生占比 47. 73%，非 211 高校在校生考虑到广西就业的高校生占比 82. 78%，不考虑到广西就业的高校生占比 17. 22%。总的来看，广西籍的高校在校生、高校层次低和教育水平低的在校生考虑在广西就业的占比远高于其他类型，对于这个现象，作者对广西 211 高校的研究生进行深入走访调查，可以发现广西 211 高校中硕士研究生大部分都是调剂的，有些本不愿意来广西的学生因为调剂原因而来到广西，这部分学生对广西评价普遍不好，并且未来留在广西的可能性较低。广西要提升人才发展环境竞争力，这部分学生将是重点面向的对象。

表 4－35　广西高校在校生在广西就业意愿交叉分析

序号	区域划分	考虑（%）	不考虑（%）
1	广西籍生源	91. 14	8. 86
2	非广西籍生源	29. 45	70. 55
3	本科生	83. 42	16. 58
4	硕博士	50. 70	49. 30
5	211 高校	52. 27	47. 73
6	非 211 高校	82. 78	17. 22

进一步分析不同教育阶段中是否为广西籍生源对在广西就业意愿的影响。从不同教育阶段在桂高校在校生在广西就业意愿交叉分析来看（见表 4－36），本科阶段是广西籍生源的高校在校生考虑在广西就业占比为 92. 11%，基本都会考虑在广西就业；本科阶段非广西籍生源的高校在校生考虑在广西就业占比为 45. 71%，考虑与不考虑各占一半；研究生阶段是广西籍生源的高校在校生考虑在广西就业占比为 89. 41%，基本会考虑在广西就业；研究生阶段非广西籍生源的高校在校生不考虑在广西就业占比为 75%，有 3/4 的非广西籍研究生不考虑留在广西，可见是否为广西籍生

源对在广西就业意愿的影响非常大。

表 4－36　不同教育阶段在桂高校在校生在广西就业意愿交叉分析

区域划分	是否为广西生源	考虑（%）	不考虑（%）
本科阶段	是	92.11	7.89
	否	45.71	54.29
研究生阶段	是	89.41	10.59
	否	25.00	75.00

从表 4－37 和表 4－38 来看，广西籍本地高校在校生考虑在广西工作的主要原因分别是家乡在桂、在桂读书、在广西生活比较舒适、气候环境比较舒适、看好广西前景；非广西籍本地高校在校生考虑在广西工作的主要原因分别是在桂读书、气候环境比较舒适、看好广西前景、毗邻东盟经济圈、在广西生活比较舒适；本地高校本科生和研究生考虑到广西工作的主要原因一致，分别是家乡在桂、在桂读书、气候环境比较舒适、在广西生活比较舒适、看好广西前景；可以看出来，各类本地高校在校生考虑到广西工作的主要原因大多与生活环境有关。

表 4－37　广西生源/非广西生源考虑在广西就业意愿原因分析

广西生源	占比（%）	非广西生源	占比（%）
在桂读书	53.24	在桂读书	60.42
家乡在桂	80.56	家乡在桂	0.00
广西经济发展活跃	6.48	广西经济发展活跃	8.33
看好广西前景	28.24	看好广西前景	37.50
引才政策有吸引力	3.70	引才政策有吸引力	6.25
人才机制灵活	3.24	人才机制灵活	14.58
创业发展机会较多	10.19	创业发展机会较多	12.50
紧靠粤港澳大湾区	6.94	紧靠粤港澳大湾区	12.50
毗邻东盟经济圈	18.98	毗邻东盟经济圈	25.00
薪酬待遇水平较高	1.39	薪酬待遇水平较高	6.25
气候环境比较舒适	31.94	气候环境比较舒适	41.67
交通条件比较便利	11.57	交通条件比较便利	2.08
广西社会发展和谐	12.50	广西社会发展和谐	16.67

续表

广西生源	占比（%）	非广西生源	占比（%）
广西的包容性强	12.04	广西的包容性强	20.83
在广西生活比较舒适	34.26	在广西生活比较舒适	22.92
在广西生活成本较低	26.39	在广西生活成本较低	18.75

表4－38　不同教育层次在校生考虑在广西就业意愿原因分析

本科生	占比（%）	研究生	占比（%）
在桂读书	50.64	在桂读书	60.19
家乡在桂	67.31	家乡在桂	63.89
广西经济发展活跃	8.97	广西经济发展活跃	3.70
看好广西前景	30.77	看好广西前景	28.70
引才政策有吸引力	2.56	引才政策有吸引力	6.48
人才机制灵活	6.41	人才机制灵活	3.70
创业发展机会较多	12.82	创业发展机会较多	7.41
紧靠粤港澳大湾区	7.05	紧靠粤港澳大湾区	9.26
毗邻东盟经济圈	20.51	毗邻东盟经济圈	19.44
薪酬待遇水平较高	1.92	薪酬待遇水平较高	2.78
气候环境比较舒适	33.97	气候环境比较舒适	33.33
交通条件比较便利	13.46	交通条件比较便利	4.63
广西社会发展和谐	14.10	广西社会发展和谐	12.04
广西的包容性强	10.90	广西的包容性强	17.59
在广西生活比较舒适	35.26	在广西生活比较舒适	27.78
在广西生活成本较低	28.21	在广西生活成本较低	20.37

从表4－39和表4－40来看，高校在校生不考虑在广西就业的大部分原因都相同，广西籍本地高校在校生不考虑在广西工作的主要原因分别是薪酬待遇不高、经济发展缓慢、区位优势不强、就业岗位和机会不多、城市建设落后；非广西籍本地高校在校生不考虑在广西工作的主要原因分别离家乡太远、经济发展缓慢、薪酬待遇不高、区位优势不强、就业岗位和机会不多；本地高校本科生和研究生不考虑在广西工作的主要原因一致，分别是离家乡太远、经济发展缓慢、薪酬待遇不高、区位优势不强、就业

岗位和机会不多。可以看出，各类本地高校在校生考虑到广西工作的主要原因大多与生活环境和经济环境有关，由此可见“生活地黏性”对人才的影响以及经济环境对人才吸引力起决定性作用。

表 4-39 本地高校生不考虑在广西就业意愿原因分析

广西生源影响因素	占比（%）	非广西生源影响因素	占比（%）
经济发展缓慢	61.90	经济发展缓慢	55.65
城市建设落后	42.86	城市建设落后	29.57
区位优势不强	61.90	区位优势不强	46.96
离家乡太远	9.52	离家乡太远	80.00
薪酬待遇不高	71.43	薪酬待遇不高	46.96
广西的包容性差	14.29	广西的包容性差	3.48
创新创业氛围差	23.81	创新创业氛围差	11.30
就业岗位和机会不多	52.38	就业岗位和机会不多	34.78
气候条件不适	14.29	气候条件不适	23.48
饮食条件不适	4.76	饮食条件不适	26.96
文化娱乐条件弱	14.29	文化娱乐条件弱	6.96
基础教育配套不强	33.33	基础教育配套不强	18.26

表 4-40 本地高校在校生不考虑在广西就业意愿原因分析

本科生	占比（%）	研究生	占比（%）
经济发展缓慢	58.06	经济发展缓慢	56.19
城市建设落后	32.26	城市建设落后	31.43
区位优势不强	48.39	区位优势不强	49.52
离家乡太远	61.29	离家乡太远	71.43
薪酬待遇不高	58.06	薪酬待遇不高	58.10
广西的包容性差	3.23	广西的包容性差	5.71
创新创业氛围差	25.81	创新创业氛围差	9.52
就业岗位和机会不多	41.94	就业岗位和机会不多	36.19
气候条件不适	12.90	气候条件不适	24.76
饮食条件不适	19.35	饮食条件不适	24.76
文化娱乐条件弱	16.13	文化娱乐条件弱	5.71
基础教育配套不强	9.68	基础教育配套不强	23.81

第五章　人才集聚和政策环境的对标分析

人才集聚具有典型的区域特征，并具体分为人才集聚的基本动力和形成原因。政策环境是人才发展环境的关键因素，良好的政策环境能够在相当程度上弥补客观环境的不足，具有竞争力的政策环境和政策创新有助于强化人才集聚发展。目前，广西人才发展政策环境“碎片化”“行政化”“浅层化”“同质化”等问题比较突出，与人才集聚地区在政策效应上仍有较大差距，必须加快补齐“人才政策短板”。[①]

一、人才集聚发展的区域特征

（一）人才集聚的基本动力

第一，人才资源在经济发达地区、人口丰富地区往往更易形成“人才池”。由于从业人口是直接参与社会劳动的人口群体，了解从业人口及其中的人才资源分布情况，有助于了解人才资源的区域性分布。从2016年全国城镇单位从业人口的分布来看，大专以上人才主要分布在中东部地区，东西部差异较大。2016年地级市城镇单位从业人口中大专以上人才数量共3359万人，北京数量最多，接近总量的1/8；其次为江苏、广东、上海和浙江，这四个省份城镇单位从业人口中大专以上人才数量均超过280万；大部分西部地区，如新疆、西藏、青海、甘肃、云南等地，东北地区，如黑龙江、吉林等省份该类人才数量均不足80万，广西的人才资源亦处于这

① 本部分内容参考、汇集了中国指数研究院、Linkedin等研究机构的研究报告。

一层级（见图5－1）。

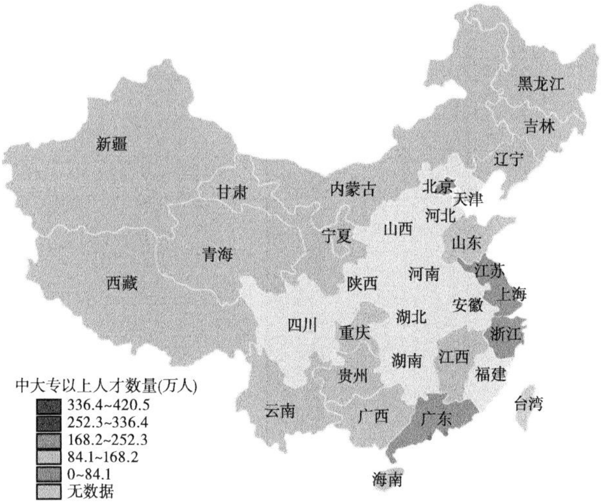

图5－1　2016年各省市城镇单位从业人口中大专以上人才数量分布

注：城镇单位从业人口中大专以上人才数量＝2016地级以上城市所在省份城镇单位从业人员期末人数×2016年就业人员大专以上教育程度占比。

资料来源：《中国城市统计年鉴》《中国人口和就业统计年鉴》（2017）。

第二，高校毕业生偏好就地就业或流入经济发达区，向“人才池”持续“注水”。高校毕业生更倾向一线城市，东部地区吸引力远高于中部尤其是西部地区，北上广深为大学生毕业流入的重点，杭州、南京、郑州、武汉与成都次之。北大教育学院、教育经济研究所发布的《2017年高校毕业生就业状况调查》显示，东、中、西部地区20个省份33所高校的毕业生对京津沪地区就业的满意度最高，其次是东部地区，再次是中部地区，西部地区就业的满意度最低；另外，从中国高校教育顶尖力量的代表（九校联盟[①]）发布的《2017年毕业生就业质量报告》同样可以看出，2017届毕业生就业流向地区首选皆为学校所在城市（这表明感情因素的存在），

① 九校联盟（C9）是中国首个顶尖大学间的高校联盟，于2009年10月启动。联盟成员都是国家首批985重点建设的9所一流大学，包括北京大学、清华大学、复旦大学、上海交通大学、南京大学、浙江大学、中国科学技术大学、哈尔滨工业大学、西安交通大学共9所高校。

除本省市之外，北京仍旧是毕业生的首选，选择上海、广东、江苏、浙江等地就业的毕业生也较多（见图5－2）。

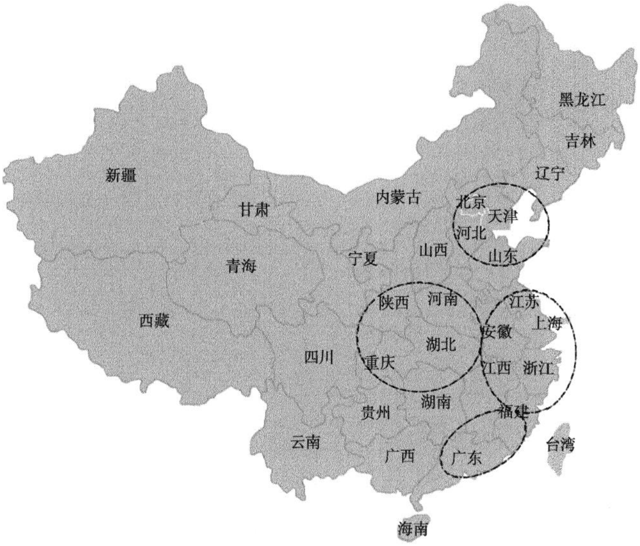

图5－2　高校毕业生就业流入集中区

（二）人才集聚的形成原因

人才集聚需要政策的推动，但这只是催化剂。在第三章问卷调查分析中可以发现人才需求的关键还是薪酬，而且各类“黏性”对人才选择影响也非常大。因此，人才集聚不仅需要政策影响，还需要经济要素的支撑，以及社会文化因素（感情因素）的牵引（见图5－3）。

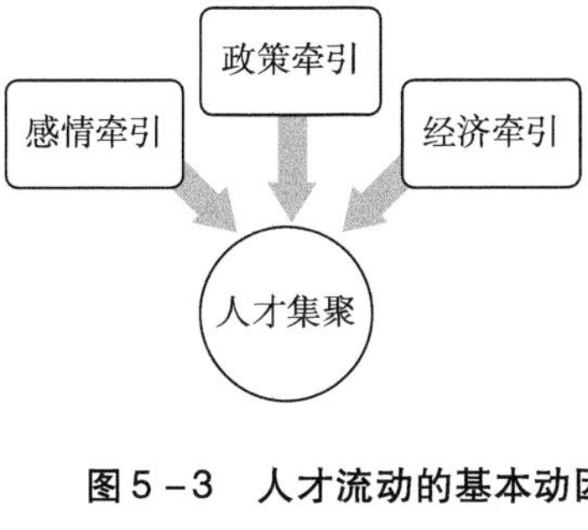

图5－3　人才流动的基本动因

目前，我国人才集聚呈现出两个特征：第一，中西部核心城市引才力度最大。郑州、西安、合肥、珠海、长沙、南昌、福州、海南、成都、武汉、天津、南京、沈阳、厦门、石家庄等15座城市引才力度最大，其中绝大部分是中西部城市。第二，传统发达地区的新兴城市引才力度明显增强，如排名较靠前的珠海、天津、福州、厦门，这些城市发展速度较快，对人才的需求规模和层次明显上升。

1. 政策牵引

从引才规模、引才范围、落户开放、安居补贴、保障落地政策等五个方面分析郑州、西安、合肥、长沙、武汉等引才导向和实施力度。

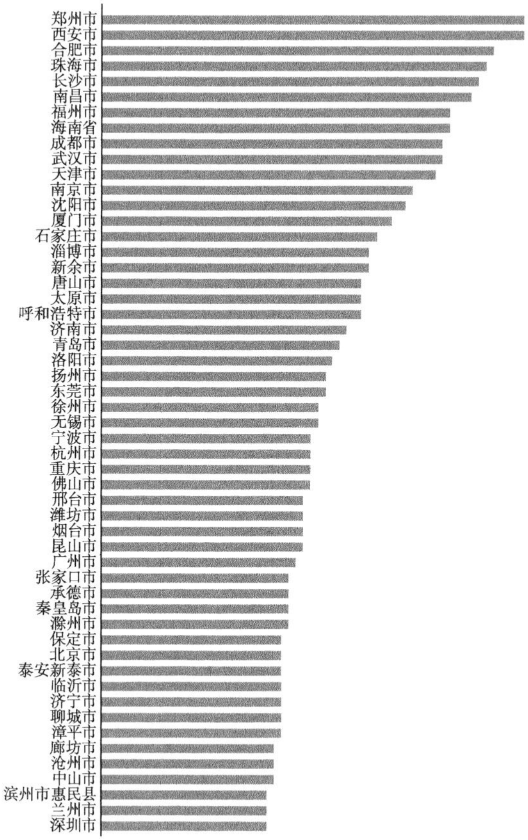

图5-4　2017年至今新出台人才政策城市（省）政策强度降序分布

引才规模大："五年一百万"是标配。长沙、武汉、西安、郑州、合肥等城市均明确提出未来5年引才百万的目标，按照这个目标，未来城市的人力资源将得到极大改善和提升（见表5－1）。

表5－1　引进人才资源典型代表地区

引才规模大的城市代表	政策表达
长沙	未来5年累计引进120万名各层次人才
武汉	5年内吸引100万名大学生
西安	5年引才育才100万名
郑州	每年引进约21万名
合肥	5年吸引100万名大学生在合肥就业创业
海南	到2020年引进20万各类人才，到2025年实现"百万人才进海南"目标
沈阳	未来5年，吸引储备70万名大学毕业生在沈阳就业创业以及万名高精尖人才
南昌	未来5年累计引进约63万名各类人才

引才范围广：多层次，以大学生为主。引才范围得分较高的城市均制定了较全面的人才引进体系，并非专门针对高层次人才或紧缺型的少量引进。

落户放开多：本科以上学历均实现零门槛落户。户籍制度不再是城市人才资源流动的障碍。

安居补贴足：给资格，给补贴。二线城市安居成本明显提高，注重满足人才的居住需求，加上3万~5万元的购房补贴，给予了较好的补贴。

保障落地：补贴能够到位、有组织的推动、有持续性的细化政策。如西安、天津、珠海、福州、长沙等城市出台相关政策并逐步细化，西安、天津人才新政频出。以西安、郑州为代表的新一线城市举全市之力对外吸引人才。

2. 感情牵引

高学历人才与城市的历史关系主要体现为毕业于所在城市或省份，或出生于所在城市或省份，两者结合起来看，已出台人才新政地区的感情牵引力存在不同差异。这进一步验证了人才对生活地和就读高校的感情因素（见表5－2）。

表5－2　城市—人才历史关联性

毕业于该城或省（高校毕业生数）	出生于该城或省（高中高考生数）	城市—人才历史关联性
是	是	极强
是	否	强
否	是	强
否	否	弱

从各省（区、市）高校毕业生数来看（见图5－5），由于数据的年度变化差距不大，采用2016年相关数据进行对比分析，从结果来看，本硕博毕业生总数量超过23万的省包括山东、河南、江苏、湖北和广东等地，这些地区所在的城市在留住人才方面明显具有优势。

图5－5　2016年各省份普通高等教育及研究生教育毕业生数量分布图

从各省（区、市）高校毕业生数的出生地来看，一般认为，如果不是留在学校所在城市就业，毕业生会更倾向于选择回家乡所在的大城市就业（毕业后回老家大城市工作）。通过对比各地每年参加高考的人数，以此来衡量未来毕业生整体回流的潜力。结果显示，这项数据与第一项存在不一致的地方，河北、河南、安徽、四川、贵州、湖南等省份反而表现突出，这些地区所在的大城市在吸引“老乡”回来就业方面特别有优势。

图5－6　2017年各省份高考生数

综合来看，广东、江苏、山东三省两项数据均表现突出，其内部城市在感情牵引上的优势较为突出，但非省会城市或区域中心城市对感情牵引的利用并不占优势，郑州、西安、合肥、长沙、成都、武汉、天津、南京、济南、青岛、东莞、宁波、杭州、重庆、佛山、深圳、广州、北京等城市能够对区域形成较强的感情牵引力（见图5－7）。

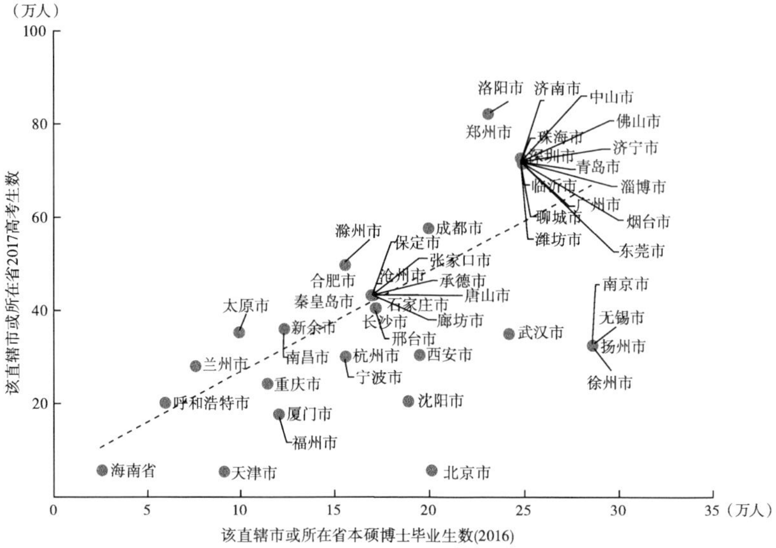

图5-7　已出台人才新政地区感情牵引力差异

3. 经济牵引

经济牵引使人才资源在全国的分布更加集聚。高学历毕业生地区分布、城镇就业人口大专以上学历地区分布两项指标的变异系数相差较大（见表5-3）。说明我国高校生的分布虽然存在区域不均衡的问题，但毕业后的就业选择将这种不均衡进一步提高了，人才资源在全国的分布更加集聚。如果感情因素起唯一作用的话，则毕业分流就不会如此“惊心动魄”。同时，还需关注非感情因素，即一个城市的经济牵引力。天津市提出在津工作并签订3年及以上协议的给予最高1000万元科研经费资助和最高200万元奖励资助。西安市提出对国家“万人计划、长江学者特贴教授等”一次性给予300万元项目配套奖补。

表5-3　人才初始分配与就业分流形成的数据集聚特征

类别	变异系数
高学历毕业生地区分布	0.56
2017年城镇就业人口中大专以上学历地区分布	0.92

资料来源：中国指数研究院整理。

城市人才新政预期效果综合评价见图5－8。

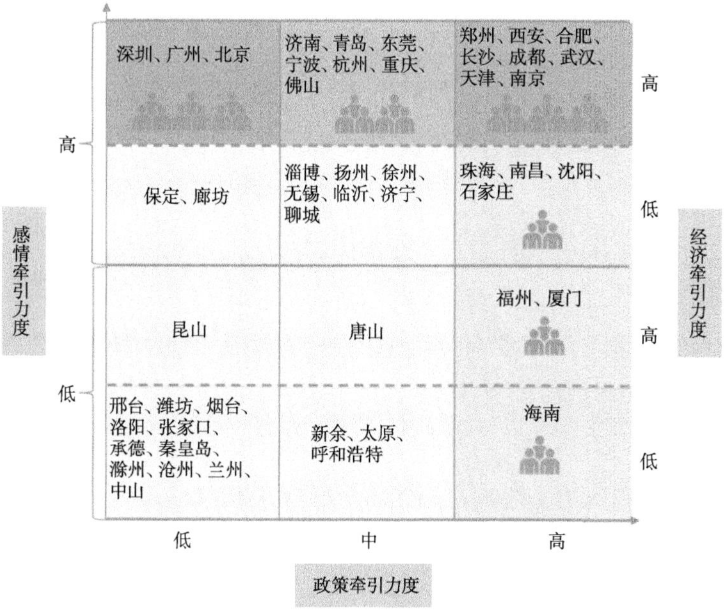

图5－8　城市人才新政预期效果综合评价

注：感情牵引力度：是否是所在城市群区域中心、所在省毕业大学生数、所在省高考生数；经济牵引力度：各城市经济体量在区域中的体量、分量；政策牵引力度：根据已出人才新政评价得出，前30%为政策力度高，后40%为低，中间30%为中。

第一类：三大牵引力均较强，两大牵引力可进一步强化政策作用。城市在三个维度上均表现突出，这些城市大部分是中西部中心城市，如郑州、西安、合肥、长沙、成都、武汉，以及少数处于快速转型期的传统发达城市，如天津、南京。

第二类：强政策牵引＋强经济或感情牵引。城市引才政策力度很大，在经济牵引力或感情牵引力方面存在明显劣势，但政策仍然可能通过其中一项较强的牵引力发生作用。如南昌、沈阳、珠海、石家庄，以及厦门、福州。海南主要基于自贸港政策的重大利好，使其未来具备较强的经济吸引力。

第三类：中/低政策牵引＋强经济牵引＋强感情牵引。此类城市主要分两种，一种是引才力度较弱，但前期具有强大的优势积累，仍是最强的人才吸纳中心，如深圳、北京、广州；另一种是引才力度中等，但对人才的感情牵引、经济牵引仍然较强，具有较强的区域性人才吸纳能力，如济南、青岛、杭州、宁波、东莞、佛山、重庆、保定等。

第四类：中/低政牵引 + 低经济牵引 + 低感情牵引。这类城市人才新政力度一般，再加上感情牵引、经济牵引力不足，人才政策的社会效果反映一般。

总的来看，虽然大城市的生活成本居高不下，但是产业布局、工作机会的质量和发展空间，特别是薪酬待遇和下一代的教育资源，使大城市的人才集聚效应呈现强化态势。而正在进行的颠覆性技术变革又使得大城市理所当然地成为信息、消费和资本的交互中心，进而成为创新的中心，大城市既提供了适合高素质人力资本的工作机会，又有大量基础服务人员的需求，岗位丰富又有多种层次，人气和人才吸引优势越来越大。此外，对于中青年人才，找工作更看重的是工作的满足感，成就感和趣味性是吸引和保留中青年人才最有效的手段。

二、人才政策环境的地区特征分析

现阶段中国不同地区所处的产业发展阶段并不一样，但无论处于哪种发展阶段，都需要人才。截至 2018 年 7 月，全国共有 50 余个城市相继出台 130 余项政策，并体现出四个特征：百策求贤、服务发展，各线发力、能级走低，省会为主、强化引才，多维补贴、筑巢引凤。

特征一：百策求贤，服务发展。2017 年以来，53 个城市再加上 3 省，累计出台吸引人才新政百余次。特别是山东地区城市、环北京地区城市，以及中西部二线城市均出台相应的人才政策（见表 5－4）。

表 5－4　2017 年以来出台人才新政城市数量分布

城市群	主要城市	占比（%）
山东半岛、京津冀	青岛、济南、烟台、聊城、淄博、济宁、临沂、潍坊、泰安新泰市、滨州惠民县、北京、天津、石家庄、秦皇岛、邢台、承德、沧州、廊坊、保定、唐山、张家口	39

续表

城市群	主要城市	占比（%）
中西部	长沙、新余、南昌、武汉、西安、郑州、成都、重庆、洛阳、兰州、呼和浩特、太原	23
泛长三角	南京、杭州、无锡、扬州、宁波、滁州、合肥、昆山、徐州	18
泛珠三角	深圳、广州、中山、珠海、佛山、东莞、福州、厦门	16
东北地区	沈阳	4

资料来源：中国指数研究院．人才，将终归在这里［R］．2018－05．

特征二：各线发力，能级走低。出台人才新政城市能级呈现中间大，两头窄的特点，一线城市开始发力，同时向县级城市蔓延。2017 年人才新政主要以二线城市为主，很难看到一线及三四线以下城市身影。进入 2018 年，北京、深圳、广州开始针对高端人才局部调整引进条件。环京三四线如保定、廊坊等开始重视人才引进，甚至泰安新泰市、滨州惠民县等县级城市也出台人才政策。

特征三：省会为主，强化引才。53 个已出台人才新政的城市中，有 16 个城市为省会城市，约占三成。除了一线城市，中国城市人才资源分布进一步向省会聚集，中国的省会城市正在走向更加集聚。

特征四：多维补贴，筑巢引凤。政策围绕推进人才本土化，落户、购房补贴、生活补贴、配套保障多给激励。落户方面，大部分出台人才新政的城市均全面放开对学历型人才的落户限制，“零门槛落户”“先就业后落户”“在线落户”成为关键词；安居方面，给予合理的购房资格、购房补贴（普通人才一般在 1 万～6 万）、租赁补贴（普通人才一般在 1500 元/月，限定发放年数）、生活补贴（普通人才一般在 1000 元/月，限定发放年数），对加快意向型人才流入具有推动作用。人才新政典型代表城市见表 5－5。

表 5－5　人才新政典型代表城市

政策着力点	代表城市
落户开放力度大	郑州、西安、合肥、珠海、长沙、南昌、福州、海口、成都、武汉、天津、南京、沈阳、石家庄、呼和浩特

续表

政策着力点	代表城市
住房补贴力度大（部分含满足合理的购房需求）	郑州、西安、合肥、珠海、长沙、福州、海南、武汉、天津、石家庄、淄博、呼和浩特、邢台、沈阳
生活补贴力度大	郑州、合肥、珠海、南昌、福州、太原、临沂等

资料来源：中国指数研究院（2018）。

三、人才发展政策环境的对标评价

开展人才发展政策环境的对标评价，重点突出和强化与发达地区、先进地区的政策对标，区域对标，选择湖南、安徽、陕西等中西部先进地区，贵州、云南等周边地区和广东、福建等东部发达地区；城市对标，选择长沙、合肥、西安等中西部先进城市，贵阳、昆明等周边城市和广州、佛山、厦门、宁波等东部发达城市。

人才发展政策环境对于区域人才的集聚和发展具有重要的作用，全面的、科学的、具体的、具有更大激励性的人才政策无疑会为区域经济发展会聚更多英才。通过区域性的综合对比分析，作者认为：从政策时间看，广西人才发展政策的出台往往要比广东和浙江等发达地区晚 5 年左右甚至更长的时间，如浙江 1999 年就出台了《浙江省大力引进国内外人才的若干规定》，而广西在 2010 年才出台《中共广西壮族自治区委员会、广西壮族自治区人民政府关于加快吸引和培养高层次创新创业人才的意见》，2013 年出台《广西高校引进海外高层次人才“百人计划”实施办法（试行）》，2017 年才出台了《广西引进海外人才工作实施办法》；从政策内容看，广西的人才吸引政策总体呈现出“要求高、激励低、难落地”的尴尬局面，如 2017 年广西出台了《广西壮族自治区高层次人才认定办法（试行）》的政策，将人才认定为 A、B、C、D、E 五类政策，其中 A 类为诺贝尔奖获得者的高层次人才，即使 E 类也为国务院特殊津贴获得者的高层次人才，而优秀的博士和博士后不在考虑的范围。并且津贴力度偏小，A 类人才奖励 100 万元，团队奖励也为 100 万元，而广东入选的“特支计划”博士和博士后一年就奖励 50 万元，科研团队一年津贴为 2000 万元。

人才的竞争具有很强的地域性，且往往发生在与周边地区的竞争中，在这样的人才政策背景下高层次人才更偏向于广东而非广西。

一般认为，政策的指向性强、激励力度大、配套政策明确、可落地执行是人才政策制定的重要要求。因此，本书基于以上因素，全方位、系统梳理了云南、贵州、湖南、广东等广西周边地区，江苏、浙江、福建等东部发达地区以及西部四川的人才支撑政策，通过对标分析，更加直观地寻找广西人才发展政策薄弱点和空白点。

根据政策目的性将政策分为奖励性政策、发展性政策、保障性政策。①奖励性政策包括一次性奖励、绩效奖励、税收优惠等；发展性政策包括工作条件、成果转化、创业支持等；保障性政策包括安家补助、子女入学、配偶安置、社会保障等（见表5-6）。

表5-6　人才政策环境对标评价体系

政策类型	政策措施	政策内容
奖励性政策	奖励	对引进人才实施的奖励
	住房待遇	所能给予住房条件保障能力
	税收优惠	所能享受的个人所得税优惠
发展性政策	事权	是否具有研发自主权、人事管理权、经费支配权
	科研资金	用于解决特定科学和技术问题的资金
	人才评价	包括职称评定、学术晋升和称号评定
	职务待遇	引进后的职位待遇
保障性政策	安家补助	住房补贴、安家资金及配套奖励
	子女入学	人才随迁子女入学问题
	社会保障	养老、医疗、失业、工伤、生育保险及特殊保险
	配偶安置	人才随迁配偶工作问题

本书采用矩阵分析法，各地区在奖励性政策、发展性政策、保障性政

① 奖励性政策是通过物质手段来吸引人才来当地创新创业。主要包括薪酬待遇、一次性奖励、创新创业资助、税收优惠、绩效奖励等。保障性政策是为引进人才创造良好的生活条件，解决生活中遇到的实际困难，协助其尽快融入当地社会。主要涉及住房、户籍、出入境、子女入学、配偶安置、社会保障以及医疗等。发展性政策是为引进人才创造良好的成长环境，提供发展平台。主要集中在职务职称评定、项目扶持、人才评选、管理自主性、创业孵化以及资金担保等。

策等方面进行具体支持要素的对比分析，并进行相应的归类，根据其人才政策的供给程度，分为政策供给充分、政策供给一般和政策空白三类，并相应的用符号来赋值体现，从而得出表5－7的人才发展政策薄弱点和空白点矩阵分析表[①]，可以直观地看出广西同其他地区在人才政策上的差距与不足，为广西打造具有竞争力人才发展环境提供重要的参考价值。

由表5－7可以看出，广西在奖励性政策、发展性政策、保障性政策整体弱于其他地区。甚至与贵州、云南存在较大差距。以贵州为例，贵州2013年就印发了《贵州省“百千万人才引进计划”实施办法》，详细规定了各类人才的相关政策，其中“百人领军人才计划”享受的政策共11项[②]，最高可获得的奖金津贴为700万元，并且优先推荐申报国务院特殊津贴及省核心专家，积极推荐为“两院”院士候选人、国家“千人计划”和“万人计划”专家候选人，各类相关问题安排周密，充分体现了吸引人才、尊重人才、培养人才的态度和决心。

当然，广西的人才政策也在逐步完善之中。2017年8月，广西出台了6项人才相关政策，对广西高层次人才的认定、广西优秀专家的评选、八桂

① 评价标准如下：一是党的十八大以来各省份关于人才政策的发文数量；二是各省份发文的具体程度，以及相关文件的配套情况。

② 发放“百人领军人才计划”人才服务绿卡，享受以下优惠政策：①引进当年给予每人100万元奖励；第二年、第三年项目达产并实现预期效益目标的，经考核认定，继续给予100万元奖励；②所在单位或园区配套提供工作场所、必要仪器设备、科研启动资金、工作助手和不低于120平方米的住房；③妥善解决配偶安置问题；④子女转入省内义务教育阶段学校就读的，按免试就近入学原则安排。转入普通高中就读的，可全省范围内选择学校。高中毕业后在省内参加高考的，按普通高校招生工作有关规定执行；⑤在贵州工作期间，享受与“两院”院士相同的医疗照顾待遇，直接纳入省委保健办管理，所需医疗费用通过现行医疗保障制度解决，不足部分由用人单位按照有关规定解决；⑥优先推荐申报国务院特殊津贴及省核心专家，积极推荐为“两院”院士候选人、国家“千人计划”和“万人计划”专家候选人；⑦优先推荐申报国家或省科技计划项目，优先向金融机构、风险投资公司推荐其研究开发和科技成果转化项目。⑧对符合规定的项目，由项目主管部门统筹相关专项资金，给予3年期内300万元贷款额度以内的贷款贴息补助；⑨省政府发放的一次性奖励，免征个人所得税。对从事技术成果转让、技术开发业务和与之相关的技术咨询、技术服务业务取得的收入，经省级科技部门认定，免征增值税；⑩对贵州经济社会发展带来显著效益、贡献特别突出的领军人才，授予“黔灵科技贡献奖”称号，并给予100万元的奖励；⑪引进领军人才所带领的人才团队，可优先参加省级创新人才团队评选，所获经费资助由领军人才掌握使用。

表 5－7　人才发展政策薄弱点和空白点矩阵分析表

区域 \ 政策		奖励性政策			发展性政策				保障性政策			
		现金奖励	成果奖励	税收优惠	事 权	科研基金	人才评价	职务待遇	安家住房	子女入学	社会保障	配偶安置
周边地区	广东	★★	★★	★	★	★★	★★	★★	★★	★★	★★	★★
	湖南	★★	★	★★	★	★★	★★	★★	★★	★★	★★	★★
	贵州	★★	★★	★★	★	★★	★★	★★	★★	★★	★★	★★
	云南	★★	★★	★★	★	★★	★★	★★	★★	★★	★★	★★
东部地区	江苏	★★	★★	★★	★★	★★	★★	★★	★★	★★	★★	★★
	浙江	★★	★★	★★	★★	★★	★★	★★	★★	★★	★★	★★
	福建	★	★	★★	★★	★★	★★	★★	★★	★★	★★	★★
西部地区	四川	★★	★★	★★	★	★★	★★	★★	★★	★★	★★	★★
	广西	★	★	★	☆	★	★	★	★★	★★	★	★

注：★★代表政策供给充分；★代表政策供给一般；☆代表政策空白。

学者的评选、特聘专家的聘用、海外人才的引进以及创新创业人才的支持都做了详细的规定，有力弥补了长期以来广西多项人才政策的空白。[①] 但是，突出的问题就是难以落地执行，没有区域核心竞争力，没有挖掘广西当前已有的相关资源。如广东专门针对博士和博士后出台了《关于加快新时代博士和博士后人才创新发展的若干意见》[②]，推进实现“引得进、留得住、用得好、流得动、服务好”的人才引进目标。

在新时代的发展背景下，广西的人才政策应该从实际出发，高站位、低姿态，详细编制广西人才需求目录，全面了解学习各兄弟省份的人才激励政策，制定更加科学的、可落地的、有竞争力的人才政策，从而实现广西社会经济的高质量发展。以南宁和贵阳两个省会城市对比来看，2015 年 11 月，中共南宁市委办公厅、南宁市人民政府办公厅印发《南宁市高层次人才认定办法》（南办发〔2015〕83 号），明确了人才认定范围和条件、认定标准编制、认定程序等，但之后并没有出台具体的实施办法，贵阳市于 2017 年 7 月印发《贵阳市引进高层次人才办法》，确定了“服务发展、以用为本、突出重点、特事特办”的原则，明确了引进人才对象，尤其是提出根据其项目进度情况，由同级财政人才资源开发专项经费和用人单位按照 1∶1 的承担比例分期分批资助科研经费（到财政全额拨款事业单位工作的，由同级财政人才资源开发专项经费全额承担），同时，对于与用人单位签订 8 年以上工作合同的高层次人才按照人才层次，发放 5 年期的生活补贴以及给予不同标准的一次性发放住房补贴（见表 5－8），此外，贵阳市还配套出台了《贵阳市引进高层次人才到各级机关工作实施办法（实行）》《贵阳市特殊人才专业技术职务评审办法（试行）》等，在人才待

① 2017 年 8 月，广西印发了《广西壮族自治区高层次人才认定办法（试行）》《广西壮族自治区优秀专家评选管理办法》《广西壮族自治区八桂学者制度实施办法》《广西壮族自治区特聘专家制度实施办法》《广西壮族自治区引进海外人才工作实施办法》和《广西青年创新创业人才培养计划实施方案》等六项规定。

② 广东的《关于加快新时代博士和博士后人才创新发展的若干意见》共 18 条，从强化博士和博士后人才培养机制、创新博士和博士后人才引进机制、改革博士和博士后流动激励机制、搭建博士和博士后创新创业平台、加强博士和博士后人才服务保障五大方面做了详细规定。

遇、配套保障等方面具有明确的政策导向和很强的人才吸引力。这一方面恰恰是广西和南宁所欠缺的。

表 5－8　贵阳市高层次人才引进对象及待遇标准

人才层次	引进对象	科研经费	生活补贴（每月）	住房补贴
第一层次	两院院士	100 万元	2 万元	100 万元
第二层次	长江学者、千人计划、百千万人才工程、国家有突出贡献的中青年专家、国家杰出专业技术人才、省核心专家	从事自然科学研究的资助总额 30 万元，从事社会科学研究的资助总额 10 万元	省核心专家 3000 元，其余人才为 5000 元	35 万元
第三层次	国家杰出青年科学基金获得者，国家级重点学科、重点实验室、工程技术中心等负责人，省部级选拔管理专家，享受国务院特殊津贴的专家，博士生导师		2000 元	25 万元
第四层次	博士后		1500 元	20 万元
第五层次	博士、正高级专业技术人员	10 万元	1000 元	15 万元
第六层次	获得硕士学位并具有副高级专业技术职称的人员、“中华技能大赛”优秀奖获得者以及急需的具有特殊技能的人员	5 万元	500 元	5 万元

资料来源：根据《贵阳市引进高层次人才办法》等，科研经费由同级财政人才资源开发专项经费和用人单位按照 1:1 的承担比例分期分批资助科研经费（到财政全额拨款事业单位工作的，由同级财政人才资源开发专项经费全额承担）。

第六章 打造具有竞争力人才发展环境的总体思路

营造人才生态，打造具有竞争力人才发展环境是一项久久为功的系统工程，要实现“后发赶超”和高质量发展，必须坚持人才优先发展，坚定不移地实施科教兴桂、人才强桂战略，按照“近期重点突破、中期优化完善、长期健全高效”，循序渐进、扎实有效地加强人才发展环境建设，以更加灵活的人才作用机制、更加包容的人才创新创业平台、更加贴心的人才服务，加快打造具有竞争力的人才发展环境，为广西经济社会高质量发展提供人才支撑和智力支撑。

一、强化第一资源，实施“12345”战略

创新驱动实质上是人才驱动，实现高质量发展，人是第一要素。一个地区没有雄厚的、优秀的人才队伍，再好的区位优势也发挥不出来，有了人才队伍支撑，稍差的区位优势也能做好，更何况所谓的区位优势历来都是相对而言的。必须切实、务实贯彻落实习近平人才工作思想，牢固树立“人才是第一资源”理念，尊重人才、尊重知识。要强化人才服务意识，把人才工作摆在突出重要位置，深入实施人才优先发展战略，要以更高的站位、更大的力度、更实的举措，以优越的条件引才、良好的机制助才、博大的胸怀容才，注重培养集聚人才，不断扩大广西人才的“蓄水池”。

树立国际视野和全球战略，实施全球引进、全球配置、全球接轨的“国际化人才战略”，积极与新加坡、中国香港、上海和深圳进行对标学习，立足当前，着眼长远，以优化人才政策环境为关键，在工作平台、发

展空间、激励保障、综合配套等方面下功夫，从教育、科研、产业与生活等关键要素入手，做好人才环境顶层设计，统筹推进“12345”战略，实行更积极、更开放、更有效的人才政策，营造人才“引得来、用得上、留得住”和“用的人能引得来，来的人能用得上”的人才生态环境，打造具有竞争力的人才发展环境。“12345”战略思路具体如下：

坚持 1 个理念。认真贯彻落实习近平总书记的人才工作思想，牢固树立“人才是第一资源”的理念，不断创新人才政策环境，树立科学的人才观，在全社会营造尊重人才、尊重知识的良好环境。

注重 2 个结合。一是高端带动与整体推动有机结合。通过人才工作政策、体制、机制上的突破，发挥人才在经济社会高质量发展中的引领示范作用。二是经济发展政策与人才开发政策相互结合。根据产业结构调整和产业发展的客观要求实施更加积极的人才开发政策，着力解决人才短缺的结构性矛盾。

按照 3 大步骤。按照“近期重点突破、中期优化完善、长期健全高效”，循序渐进、扎实有效地加强人才发展环境各类影响要素建设。优先解决影响打造具有竞争力人才发展环境的瓶颈问题，在确保已有人才政策落地生效的同时，不断完善人才政策，填补政策空白，提升人才黏性。

统筹 4 个关系。一是统筹处理好成就人才与潜力人才的关系。在重视和激励现有领军高技能人才的同时，重视年轻的高技能后备人才队伍的建设。① 二是处理好引进人才和本土人才的关系，既要大力引进国际国内优秀的人才，弥补广西的人才空白，更要培育和使用好现有人才和本地人

---

① 高技能人才是未来广西推进和实现高质量发展人才储备的关键培育对象。从我国高技能人才的占比来看，与世界制造强国存在显著的差距，日本、德国等发达国家的制造业高技能人才数量往往占到技能劳动者的 40% ~50%，而我国仅为 5% 左右。近年来，我国大力发展现代职业教育，积极解决高技能人才严重短缺的问题。按照国务院办公厅 2019 年 5 月出台的《职业技能提升行动方案(2019—2021 年)》，到 2021 年高技能人才占技能劳动者的比例达到 30% 以上。根据朱永新的研究，我国制造业高技能人才的严重短缺不是劳动力市场短期波动的结果，而是技能形成领域中制度不匹配的必然后果(朱永新. 加快建设高技能人才培养体系[N]. 环球时报，2019-06-03.)作者认为，实现全社会、城乡间对技能人才的平等看待和共同认识，拓宽技能人才的发展空间，打破技能人才上升中的制度天花板，是我国高技能人才事业发展的关键所在。

才，充分发挥存量人才对高质量发展的支柱作用。三是处理好要素环境和政策环境的关系。在打造具有竞争力人才发展环境中要注意对人才发展支撑要素的不断优化和提升，要强化“政策短板”意识，着力完善政策体系，形成具有竞争力的人才政策环境。四是处理好人才发展“硬环境”与“软环境”的协调关系，既要加大人才投资的力度，改善“硬环境”，又要为人才营造良好的生活、科研、人文、服务等“软环境”。

把握5个“度”。一是拓展人才界定的“广度”，突破以往偏重于高层次人才的局面，综合提升包括高技能人才、经营管理人才、党政人才、职业技能人才等在内的综合人才队伍能力建设。二是提升人才管理的“高度”，大力打造具有国际水准的领军人才队伍。三是强化人才引育的“精度”，有针对性地培养广西经济社会发展中急需的人才。四是加大人才投入的“力度”，秉承人才优先发展的原则，加大财政资金对人才发展平台的建设支持力度。五是拓展人才改革的“深度”，对阻碍人才发展的各项因素进行深入挖掘，有针对性地提出对策。

二、坚持三个并重：打造最佳的人才发展环境、最优的企业营商环境和最美的城市人文环境

营造大环境，优化小环境。要坚持优化人才发展环境与优化企业营商环境并重。人才发展环境和企业营商环境是一个地区、一座城市实现经济社会高质量发展的两个“关键环境”。脱离了人才发展环境，单谈企业营商环境，是走不通的；脱离了企业营商环境，单谈人才发展环境，是行不通的。更优的企业营商环境有助于更多产业项目的进驻，进而培育形成产业集群，激活产业发展活力，才能为人才的引进和发展提供更多的就业机会和发展空间。要把招才引智列为“一把手工程”，与招商引资“一号工程”相互策应、共同发力，打造广西赶超发展和高质量发展的“双引擎”。在努力打造最佳的人才发展环境和最优的企业营商环境的同时，必须着力营造具有全球竞争力和美丽品质的城市人文环境，不能将城市人文环境简单地界定在绿化层面，要以人文环境优化树立“来了就不想走”的城市品

牌，更好地集聚和吸引人才、科技、资本等高质量发展的关键要素。打造最佳的人才发展环境、最优的企业营商环境和最美的城市人文环境，汇聚五力（经济实力、产业活力、城市魅力、社会合力、治理能力），最终形成具有竞争力的人才发展环境。

三、强化四个理念：人才经营、引用结合、提升黏性、精准对接

打造具有竞争力的人才发展环境，必须高站位、高标准、高起点、高水平营造人才发展环境，全面创新人才发展理念，重点突出人才经营理念、聚焦人才“引育用留”全链条、着力提升人才发展黏性、加强人才引进的区域精准对接，从人才争夺到人才经营，坚持走人才整合共享之路。

（一）强化人才经营理念

想要在人才环境上取得比较优势，必须要对传统人才观念进行彻底洗礼。必须善于发现、培养和使用、留住人才，方能在激烈的市场竞争中立足于不败之地。人才发展环境和人才队伍建设是依靠经营建设的，与一个企业的发展一样，“没有平庸的人，只有平庸的管理”①。要全面树立和不断更新人才资源开发与管理理念。“用人唯亲是用人的下策，用人唯贤是用人的中策，亲贤并用才是上策”。要把挖掘内部人才作为人才发展环境的关键举措，② 实现人才资源向人才资本的根本性转变，要让千辛万苦引进来的人才“留下来”，更要把这些优秀的资源“用得好”，其中关键的一环就是为优秀人才提供广阔的平台。

人才发展环境说根本就是人才整合的问题，要从“人才进不来、人才用不好、人才用不久、人才留不住”深入思考人才发展环境问题，政府作为人才发展环境的营造者、人才政策的制定者，必须从思想、工作、生活

① 周嵘. 人才整合[M]. 北京:石油工业出版社,2014.

② 日本著名企业家松下幸之助十分注重从公司内部员工中发现人才,在用人过程中注重实际工作能力和绩效,把很多年轻人直接提拔到重要工作岗位上,如1986年松下幸之助提拔名不见经传的山下俊彦出任松下公司的总经理。

等各方面给予人才全方位的关心，“留人”更要“留心”，“增人数”和“得人心”同等重要。关注顶尖人才、青年人才、产业人才群体的不同需求，实现人才生态建设“升级”，进一步形成尊重人才、鼓励创新的社会环境、工作环境和生活环境，更好地打造海内外人才竞相生长的“热带雨林”，在做好人才管理工作的同时，着力增强人才服务意识，为广西实现高质量发展汇聚更为强大的人才力量。

（二）强化人才引用结合，聚焦人才“引育用留”全链条

从长远来看，人才发展的背景必然是基于“培育—使用—发展”环节的人才环境构建，要坚持人才的引用结合，打好人才系列“组合拳”，更加突出面向高层次人才和海外人才，更加紧贴高质量发展需求，更加聚焦人才“引育用留”全链条。人才引进、人才培养、人才使用、人才流动、人才激励和人才评价等环环相扣，不可分割。人才发展环境中，比“引进来”更重要的是“留下来”。只有尊重人才发展规律，“引才、育才、用才、留才、激才”才能形成良性循环，人才管理长效机制才能尽快得以建立和完善。推进人才的精准引进和优化使用，即“精引优用”的人才引进培育环境。人才引进和使用中，必须要有培植的土壤和发展的空间，就必须实施“人才挖坑”策略，即为引进人才或高层次人才发展提供发展的土壤和空间。

人才发展环境说根本是一个“活用人才、用好人才”的过程，日本四大“经营之圣”之一的稻盛和夫认为日本尤其是一批企业在“二战”后的发展，在最初的时候都缺少优秀人才，举步维艰，像本田和索尼这样的大企业，最初也是从缺少人才的中小型企业开始起步的，关键是能够充分发挥企业成员的力量，将他们紧密地团结在一起，同样可以推动企业实现不可限量的发展。① 在强化人才引用结合，打造人才“引育用留”全链条的过程中，必须注重“让位与腾空”和“二八定律”两个问题。

所谓“让位与腾空”，在人才引进与使用过程中，要对本土人才和引

---

① ［日］稻盛和夫. 活用人才［M］. 北京：东方出版社，2018.

进人才给予一视同仁的待遇，决不能搞平均主义，人才尤其是高层次人才在引进后必须要能够“扎根”当地，必须要有培植发展的“坑”。引进人才和现有人才存在“让位”与“腾空”的关系，某种程度上就像种植韭菜一样，所谓人才引育中的“割韭菜”现象①。

所谓“二八定律”，管理学中著名的“二八定律”②，在人才发展中或多或少也存在，即核心人才占人才总数的20%，但集中了80%的技术和管理，创造了80%的财富和利润。必须着力打破“二八定律”，要着眼整合核心人才，普遍关注基础人才，着力培养青年人才。“旧思想在新时代的供需错位”是造成本土青年人才长期被忽视的根本原因，③ 应给予本土、本地青年人才更加公平的竞争机会。在人才选拔上，逐渐弱化个人的身份标签，实现“不唯虚名，只唯能力”的务实标准，创造出更加公平的竞争环境。在人才管理过程中，应以激发大多数科技人才的创造活力为目标，形成不拘一格、广纳群贤的局面，营造尊重人才的社会环境，容许失误的工作环境，无后顾之忧的生活环境。

（三）强化提升人才黏性

《史记·货殖列传》中有“天下熙熙，皆为利来；天下攘攘，皆为利往”。所谓“良禽择木而息、贤臣择主而待”。人才要生存，要发展，精神是支撑，物质是保障，较高的待遇往往有利于吸引人才。从企业发展的角

---

① 韭菜的施肥规律：幼苗期生长量和耗肥量较小，但营养生长盛期，尤其是春、秋收割季节，生长量和需肥量大，应分期大量施肥。2～4年的韭菜，生长旺盛，分蘖能力强，产量高，需肥量最大，是肥料需要的高峰。5年以上的韭菜，逐渐进入衰老阶段，为防止早衰，需要加强施肥。

② 1897年，意大利经济学者帕累托发现了著名的“二八现象”，即社会上20%的人占有80%的社会财富，反映在数量比例上，大体是“2∶8”，即为应用广泛的“重要的少数与琐碎的多数——二八法则”。

③ 卢宇源，罗思扬. 呼吁给予本土青年科技人才更公平的竞争环境[EB/OL]. 财新网，2016－11－21. 所谓“旧思想”，是指20世纪90年代以及21世纪初，我国的科研水平与科研环境较国外发达国家尚有较大差距，且具有国际先进水平的科技人才极度匮乏的背景下，大力引进海外科技人才，给予更优厚的政策扶持。从实践来看，大力引进人才的策略无疑是非常明智的，不仅推动了国内科研界水平快速提升，而且培养了一批优秀人才。但无法忽视的一点是，中国本土青年人才的科研实力也在快速成长之中。国家雄厚的科研经费投入已使国内实验室条件不断缩小与国外的差距。更为重要的一点是，近二十年来引进的海外人才，已纷纷组建了完善的研究团队，并引进了与国外先进实验室相似的科研人才培养理念，造就了一大批科研素质好、创新能力强的本土青年人才。

度来看，留住人才的六大要素在于：有希望、有钱赚、有晋升空间、有价值、有成长、有快乐。从一个地区而言，既要用事业和待遇引来人才，更要用情感和情怀留住人才。

“黏性”的概念是金融业尤其是银行业常用的行业概念，是衡量用户忠诚度计划的重要指标，成功的金融机构都高度注重通过管理创新培养用户的“黏性”。从银行而言，“黏性”主要与产品质量、服务态度和会员积分制度有很大关系。从“人才黏性”而言，政策保障、生活保障、激励保障等都是关键影响因素，同时要高度关注人才成长和发展中的“关键小事”，要从源头上提高人才匹配度，从过程中提高人才黏性。“人才黏性”中还存在一个代际发展的问题，如一个拥有高水平、高质量教育体系的地区尤其是中心城市，在吸引高层次人才中则更具竞争力。

“人才黏性”是保持人才竞争力和发展动力的重要条件，人才黏性不足将造成地区形象受损、人才流失、战斗力弱化等问题。[①] 提高“人才黏性”，必须首先解决好重人才引进、轻人才培养，重人才规模、轻人才结构，重物质奖励、轻平台环境，重荣誉“帽子”、轻“所需”“所用”的问题。在提高“人才黏性”过程中，必须高度注重“公平效应”[②]，公平问题解决后，人才的黏性才能切实提高。持续性的荣誉激励，对提高人才黏性是一个有效的做法。[③] 广东省对获得国务院特殊津贴、国家百千万称

① 黄兴原，马亮亮．人才黏性与企业核心竞争力[J]．人民论坛，2018(7)：84－85.

② 1965年，美国心理学家约翰·斯塔希·亚当斯(J. S. Adams)在综合有关分配的公平概念和认知失调的基础上提出了“公平理论”(Equity Theory)，该理论认为，人才(或员工)的激励程度来源于对自己和参照对象的报酬和投入的比例的主观比较感觉，当对自身报酬的知觉和比较的认知失调，人能否受到激励，不但受其得到了什么的影响，还受到对自己所得与别人所得是否感到公平的影响。如果报酬公平，当事人就会获得满足感，从而激励当事人的行为。

③ 金属铁本无磁性，若长期置于吸铁石上，经过一段时间就会产生磁性，这称为“磁化效应”，人才培养在某种程度上也存在“磁化效应”。

号的高层次人才，在国家给予一次性奖励的同时，由省财政安排配套奖励，[①] 确保国家重视、省级激励的效果。

（四）强化区域精准对接

从问卷调查结果来看，周边地区尤其是贵州、云南及四川、重庆等地区在广西工作的人才占比反而偏低，这说明这些地区尤其是云贵地区的人才流动同样受到东部发达地区尤其是粤港澳大湾区的“虹吸效应”影响，人才流动往往是跳跃了广西，直奔珠三角。广西与周边地区既是“难兄难弟”，也存在“竞争关系”，而北方一些地区尤其是东北和西北地区近年来对广西的人口和人才输入规模逐年增长，[②] 广西人才发展区域合作存在“近竞远合”的格局。从进一步的访谈来看，西北地区的人口输入层次相对较高。因此，未来依托和借助西部陆海新通道建设效应，如何进一步加强与西北地区尤其是西安、成都、重庆“西部金三角”城市的高校合作和人才合作是广西打造具有竞争力人才发展环境的重要战略选项（详见专题报告一和专题报告二）。同时，应进一步宣传广西优越的气候宜居条件，让更多的人才尤其是西北、东北地区人才认识广西、了解广西，打造和做强人才气候宜居品牌，[③] 是下一步优化人才发展环境的重要策略。

---

① 以国务院特殊津贴专家为例，广东省在国家一次性给予 2 万元奖励的同时，由省级财政安排一次性给予 1 万元奖励，同时，广东省保留了省政府特殊津贴人才选拔的推荐工作，并保留了对享受政府特殊津贴专家生活的年度补贴，这是广东省留住人才的一个“妙招”，截至 2016 年，广东省享受政府特殊津贴 4085 人（在世），年度津贴总支出为 2979.1 万元。安徽省新增国务院特殊津贴专家 62 人，并设立了省政府特殊津贴人员（2016 年为 99 人），两者均由安徽省财政专项列支拨款给予 1.8 万元的一次性补贴，即 2016 年安徽省在特殊津贴专家专项支出 289.8 万元。

② 近年来，东北地区人口流失严重，数据显示，2013 年至 2017 年黑龙江省居民减少 46 万，降至 3780 万，2015 年至 2017 年，黑龙江省属国有企事业单位专业技术人才流出 2600 多人，其中高级职称占比近 2/3，这还不包括同期流出的 6.75 万技能型人才。吉林省人口直到 2016 年尚未出现净流现象，但在接下来的两年内减少 36 万。辽宁省 2015 年至 2017 年减少约 20 万（：Leng, S. Brain drain in China's rust belt exacerbated by economic decline as talent competition heats up [N]. South China Morning Post, 2019 - 5 - 10(1).）

③ 全国气候与气候变化标准化技术委员会组织开展国家气候标志评定工作，分为三大类：气候宜居类、气候生态类、农产品气候品质类。2018 年 6 月，广西恭城瑶族自治县是被授予全国第三个气候标志的市县，也是全国首个气候宜居县。这是广西生态宜居、气候宜居的重要体现。

第七章　对策建议与举措创新

根据前述有关广西人才发展环境的评价结果和各类经验研究，结合广西人才发展环境建设的短板和瓶颈问题，提出优化广西人才发展环境、打造具有竞争力人才发展环境的对策建议与创新举措。

一、打造人才发展“三高”环境：高水平开放、高质量发展和高品质生活

高水平开放意味着一个地区或城市的文化包容和开放创新的发展氛围；高质量发展意味着一个地区或城市拥有更高的经济发展水平和更多、更好的就业机会和发展空间；高品质生活意味着一个地区或城市能够为人才成长、发展乃至代际发展提供高质量、高品位的生活保障，更容易吸引和集聚高层次人才。要从产业、文化、服务、消费四个维度统筹提升人才发展宏观尤其是城市环境。要基于高水平开放、高质量发展和高品质生活的认识上，打好人才组合牌，大招要打好，更要打“妙招”“精招”。

——高水平开放。围绕落实“三大定位”，实施“南向北联东融西合”，以西部陆海新通道和全面对接粤港澳大湾区建设为两大抓手，把广西开放开发水平推向新的层次，实现更高水平的开放开发，更多更好地宣传和推介广西，让国内外、各区域人才更加深入地认识广西，提升广西的美誉度和区域形象，在深化广西“生态宜居 · 文化包容”核心优势的同时，塑造“八桂人才集聚地”的区域品牌形象。

——高质量发展。改革开放以来，中国经济包括广西经济经历了 35 年

左右的高速增长阶段，未来30多年是推进高质量发展、实现高质量发展的战略性阶段。高质量发展需要有高层次人才和高素质劳动力的支撑，[①] 而高层次人才更倾向于高质量发展地区。加快先进制造业和战略性新兴产业发展，强化支撑和实现高质量发展，显著提升城乡居民收入水平，进而打造和营造高品质的生活环境。

——高品质生活。未来人才的引进对城市生活品质的要求会越来越高，上海、成都在人才引进方面，[②] 更多地借助其高品质的生活水平为集聚人才带来了更多的比较优势。要努力提升城乡居民收入水平，不断完善公共服务供给，完善各类绿色设施、休闲设施、康养设施等，要着重提升城市文化氛围和商业氛围，这一点在北京、上海可以看到，在成都、杭州身上也可以看到，要加强城市文化设施建设，以南宁、桂林、柳州为重点，打造中国—东盟演艺之都，建设五象演艺集聚区、东盟商务区演艺集聚区等，力争建设一批具有国际水准的文化设施，激发城市活力能级，建设一批专业博物馆、民间博物馆和书城、书屋，厚植文化土壤，打造“人文之城”，提升“城市气质”[③]，让“诗和远方”就在眼前。注重桂林交通枢纽地位提升以及休闲绿色品牌的结合，把桂林打造成为宜居宜业的人才集聚高地。对于打造书香·绿城、提升城市人文品质，有必要进行更加深入的系统研究。

---

① 2013年以来，我国劳动年龄人口开始减少，但总量仍很庞大，目前有15～64岁劳动年龄人口9.9亿，预计2030年达9.5亿，2050年还有8.2亿，且我国的劳动参与率一直较高。未来三五十年，我国劳动力资源总量依然比较充裕，人力资源基础仍然雄厚。当前西方七国集团的劳动年龄人口总和约为4.8亿，但其经济总量是我国的3倍，劳动生产率是我国的7倍多，因此，我国并不缺劳动力数量，缺的是高素质、高技能的劳动力（王培安．科学把握人口发展规律，促进新时代人口均衡发展[N]．人民日报，2019-05-30．）

② 2003年，成都市邀请著名导演张艺谋拍摄了《成都，一座来了就不想离开的城市》城市宣传片，为城市营造了标志性影响。2017年起，上海市提出“梧桐落叶不扫”如神来之笔，体现了上海市在创造高品质生活中的精细作为。

③ 人才吸引竞争力与城市品质建设具有很强的关联，南宁、柳州等中心城市的“城市气质”还不够突出，类似北京海纳百川、和谐共生，西安古今交融、沉稳持重，杭州婉约灵秀、精致小巧，广西还缺乏对“城市气质”的培育和凝练。当然，城市是庞大的综合体，形成独特文化气质，需要成百上千年积淀，但也需要不断的包容培育，就如深圳开放创新、多元关爱的城市气质（文化，一座城市的血脉[N]．经济日报，2018-09-12．）

二、把发展地方经济、提升产业能级作为人才发展环境的基础性保障

从各项评估和调研结果来看，经济发展水平偏低、经济发展活跃度不足，是影响广西人才发展环境的关键问题。因此，必须把发展地方经济、提升产业能级作为打造具有竞争力人才发展环境的基础性保障，尤其是在提升产业能级方面，吸引国内外高层次人才，必须依托于产业能级的提升，继而提高城市发展能级。要围绕传统优势产业，积极谋划适宜性的战略新兴产业，绝不能在新兴产业上搞铺摊子，要与一线城市和发达地区形成产业错位发展、差异化发展，客观认识在高端人才、顶级人才上与一线城市竞争力的巨大差距，① 要理清产业高层次人才清单，在战略新兴产业发展方面，要高度注重对专业学科、平台载体的持续性打造。要充分认识把经济搞上去是人才发展环境的根本支撑。

三、人才发展环境的城市策略：把中心城市打造成为高层次人才集聚地

人才是城市发展的“地标”，抓人才就是抓发展、抓未来。城市是人才生长的“热带雨林”，城市经济、城市生活、城市消费、人才创新、自然生态等代表着阳光、空气和水分。② 人才发展环境必须与城市共生共荣，进而涵养人才生态。城市是文化的容器，文化是城市的灵魂。③ 中心城市要成为高水平开放、高质量发展、高品质生活的“三高”集聚地，要推动高质量发展、创造高品质生活，这样才能更好地吸引和集聚高层次人才。

---

① 以上海市为例，2018 年 7 月以来，国内外巨头企业密集到沪寻求合作，为企业发展布局。7 月 10 日，特斯拉超级工厂落户临港地区，成为该公司首个超级海外工厂；8 月 13 日，小米生态链华东总部及小米工业设计研究院落户 G60 科创走廊；8 月 16 日，阿里巴巴、蚂蚁金服与上海市政府达成战略合作协议，展开一系列高规格战略合作；8 月 20 日，腾讯公司和上海市政府签署深化合作框架协议，共同打造人工智能高地等。这些高端、巨头型企业在上海的落户，将进一步强化上海对高端人才的吸附力（互联网巨头缘何纷纷抢滩上海[N]. 文汇报，2018 - 09 - 09.）

② 宁波打造人才竞相生长的“热带雨林”[N]. 光明日报，2018 - 10 - 04.

③ 从人民的获得感看“推动高质量发展、创造高品质生活”[N]. 文化报，2018 - 10 - 12.

要打造高质量发展、高素质集聚、高颜值呈现、高品质生活的中心城市,[1] 努力将南宁、柳州、桂林和北海打造成为国际化创新型品质城市。要推进城市更加市场化、更加社会化、更加国际化，推进有温度的社会治理，打造有温度的城市，把中心城市作为参与人才竞争的主阵地，提升中心城市市场化程度和辐射带动能力，加快提升城市能级和核心竞争力，提供全面系统、精心精细的人才综合配套服务。要全面提升城市治理能力，注重在科学化、精细化、智能化上下功夫，既要善于运用现代科技手段实现智能化，又要通过绣花般的细心、耐心、巧心提高精细化水平，绣出中心城市的品质品牌。

南宁：对标建设全球性生态宜居城市。积极对标上海、深圳等全球性城市，着力营造具有全球竞争力的营商环境和人文环境，打造一个“来了就不想走”的城市品牌，广泛集聚和吸引人才、科技、资本、信息等新兴产业发展的关键要素。深入践行绿色发展理念，探索生态宜居城市建设“南宁做法”，擦亮“中国绿城”金色招牌，提升城市文化休闲配套能力，全面提升城市精细化管理水平,[2] 提高人才对首府城市的认同感和向往度，着力增强首府城市人才集聚能力，打造成为粤港澳大湾区外围及西部陆海新通道最具活力的人才集聚地，为广西高质量发展提供更加有力的人才保障和智力引擎。

由表 7－1 可知，从人口规模来看，南宁市与新一线城市和副省级城市相比，仅高于大连市和厦门市，经济密度则仅高于哈尔滨，概而言之，南宁市在人口密度和经济密度上均与新一线城市和副省级城市差距甚大，这决定了南宁市在人才发展建设的基本支撑上面临明显的不足，必须在“人口密

---

① 2010 年以来,厦门市出台一系列政策举措,进一步增强对高素质人才的吸引力,为地方经济发展招揽人才、留住人才,着力打造“高素质的创新创业之城”和“高颜值的生态花园之城”(留住人才需“软硬兼施”[N]. 经济日报,2018－09－12.)

② 在城市精细化管理方面,南宁等中心城市应深入学习上海等城市的建设经验,采用云计算、大数据等手段,在城市设施、环境监控、民生服务、应急处理等领域建立智能化场景,主动发现城市管理问题,尽早实现城市运行管理“组织成体系、发现智能化、管理可闭环”的“小目标”(精细化管理,源自“城市大脑”高速运转[N]. 文汇报,2018－11－09.)

表 7－1　南宁与新一线城市和副省级城市及周边城市主要发展指标及区域占比

序号	城市	人口		经济		面积		经济密度	城镇化率
		规模（万人）	区域占比（%）	总量（亿元）	区域占比（%）	规模（km^2）	区域占比（%）	亿元/km^2	%
1	深圳	1252.8	11.22	22438.3	24.97	1997	1.11	11.24	100
2	广州	1449.8	12.98	21503.1	23.92	7434	4.14	2.89	86.1
3	厦门	401.0	10.25	4351.2	13.47	1699	1.37	2.56	89.1
4	南京	833.5	10.38	11715.1	13.64	6587	6.14	1.78	82.3
5	武汉	1089.3	18.46	13410.3	36.72	8494	4.57	1.58	80.0
6	宁波	800.5	14.15	9846.9	19.02	9365	8.88	1.05	72.4
7	青岛	929.1	9.29	11037.3	15.19	11282	7.14	0.98	72.6
8	成都	1604.5	19.33	13889.4	37.56	14605	3.01	0.95	71.5
9	长沙	791.8	11.54	10535.5	30.46	11819	5.58	0.89	77.6
10	济南	732.1	7.32	7201.9	9.91	8177	5.18	0.88	70.5
11	杭州	946.8	16.74	12556.0	24.25	16596	15.73	0.76	76.8
12	西安	953.4	24.86	7469.9	34.11	10108	4.91	0.74	75
13	大连	698.8	15.99	7363.9	30.76	13237	8.94	0.56	约 72
14	沈阳	829.4	18.98	5865.0	24.50	12948	8.75	0.45	80.6
15	贵阳	480.2	13.41	3538.0	26.13	8034	4.56	0.44	74.8
16	长春	751.2	27.64	6530.0	42.71	20565	10.82	0.32	58.3
17	昆明	678.3	14.13	4857.6	29.38	21473	5.45	0.23	72.1
18	南宁	715.3	14.64	4118.8	20.19	22112	9.34	0.19	60.8
19	哈尔滨	1092.9	28.85	6355.0	39.23	53186	11.71	0.12	64.5

资料来源：《中国城市统计年鉴》（2017），2017 年各城市国民经济和社会发展统计公报等，相关数据均为 2017 年各城市指标数据。

度”和“经济密度”上加快实现“双提升”。按照广西人口规模和未来发展趋势，结合国内外一二线城市发展规律和首府城市建设路径，按照“千万人口”规模对南宁进行长远规划建设，从人口规模和产业能级上提升南宁对广西全域发展的辐射带动能力和人才集聚能力，在发展层次上不断提升南宁在西南中南地区以及陆海新通道建设中的影响力和带动力。按照打造都市经济圈的目标，将南宁建设成为西部陆海新通道的关键节点城市，营造最佳的人才发展环境和最优的企业营商环境，按照“服务新通道·打造都市圈”的建设主线，将南宁建设成为广西高水平开放、高质量发展的核心增长极。

桂林：打造现代休闲生活卓越城市。立足粤桂黔高铁经济带建设，进一步发挥和提升桂林区域性交通枢纽优势，逐步加密与深圳、香港之间的高铁往来，充分发挥桂林人文荟萃、生态宜居、康养休闲的禀赋优势，在城市建设中充分融入和打造高品质生活，着力加强与粤港澳大湾区和西部陆海新通道沿线城市高校院所的精准化合作和实质性合作，[①] 建设粤港澳高科技企业人才休养后花园，打造高层次服务人才和科教人才集聚地。

柳州：打造高端产业人才宜居城市。立足产业基础和转型升级，在打造现代制造城的同时，集聚更多高层次、高水平的产业人才，建立健全完善的产业人才政策，不断拓展产业人才职业提升空间，着力巩固和提升“工业城市山水最美、山水城市工业最强”的城市品牌，形成持续向好的产业发展态势、宜居宜业的城市生态环境，打造粤桂黔高铁经济带高层次产业人才高地。

北海：打造高端人才休闲休养基地。发挥北海宜居优势，提升北海宜居水平，积极争取将北海市作为国家级优秀专家人才代表冬季休假基地。[②]

---

① 陆海新通道沿线共有 7 所 985 高校和 9 所一流大学建设高校（新增云南大学和新疆大学），16 所一流学科建设高校，主要集中在西安、成都和重庆。在 2018 年教育部学科评估中的 36 个工科评估结果中，西安交通大学（8 个）、西北工业大学（5 个）、电子科技大学（5 个）、西安电子科技大学（2 个）、四川大学（3 个）、重庆大学（2 个）等相关学科被评估为 A 类学科。

② 2018 年 3 日至 8 日，受党中央、国务院邀请 62 位专家来到北戴河进行暑期休假。自 2001 年以来，党中央、国务院先后邀请 18 批共计 1000 多位专家学者参加休假活动，受邀休假专家都是各行业做出突出贡献的人才（书写奋斗新篇章　建功立业新时代[N]. 人民日报，2018 - 08 - 09.）

邀请国内外专家来北海度假休闲，将北海打造成为中国的“第二北戴河”，形成“北有北戴河、南有北海”的格局。探索创新智库合作模式，在每年11月组织开展的“冠头岭论坛”，邀请国内外或中国—东盟或陆海新通道沿线专家学者共同研讨国际性、区域性发展议题，形成“北有野三坡、南有冠头岭”高层次智库论坛格局。依托国家自然资源部第四海洋研究所，打造向海发展人才集聚平台。完善“候鸟型”高层次人才信息库，充分利用每年10月至次年5月的时间，不定期召开“候鸟型”高层次人才会议。

打造国际人才公社。以南宁、桂林和柳州等中心城市建设为依托，加强高层次人才住房、子女教育、医疗服务等方面保障，支持高新区等重点功能区打造具有国际水准的环境优越、基础卓越的国际人才公社。以更大力度、更高水平搭好人才引进落地服务体系，建立面向全球的引才机制，营造开放式的人才创新创业环境，建设市场化、国际化、高质量的创新创业服务平台。

四、把高校院所作为“蓄水池”，做强做优人才环境的关键支撑

高等院校和科研院所尤其是高等院校在一个地区人才储备和培养以及吸引过程中具有关键性作用①，是一个地区人才事业的“蓄水池”，一个城市高层次的人才体系往往得益于高质量的教育体系②。上海市坚持分类管理、分类评价，引导高校各安其位、各展所长，从2014年上海市开始实施“高峰高原学科建设计划”，在建的52个高峰学科中，有38个在全国第四

---

① 人才是学科竞争的基础，20世纪90年代末以来，高等教育的锦标赛逐渐成形，高校对人才的需求极其旺盛。由于中西部地区的经济条件普遍落后于东部，且竞争意识稍微迟缓，不少中西部地区高校、地方政府在意识到人才紧缺时，已经错过最好时机（吕德文. 中西部要适应人才竞争趋势[N]. 环球时报，2019－06－22.）

② 上海市的高水平人才中，26.74%毕业于长三角地区的大学，其中排名前十的学校均在上海（清华大学经济管理学院、上海科学技术政策研究所，领英中国. 长三角地区数字经济与人才发展研究报告[R]. 2018－10.）

轮学科评估中评为A类学科，占比73.1%，23个I类高峰学科全部为A类学科。① 合肥市在全国省会城市中“不显山不露水”，1982年就被国务院确定为全国四大科教基地之一，中国科学技术大学、合肥工业大学、中科院驻皖科研机构等一批科研院所，世界上第一台VCD机、第一台仿生搓洗式全自动洗衣机、我国第一台微型电子计算机等②均出自合肥。粤港澳大湾区9+2城市则拥有163所各类大专学校（包含异地合作办学）。③ 在此背景下，广西要按照学术研究型、应用研究型、应用技术型、应用技能型的分类，坚持对不同类别高校实施精准培育策略，由此形成“分类规划、分类投入、分类评价”的高等教育治理新格局。

广西须奋力推进“双一流”建设，夯实人才平台载体。建设一流大学和一流学科，是党中央、国务院做出的重大战略决策，2016年以来，我国启动“双一流”建设以来呈现良好态势，2018年8月，教育部、财政部、国家发展改革委联合印发《关于高等学校加快“双一流”建设的指导意见》。广西要加强关键学科、关键专业人才的培养，鼓励高校院所、国有企业和事业单位等，不断优化升级人才培养方案、调整学科布局、升级专业设置、拓宽人才培养“立交桥”，要围绕学科发展规划绘制“学科树”，

---

① 对接国家“双一流”建设，做强“双一流”地方版[N]. 文汇报，2018-09-29.

② 新中国成立初期，合肥市只有两条街道、不足5万人口，城市规模和人口数量不如省内的芜湖、蚌埠、安庆等，在此设立省会争议很多，1958年，毛泽东在给安徽省委的信中写道“合肥不错，为皖之中”，省会之争才得落定。1970年，出于战备考虑，中国科学技术大学从北京迁到合肥，此后中科院合肥分院等一批国家级科研机构随之而来，这在当时并未引起多的关注，但在无形中为合肥的崛起埋下了种子。2005年之后，合肥开始实施“工业立市”，依靠“创新驱动”和“工业立市”，合肥进入黄金增长期，从2006年至2017年的11年间，合肥经济总量先后超越太原、南昌、昆明、石家庄、长春、福州、哈尔滨和西安、济南9个省会城市，在全国省会城市中排名第9位。在教育部第四轮学科评估中，中国科大物理、化学、天文、地球物理等7个学科获评A+，理学基础学科全部进入A档（“平平无奇”的合肥，竟是中国十年内赶超8城的大“黑马”[J]. 瞭望智库，2018-11-12；合肥：全力迈向创新高地[N]. 人民日报，2018-10-16；丁雅诵. 中国科大“磁聚”人才[N]. 人民日报，2019-05-26.）

③ 近年来，粤港澳大湾区高等学校数量不断增多，其中香港、澳门主要高等学校分别为11所和5所，广东省9个城市若包括大专院校和异地合作办学，广州约83所，深圳13所（筹建6所）、佛山13所、珠海10所、东莞9所、中山5所、江门5所、肇庆5所、惠州4所，各地纷纷采取筹建新的高校或异地校区办学模式，使得粤港澳大湾区高校集聚效应更加明显。根据软科中国两岸四地大学排名（2014—2018年），前100名高校中粤港澳大湾区有11所，其中香港6所、澳门2所、广东3所。

依托“学科树”绘制“人才树”，发挥各类平台载体的支撑作用，加强与大院大所的对接合作，积极开发新兴产业相关专业，为培养更多、更好的高素质技术技能型人才提供支撑。

创新人才和高素质技工人才的供给，取决于教育服务创新发展的能力，要致力于打造最优人才发展生态，努力以人才优势厚植跨越赶超新优势。在建设高素质教师队伍方面，要建立健全青年人才蓬勃生长的机制，精准引进活跃于国际学术前沿的海外高层次人才，坚决杜绝片面抢挖“帽子”人才等短期行为；在深化国内外合作交流方面，加强与国外高水平大学、顶尖科研机构的实质性学术交流与科研合作，建立国际合作联合实验室、研究中心等，选派优秀学生、青年教师、学术带头人等赴国外高水平大学、机构访学交流。① 要依托西部陆海新通道建设，着力加强与西部高校深度合作，探索推进组建新加坡南洋理工大学北部湾学院。要积极争取国家重点支持西部地区教育事业发展，努力吸引中西部地区高等院校人才。

专栏7－1　依托西部陆海新通道建设，加强与西部高校深度合作

一、依托西部陆海新通道，加强与西部高校深度合作面临战略性机遇期和转折性窗口期，并集中体现在四个方面：一是加强与西部高校深度合作将是做实做强西部陆海新通道、超过一般性通道建设的重要战略选择；二是随着西部高铁战略通道的不断完善，推进与西部高校深度合作的条件将更趋成熟；三是加强高校深度合作是深圳、苏州已经践行证明成功的经验，也是青岛甚至贵阳等城市正在积极推进的战略举措；四是加强与西部高校深度合作，发展有需求，合作有空间。

二、依托西部陆海新通道建设，加强与西部高校深度合作的相关建议。一是建议尽早开展深入的系统专题研究，梳理合作清单，列出合作名单；二是建议将桂林、南宁作为两大合作集聚地和承载地，配套将北海打

① “双一流”,怎么建[N]. 人民日报,2018－08－28.

造成为人才高地；三是两个突出：突出与985高校合作、突出工科领域合作；四是建议可考虑西安交大—利物浦模式推进与西部高校深度合作；五是建议加强前期沟通协调和配套政策制定；六是注意处理好省际合作与省校合作关系。

资料来源：《依托西部陆海新通道建设，加强与西部高校深度合作》，详见专题报告一。

五、创新和优化人才政策环境

人才尤其是高层次人才是实现高质量发展的关键支撑。要积极应对激烈的人才竞争，着力优化人才发展政策环境，以更加诚恳的态度、更加周到的服务、更加广阔的平台，开辟“人才绿色通道”，实行特殊政策引进高层次人才。政策要清晰要明确要针对，要着力优化整体环境、强化激励环境、激活竞争环境、完善保障环境。

（一）优化人才政策环境

当前，随着各地吸引高层次人才优惠政策的不断加码，人才市场的过度竞争弊端初显。[①] 发达地区凭借雄厚的经济实力、丰厚的引才待遇加大人才引进，与先进地区比拼优越条件、优惠政策不是广西的强项和优势。同时，现有人才政策宣传不到位、落实不到位问题也非常突出。一方面，广西必须体现出求贤若渴的诚意、重才爱才的决心、广纳英才的胸怀，在有限财力下，拿出最优政策吸引人才、服务人才。另一方面，广西要联合西部地区尤其是西南地区积极向国家争取区域差别化人才政策，争取国家鼓励优秀人才流向西部地区。推动西部大开发，关键是引导人才流入，要尽快采取积极措施改变优秀人才和领军人才过度流出的现象。争取国家充分考虑地区发展水平差异过大的现实状况，统一体制内人才流向市场的相关政策，避免国有企业和事业单位人才过度流失，强化优秀人才在西部地

① 杨成长．推动高端人才市场有序[N]．人民日报，2018－10－24.

区内部的充分流动和合理配置。要看齐对标、学习借鉴先进省市改革开放发展经验，进一步解放思想，及时跟踪对接、借鉴移植，大胆拿来、为我所用。要抓紧研究制定全国一流的招才引智系列配套政策，营造引才留才用才的优良软环境，破除体制机制的障碍和壁垒，向用人主体放权，为人才松绑，为赶超发展提供更强大的人才和智力支持。同时，在人才发展环境中，值得高度关注的是目前体制内人才与体制外人才的差别化对待，要尽早打破体制壁垒，对体制内人才和体制外人才在荣誉评定、职称评定方面给予一致公平的待遇。

专栏7－2　广西人才政策创新导向建议

加强政策优化和供给创新，建立多维政策体系，用更宽松的用人环境和更开放的人才政策集聚人才，打造有利于人才扎根落户和健康成长的高涵养性政策环境。

1. 创新三类人才政策。以创新奖励性政策为基础，释放“引才”的活力；以创新发展性政策为核心，激发“用才”的动力；以创新保障性政策为前提，确保“留才”的定力。

2. 完善人才引进政策。更新人才引进理念，建立多层次人才引进政策体系，实施优惠财税金融政策，做强人才引进品牌，抓好政策落实。

3. 制定一系列新的政策。制定《离岸创新人才引进使用办法》《“一事一议”人才引进办法》和《高层次人才服务绿色通道规定》《高层次人才配偶就业子女入学政策》等。

4. 强化整体性延续性。针对领军人才、紧缺人才、高管人才、高技能人才、科教人才等，设计整体性的人才政策框架，提出行动计划和配套措施，明确部门责任分工，确保政策延续性。

要加快研究完善人才评价体系，打破编制壁垒，实施弹性引才标准，坚持“以用为本”，将实际才能放在考量首位，不拘泥于学历、职称等硬性指标，拓宽人才引进的范围。尽早研究制定广西人才工作法，将人才引进、培养、使用、评价、流动、激励、保障等纳入法治轨道，形成系统性、综合性的人才法规。同时，国内招收博士后研究人员的年龄不得超过35周岁，这将很多具备条件但年龄不符的人才挡在门槛之外，广西应在此领域利用民族自治政策择机突破，将年龄超过35岁、40岁以下的博士后申请研究人员纳入,[①] 为广西引进高层次人才开辟新的路径和渠道。

（二）做好人才税收服务

从相关地区先行经验来看，人才税收优惠政策在吸引人才尤其是高层次人才方面具有“四两拨千斤”的作用，浙江（金华）、深圳前海、山东、陕西（西安）等多地先后出台和实施了有关进一步做好高层次人才税收服务工作、创新税收政策的相关措施[②]，从目前来看，在相关政策配套前提下，均取得了较好的人才发展成效，而从粤港澳大湾区的税收优惠政策来看，广西人才吸引工作面临极大的挑战。[③] 建议认真研究和借鉴浙江金华《关于进一步做好高层次人才税收服务工作的通知》（金税发〔2018〕27号），在自治区层面或支持南宁市、柳州市、桂林市等中心城市组织、财政、科技、人力社保等部门联合税务部门研究出台《关于进一步做好高层次人才税收服务工作的意见》，各级税务部门要深刻认识做好高层次人才税收服务工作的重大意义，立足人才和税收工作实际，面向各类高层次人才，进一步明晰和落实相关优惠政策，以精准服务为目标，对高层次人才构建“一对一”服务模式，打通高层次人才绿色通道。要加强税收优惠辅导和宣传工作，确保高层次人才税收优惠政策应知尽知，应享尽享。

---

① 王永．可考虑放宽博士后年龄限制[N]．环球时报,2018-10-15.

② 山东省开展科研体制改革试点,允许成果转化收益的80%划归科研团队所有,且收入涉及的个人所得税可以减免50%（彭飞．强化科技创新的正向激励[N]．人民日报,2019-06-03.）

③ 根据《财政部税务总局关于粤港澳大湾区个人所得税优惠政策的通知》（财税〔2019〕31号）,在粤港澳广东9市工作的境外高端人才和紧缺人才,其缴纳的个人所得税已缴税额超过其按应纳税所得额的15%计算的税额部分,由9市人民政府给予财政补贴,该补贴免征个人所得税,该政策自2019年1月1日起至2023年12月31日止。

专栏7-3 关于广西支持高层次人才创业创新税收优惠政策的建议

（一）中国科学院院士、中国工程院院士以及其他高层次人才，取得按照国务院规定发给的政府特殊津贴、院士津贴、资深院士津贴，免纳个人所得税。

（二）享受国家发放的政府特殊津贴的专家、学者，中国科学院院士、中国工程院院士延长离休退休期间从其劳动人事关系所在单位取得的，按规定统一发放的工资、薪金、奖金、津贴、补贴等收入，视同离休、退休工资，免征个人所得税。

（三）高层次人才取得的省级人民政府、国务院部委和中国人民解放军以上单位，以及国外组织、国际组织颁发的科学、教育、技术、文化、卫生、体育、环境保护等方面的奖金，免纳个人所得税。

（四）外籍高层次专家、学者等海外高层次人才，以非现金形式或实报实销形式取得的住房补贴、伙食补贴、搬迁费、洗衣费，按合理标准取得的境内、境外出差补贴以及合理的探亲费、语言训练费、子女教育费等，暂免征收个人所得税。

（五）科研机构、高等学校转化职务科技成果以股份或出资比例等股权形式给予科技人员的个人奖励，获奖人在取得股份、出资比例时，暂不缴纳个人所得税。以现金形式给予科技人员的个人奖励，可减按50%缴纳个人所得税。

（六）非上市公司授予本公司员工的股票期权、股权期权、限制性股票和股权奖励，符合规定条件的，经向主管税务机关备案，可实行递延缴纳个人所得税政策，即员工在取得股权激励时可暂不纳税，递延至转让该股权时纳税。

（七）企业引进具有高级技术职称或博士学位等高层次人才，支付的一次性住房补贴、安家费、科研启动经费等费用，可按规定在计算企业所得税时扣除。

（八）高层次人才受聘从事研发活动，用人单位向其实际支付的工资薪金、基本养老保险费、基本医疗保险费、失业保险费、工伤保险费、生育保险费、住房公积金和相关劳务费用，纳入研究开发费用税前加计扣除优惠范围。

（九）一个纳税年度内，高层次人才创办企业取得的技术转让所得不超过500万元的部分，免征企业所得税；超过500万元的部分，减半征收企业所得税。

（十）高层次人才创办的企业，经认定为高新技术企业的，减按15%税率征收企业所得税；实际发生的职工教育经费支出，不超过工资薪金总额8%的部分，准予在计算应纳税所得额时扣除，超过部分准予在以后纳税年度结转扣除。

（三）抓好人才细微政策

留住人才，要提供精准服务，确保优惠政策落地。为了吸引各类人才，各地出台了不少优惠政策，但有的好政策没落地，有的缺乏针对性，人才不“解渴”。优惠政策应精准对接需求，变“大锅烩”为个性化、跟踪式服务。除了真金白银，多些真情实意，分担各类人才在事业发展上的后顾之忧。留住人才，更要建立用才、育才、惜才的长效机制。解决人才流失问题，难以一蹴而就，必须建立长效机制，久久为功，不仅要靠感情留人，更要制度留人。既要有宏观统筹、具体到位的人才政策，更要从细微之处入手。举例而言，从动车一等座报销问题就能看出不同地区在人才待遇和政策执行上的差距，2016年以来，国内各高校为加强和规范学校国内差旅费管理，根据《关于进一步完善中央财政科研项目资金管理等政策的若干意见》（中办发〔2016〕50号），完善了相关差旅管理暂行办法，但之间存在不同，体现了各地对人才的差别化政策待遇，其中出差人员乘坐城市间交通工具的标准在各校之间体现了不同的人才待遇标准。从表7－2可以看出，华南理工大学和广东工业大学等在城市间交通费报销制度上更加优待人才，且制度细则更加明确，具有更强的操作性和针对性，尤其是广东工业大学特别明确了“从横向科研经费列支差旅费的，出差人员不受级别限制据实报销。”此外，建议尽早研究体制内与体制外人才公平待遇的问题，要鼓励和支持体制外人才积极参与各类人才荣誉评选。

表 7－2　城市间交通费报销制度对标分析

大学	对应人员	火车（含高铁、动车、全列软席列车）	轮船（不含旅游船）	飞机
浙江大学	副省（部）级、二级管理岗位人员；院士、文科资深教授，一级教授；55 周岁及以上二级教授	软席（软座、软卧），高铁/动车商务座，全列软席列车一等软座	一等舱	头等舱
	正高级职称人员；五级及以上专业技术岗位人员；五级及以上管理岗位人员	软席（软座、软卧），高铁/动车一等座，全列软席列车一等软座	二等舱	经济舱
	其余人员	硬席（硬座、硬卧），高铁/动车一等座，全列软席列车二等座	三等舱	经济舱
广西大学	省部级领导、院士及相当于院士的人员	软席（软卧、软座）、高铁/动车商务座、全列软席列车一等软座	一等舱	头等舱
	校级领导、教授及相当职称人员	软席（软卧、软座）、高铁/动车一等座、全列软席列车一等软座	二等舱	经济舱
	其余人员	硬席（硬座、硬卧）、高铁/动车二等座、全列软席列车二等软座	三等舱	经济舱
湖南大学	院士、相当于院士的人员；二级及以上管理岗位人员	软席（软卧、软座）、高铁/动车商务座、全列软席列车一等软座	一等舱	头等舱
	正高级职称人员；五级及以上专业技术岗位人员；五级及以上管理岗位人员	软席（软卧、软座）、高铁/动车一等座、全列软席列车一等软座	二等舱	经济舱
	其余人员	硬席（硬座、硬卧）、高铁/动车二等座、全列软席列车二等软座	三等舱	经济舱
贵州大学	省级及相当职务的人员	软席（软卧、软座）、高铁/动车商务座、全列软席列车一等软座	一等舱	头等舱
	厅局级及相当职务人员	软席（软卧、软座）、高铁/动车一等座、全列软席列车一等软座	二等舱	经济舱
	其余人员	硬席（硬座、硬卧）、高铁/动车二等座、全列软席列车二等软座	三等舱	经济舱

续表

大学	对应人员	火车（含高铁、动车、全列软席列车）	轮船（不含旅游船）	飞机
华南理工大学	省部级、院士及相当职务的人员	软席（软卧、软座）、高铁/动车商务座、全列软席列车一等软座	一等舱	头等舱
	厅局级、正高职称人员、副高五级职称人员（副教授，高级工程师，高级经济师，高级会计师，高级审计师，副研究员，副主任医师，副研究馆员，副编审等五级专业技术职务人员）及相当职务的人员	软席（软卧、软座）、高铁/动车一等座、全列软席列车一等软座	二等舱	经济舱
	其余人员	硬席（硬座、硬卧）、高铁/动车二等座、全列软席列车二等软座	三等舱	经济舱
广东工业大学	省部级人员、院士	软席（软卧、软座）、高铁/动车商务座、全列软席列车一等软座	一等舱	头等舱/公务舱
	二级教授及相当人员			公务舱
	副处级及以上人员、副高和正高级职称人员	软席（软卧、软座）、高铁/动车一等座、全列软席列车一等软座	二等舱	经济舱
	其他人员	硬席（硬座、硬卧）、高铁/动车二等座、全列软席列车二等软座	三等舱	经济舱

资料来源：根据相关高校差旅费管理办法整理而来。

（四）强化人才荣誉激励

建议借鉴香港等地成功经验，注重强化人才荣誉激励，以精神激励吸引高层次人才，设立“兴桂人才奖”和八桂勋章、朱瑾花勋章等，给予人才精神上的成就感和满足感，用“软环境”吸引、留用人才。建议借鉴山东等地经验，建立人才服务绿色通道，在南宁、柳州、桂林三个中心城市，颁发高层次人才绿色通道服务凭证“八桂惠才卡”，提供出入境、住房保障、子女入学、职称评审、医疗保健、社会保险、交通服务、旅游服务、健身服务、休假疗养、税务服务等优惠政策和便利服务，根据试行情况适时调整使用范围，并在广西推广使用。在人才宣传中，建议借鉴上海的经验，对高层次尤其是有突出贡献的人才进行广泛宣传，要以人才照片形式进行宣传，增强人才的荣誉感，提高人才的社会认知度和崇敬感。

专栏7－4　实施“八桂惠才卡”的人才范围建议

借鉴相关地区经验，面向以下人才群体实施“八桂惠才卡”：

第一类为杰出人才和领军人才，主要包括国际知名、国内最高科学技术奖获得者等稀缺迫切引进培养的顶尖人才。

第二类为经自治区内单位推荐，入选国家级重点人才工程及相当层次的高层次人才，主要包括中国科学院、中国工程院院士，国家“千人计划”“万人计划”入选者，“百千万人才工程”国家级人选，全国杰出专业技术人才，国家有突出贡献的中青年专家，享受国务院特殊津贴专家，“长江学者”；国家科学技术奖首位获得者，中国政府友谊奖、全国创新争先奖、中华技能大奖获得者，国家杰出青年科学基金获得者，全国技术能手，国家级技能大师工作室主要负责人等。

第三类为入选广西重点人才工程及相当层次的高层次人才，主要包括“八桂学者”“十百千”人才工程入选者、广西科学技术奖最高奖、一等奖首位获得者、广西优秀专家、专业技术二级岗位专家等。

第四类为区内单位引进的从其他省（自治区、直辖市）推荐入选国家级、省部级重点人才工程及相当层次的高层次人才；区直有关部门设立的重点人才工程入选者。其中，全职引进到区内事业单位工作的，年龄一般不超过55周岁。

第五类为区内单位引进的世界500强企业高级管理人员，在重点领域和关键技术岗位上有3年以上工作经历、急需紧缺专业的博士学位人员，具有较好创新创业业绩的正高级职称人员，以及其他经认定的高层次人才，年龄一般不超过55周岁。

（五）加强广西形象宣传

才以用而日生，思以引而不竭。只有彰显比较优势、擦亮个性招牌，才能招揽人才。2018年以来，全国各地在《人民日报》进行整版宣传报道具有代表性的城市是西安和沈阳、大连，尤其是西安，2018年以来重点对西安高新区、西咸新区秦汉新城、沣东新城和西安浐灞新区前后进行了8次整版报道宣传。同时，西安、重庆等城市，积极利用“抖音”“头条”等新媒介开展城市宣传，成了“抖音之城”。广西要加大人才引进宣传，扩大人才引进覆盖面，[①] 提高对广西的认知度。要积极在各类主流媒体和网络、微信、微博等新媒介上加强广西形象宣传，不断激活广西正能量和全社会对广西的更多认识。各级领导干部要主动在主流媒体发表文章，营造招才纳贤的真挚声音。信息化时代下要善于应用新的手段进行“自我营销”，要善于采用大数据手段和新媒介手段宣传和优化广西人才发展环境，利用新媒介，传播和形成广西新能量，进一步加强广西“人文包容、生态宜居”的形象宣传。营造适宜人才发展的舆论氛围，为广西人才资源引进、培养、使用、成长营造良好氛围。广西的人文环境优势在包容性，广西生态良好，是工作、生活、养生的好地方，加大广西“宜居宜业宜养生”首选地的宣传报道，为人才引进和“回流”创造更多的“广西机

---

① 2018年7月，江西省宜春市在《人民日报》面向全国公告2018年人才引进计划，扩大人才引进宣传影响范围。

会”，营造人才引得进、留得住、用得好的氛围，吸引国内外的优秀人才“孔雀西南飞”。

专栏7－5　基于马斯洛需求理论优化人才政策体系

1954年，美国心理学家亚伯拉罕·马斯洛提出了著名的需求层次理论，按其重要性，从低级到高级排列成五个层次：生理需要、安全需要、社交需要、尊重需要以及自我实现需要。在马斯洛需求层次理论中，各层次的需求相互依赖和重叠，人们在不同的时期表现出来的各种需求的迫切程度是不同的，人的最迫切的需求才是激励人行动的主要原因和动力。而人才政策对于人才的培养、流向、稳定等均起着决定性的作用。因此，在制定人才政策时，要以满足人才需求为基本出发点，精准识别不同类型人才的需求，从而采取不同的针对性措施。在生理需求方面要重点关注衣、食、住、行等基本的生活生存问题。在安全需求方面要从经济、精神、劳动及环境安全等方面着手，特别是给予具有竞争性的薪酬和福利。在社交需求方面要着重解决人才的配偶工作问题、子女上学问题、工作伙伴合作交流问题等方面。在尊重需求方面要制定公平的待遇和晋升机制，关心引进人才的实际需求。而在自我实现需求方面要适度放权，给予人才一定的自由发展的空间。

资料来源：马斯洛．马斯洛人本哲学［M］．唐译译．长春：吉林出版社，2013；王命瑞，高远忠等．构建以马斯洛需求层次理论为基础的人才引进政策［J］．人力资源开发，2017（9）：49－52；付军．抚顺市人才流失现象及对策研究［D］．东北大学硕士学位论文，2005.

六、抓好人才精准引进和精准服务

在人才引进中要坚持“不求所有、但求所用，不求常在、但求常来”的柔性引才理念，通过项目合作、短期兼职、培训指导、挂职服务等多种方式，鼓励人才到广西参与经济社会各领域发展。要更好地适应高质量发展新要求，要大力提升人才的“量”和“质”，精准优化人才结构，着力优化鼓励创新的制度和环境，最大限度地激发人才的创造力。[①] 要精心呵护人才、精准使用人才、精细配置人才。

（一）理出广西的人才清单

参照香港特区做法[②]，通过广泛咨询研究制定广西经济社会发展人才清单，编制高端紧缺人才开发目录，定期公布人才目录和人才需求目录，引导供需双方联系。更好地吸引国内外优秀人才，对人才清单进行2~3年的定期更新，以更加有效和聚焦的方式配合广西经济高质量发展和产业转型升级，吸引具有高技能、高知识和高经验的人才到广西工作，并满足各类人才不断发展的需要，人才清单定制有助于广西在吸引国内外高层次人才取得竞争优势，创造群聚效应，激励本地人才成长，推动广西经济社会实现高质量发展。

（二）抓好人才的精准引进

在人才发展环境建设方面尤其是在人才引进方面，要求真务实，要为人才创造一个安安静静搞研究的氛围，要跟踪学习上海经验，为人才提供细腻务实的创业创新环境。要结合产业发展需求和学科实际需要，按图索骥、精准引育，做到一人一策、一事一议。抓好人才的精准引进，要瞄准新兴产业领域人才的城市集聚、国内高校集聚和海外高校集聚情况，制定更加精准的人才引进策略，[③] 进一步优化和调整产业人才队伍。

随着投资拉动和出口导向战略的成功，国民经济体系由产业链的低端爬向中端并向中高端甚至部分领域向高端爬升，并在个别领域出现赶超趋

---

① 陈耀. 人才大计“量”“质”为先[N]. 经济日报,2018-11-01.

② 2018年8月,香港特区政府公布首份香港人才清单,在人才清单下符合资格人士提供便利,符合人才清单相关专业资格的申请者,可在“优秀人才入境计划”的“综合计分制”下获得额外分数(香港公布首份人才清单[N]. 人民日报,2018-08-29.)

③ Linkedin 领英. 中国制造人才白皮书. 2018.

势的时候，人力资源中的智力资源变得相对重要①。当前，广西深入推进实施“中国制造2025”，但制造业不强不优、创新能力薄弱、关键核心技术缺乏、专业领域人才匮乏是关键原因。以制造业人才（高端制造业为主）精准引进为例，必须注重人才的空间分布尤其是城市分布以及国内外相关高校毕业生的分布情况，进而实现制造业人才的精准引进。

一是从制造业人才的空间分布尤其是城市分布来看（见图7－1），在机械与自动化、国防与交通运输设备制造、信息技术、新材料制造、新兴医疗制造、能源与环保等六个领域产业人才的分布来看，六大行业中有四个行业的人才都最多集中在上海。除一线城市外，苏州和杭州也是重要的制造业人才聚集地，新材料制造行业人才主要聚集在上海，比例远远高于其他城市。从六大类行业人才的城市分布来看，北上广深的优势依然十分明显。因此，广西加强制造业人才精准引进必须加强与上述城市的精准合作。

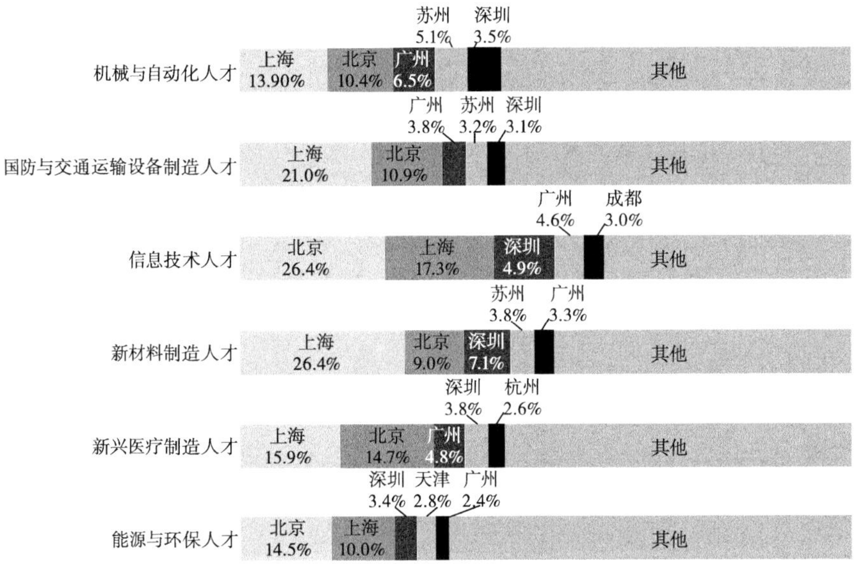

图7－1 六类制造业人才城市分布

二是从制造业人才的高校分布来看（见图7－2），六类制造业人才的

① 曹和平．城市发展要有本清晰的人才账[N]．环球时报，2018－04－09．

主要国内毕业院校大多都是“985”和“211”工程的重点高校，上海交通大学在所有院校中格外突出，在五个行业都占据第一位。制造业储备人才最多分布在清华大学，其他学校中不乏理工科实力很强的高校，如北京航空航天大学等。因此，结合广西制造业高端化发展需求，应加强与上海交通大学、清华大学、华东理工大学、西安交通大学等高校的精准合作，同时，要注重在产业需求与学科专业上的精准匹配。

上海交通大学	上海交通大学	上海交通大学	1	上海交通大学	上海交通大学	中国石油大学(华东)
浙江大学	同济大学	北京邮电大学	2	华东理工大学	复旦大学	清华大学
清华大学	吉林大学	清华大学	3	复旦大学	中国医药大学	上海交通大学
华中科技大学	武汉理工大学	浙江大学	4	浙江大学	北京大学	中国石油大学(北京)
西安交通大学	北京航天航空大学	华中科技大学	5	清华大学	浙江大学	北京大学
同济大学	清华大学	北京大学	6	上海大学	中山大学	天津大学
上海大学	上海大学	复旦大学	7	天津大学	四川大学	浙江大学
复旦大学	复旦大学	北京航空航天大学	8	同济大学	沈阳药科大学	西南石油大学
哈尔滨大学	南京航空航天大学	同济大学	9	北京大学	华东理工大学	同济大学
天津大学	华东理工大学	武汉大学	10	华中科技大学	山东大学	华东理工大学

机械与自动化人才　国防与交通运输设备制造人才　信息技术人才　新材料制造人才　新兴医疗制造人才　能源与环保人才

图7－2　六类制造业国内高校分布

香港大学	香港大学	香港大学	1	新加坡国立大学	香港大学	新加坡国立大学
新加坡国立大学	亚琛工业大学	新加坡国立大学	2	香港大学	香港中文大学	香港大学
香港理工大学	法国国立高等工程技术学校	香港中文大学	3	南洋理工大学	新加坡国立大学	帝国理工学院
南洋理工大学	密歇根大学	香港科技大学	4	台湾大学	曼彻斯特大学	曼彻斯特大学
曼彻斯特大学	慕尼黑工业大学	南洋理工大学	5	曼彻斯特大学	香港理工大学	新南威尔士大学
香港科技大学	斯图加特大学	香港理工大学	6	香港科技大学	南加利福尼亚大学	南洋理工大学
台湾大学	曼彻斯特大学	新南威尔士大学	7	香港中文大学	加利福尼亚大学洛杉矶分校	英属哥伦比亚大学
新南威尔士大学	帝国理工大学	曼彻斯特大学	8	香港理工大学	英属哥伦比亚大学	墨尔本大学
香港中文大学	考文垂大学	香港城市大学	9	加利福尼亚大学伯克利分校	南洋理工大学	爱丁堡大学
台湾成功大学	香港理工大学	美国西北大学	10	帝国理工大学	台湾大学	纽卡斯尔大学

机械与自动化人才　国防与交通运输设备制造人才　信息技术人才　新材料制造人才　新兴医疗制造人才　能源与环保人才

图7－3　六类制造业境外高校分布

三是从制造业人才的海外留学生毕业院校分布来看（见图7－3），毕业于中国香港和新加坡的人才最多，尤其是香港大学在机械与自动化、交通运输设备制造、新材料制造、能源与环保等领域的毕业生众多，新加坡国立大学、南洋理工大学，中国的香港科技大学、香港中文大学、台湾大学等均拥有丰富的制造业专业人才储备。因此，立足“一带一路”和西部陆海新通道建设，积极推进区域性人才合作是推进人才精准引进和打造具有竞争力人才发展环境的重要策略。

同时，建议在广西设立的国内985高校校友会设立“引才工作站”，拓宽招才引智半径，以制造业人才精准引进为重点，带动全局高层次人才引进培育。

（三）抓好海归人才的引进

加快引进具有跨文化沟通能力、国际交流与合作能力，适应国际国内区域合作的高素质人才，坚持用国际化视野吸引和激励人才，用国际化要求提升人才服务水平，形成具有竞争力的人才制度优势，走出一条以高端人才引领新兴行业，以产业集群带动人才集聚的高质量发展之路。[①] 党的十八大以来，习近平总书记多次强调要爱才惜才，把《关于深化人才发展体制机制改革的意见》落到实处，加快构建具有全球竞争力的人才制度体系，聚焦“高精尖缺”，聚焦“中国制造2025”，制定吸引人才、培养人才、留住人才的方法及海外人员回国工作的相关政策。

与国内对“海归”人才的推崇备至的情况相反，近几年海外政治环境对华裔的职业发展不容乐观。特朗普总统上台后签署的有关移民的禁令已体现出其保守的政治倾向，2017年，特朗普宣布收紧H-1B签证（短期工作签证），增加了外籍人员在美工作的难度。英国的PSW（毕业生两年工作签证）已被取消，加上英国脱欧、海外安全等，形成对海外华人的“推力”，与国内的“拉力”相互作用，引爆了新时代的“海归潮”。[②] 根据教育部数据显示，截止到2016年底，我国出国留学人数累计达458.66万人，留学回国人员总数达265.11万人，其中2016年回国43.25万人，出国留学完成学业后选择回国发展的留学人员比例由2012年的72.38%增

① 高洪军. 依靠人才推动高质量发展[N]. 人民日报,2018-06-29.

② Linked in. 中国海归人才吸引力报告[R]. 2018.

长到 2016 年的 82.23%。

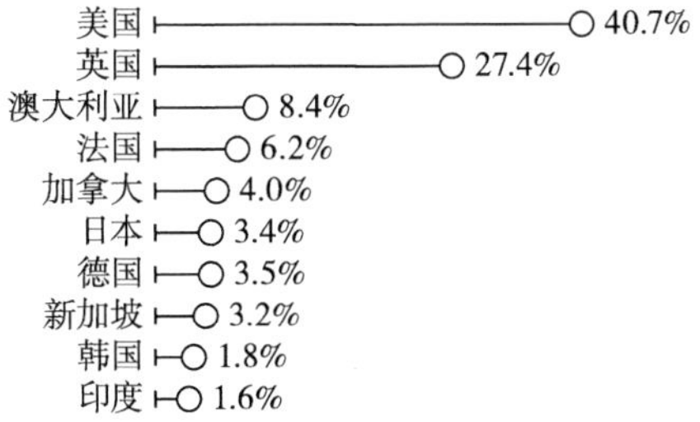

图 7-4　海外人才归来国家分布

资料来源：领英会员大数据。

与海外华人的分布相一致，实际海外归国人员中，美国、英国和澳大利亚加总超过 75% 的占比，遥遥领先（见图 7-4）。因此，广西加大对海归人才的引进应瞄准美国、英国和澳大利亚等海归人才集聚地，同时，要发挥区位优势，借助西部陆海新通道，大力引进新加坡海归人才。

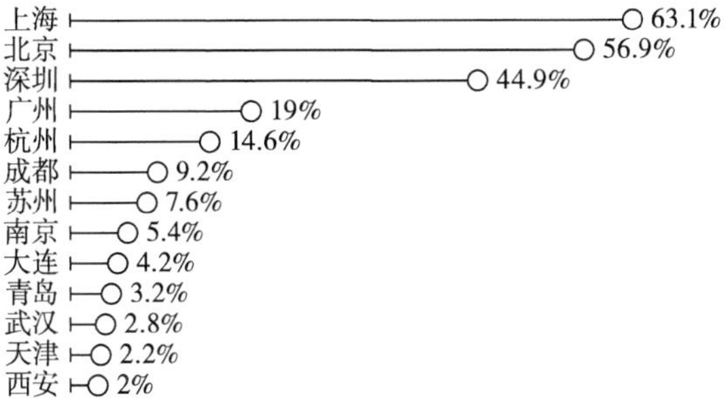

图 7-5　海外人才回国偏好的城市

资料来源：领英海外人才调研。

同时，从海外人才回国偏好城市来看，最偏好的国内城市是上海、北京、深圳，已经回国的海归人才所在城市中，上北深广四大一线城市领先，其中超过 60% 的海归人才聚集在上海和北京。（见图 7-5）杭州、南京、苏州等新一线城市紧随其后。中西部地区中，成都作为国家级中心城市，近年来迅速发展，对海归的吸引力最大，甚至超越了一些沿海城市。对城市的选择与当地针对海归人才的政策密切相关。上海市人才落户政策更加便利，新政策将“完成学业或进修结束后需二年内回国定居工作”限制性条款取消，吸引了大批在海外有丰富工作经验的人才。创业优惠政策方面，上海市的“浦江人才计划”与深圳市的“留学人员来深创业前期费用补贴政策”均为回国创业的海外人才提供了高达50万元的补助资金，北京有中关村科技园等提供创业辅导的孵化园区，相比于其他城市更理想的创业环境和创业补贴为具有企业家精神的海外人才提供了广阔的发展空间。

总体来看，人才分布情况和城市经济发展相契合，广西必须依托南宁、柳州、桂林等中心城市，加快提升城市现代化水平，加快实体经济发展，集聚更多的大型企业和跨国企业，建议设立驻外联络处，直接在海外招募人才，与海外行业协会合作，为海归人才创造更多的就业机会，进而吸引归国人才到广西创业创新。①

（四）做好人才的精准服务

在抓好人才精准引进的同时，必须做好人才的精准服务，尤其是做好人才服务的关键小事。通过“政府主导+社会参与”的人才服务模式让人才更好地融入地方、服务地方，让更多的人才在广西安下家、定下心，吸引更多优秀人才集聚，更多优质项目落户。② 要紧贴人才服务需求，从人才“关键小事”入手，实现人才服务再优化、再深入、再精准。建议借鉴山东等地经验，尽早实施“八桂惠才卡”，为人才提供各类优质服务，借

---

① 在引进海外人才的同时，要破除人才评价的身份门槛，建立尊重人才成长特点和学术活动规律的评价体系，充分考虑海归人才和本土人才在职业发展道路上各自面临的问题，发挥海归人才在学术建制中的作用，促进本土人才与海归人才的相互融合（戴立益．不唯身份重实绩，各类人才共成长[N]．文汇报，2019－03－29．）

② 人才发展环境与企业营商环境是一个地区的两个关键“环境”，近年来，国内多地尤其是中西部地区在营商环境中的一些精细做法和创新做法值得在人才发展环境中借鉴。举三例而言，其一，2003年芯片巨头英特尔筹备中国大陆投建封装和测试半导体产品工厂，西安和成都是最后的两个竞争对手，当英特尔公司考察团走出西安咸阳国际机场的时候，成都负责招商的人员就一路跟随，问及西安哪些条件不能满足英特尔，就马上反馈成都总部，而当英特尔公司考察团离开西安，抵达成都后，其在西安每一处不满意的地方在成都都得到了安慰，最后英特尔项目落户成都；其二，河南省在引进富士康项目中，河南省主要领导以及郑州的官员在会面后合影环节极力请所有调研的台商站在前排中间，这对到河南调研的台商留下了亲商、重商的深刻印象；其三，2017年陕西省召开首届世界西商大会，期间举办的第一个活动—“科技人才峰会”中，陕西省主要领导未坐在第一排，而是请前来的院士坐在第一排，体现了当地对人才的尊重，对技术的尊重和对知识的尊重，体现了当地在人才引进和招商引资过程中的精细与用心。

鉴浙江省金华市经验，精心策划绘制“人才休闲地图”，丰富人才休闲娱乐生活，让人才更好地融入广西。鼓励各市县及时更新全县各类人才信息，及时全面了解掌握各类人才的工作、学习、生活情况，对人才信息库实行季度性动态管理，对收录的人才职务调整、职称变化、工作调动以及奖惩、退休等方面的信息变化进行及时更新、完善，做到对各类人才“底子清、情况明、知现状、知去向”。同时，吸引和留住人才必须要有高质量、全配套的生活服务。当前，由于劳动力萎缩和就业偏好转移，相比父辈，许多年轻产业工人不愿意在工厂从事机械性劳动，企业招工变得越来越困难。从对广东企业尤其是制造企业的调查表明，企业开办托育机构是帮助吸引和留住工人尤其是技能人才的重要手段。① 广西要加强对基础性人才的留储，为吸引和留住高层次人才夯实基础条件和保障，如对引进的高层次人才直系亲属就读中小学、幼儿园采取“一事一议”方式予以解决。搭建人才招聘和人才应聘的公益性、高效运行平台，将以往收费性的招聘平台转变为依托大数据建设为支撑的公益性信息平台，为企事业单位招聘和人才求职搭建更为高效智能化的交流渠道。

七、抓好党政人才发展环境建设是关键一环

党政人才是各类人才中的关键类型，是人才政策的制定者、是人才环境的缔造者，党政人才发展环境优，则区域性人才发展环境就更易打造提升。要全力营造“干部能上能下，人才能进能出”的党政人才发展环境。“内卷化”是党政人才引进、培育和使用中最常出现的问题。这一概念最初由美国人类学家戈登威泽提出的，是指当达到了某种最终的形态以后，既没有办法稳定下来，也没有办法使自己转变到新的状态，取而代之的是不断地在内部变得更加复杂。② 20 世纪 60 年代末，美国人类文化学家利福

① Ben brand. China factories tempt workers with childcare offer. Financial Times, September 10, 2018.

② 郭卫民，刘为民．我国行政体制内卷化倾向浅析[J]．国家行政学院学报，2011(6)：37－41．此外，1996 年，美国学者杜赞奇提出“国家政权的内卷化”的概念，是指国家机构不是靠提高现有的组织机构的效能来推动社会发展，而是靠扩大非正式机构，把它们内卷于正式组织之中来行使权力。

德·盖尔茨曾在印尼爪哇岛生活过，潜心研究当地农耕生活，发现当地都是犁耙收割，日复一日，年复一年，原生态农业在维持着田园景色的同时，长期停留在简单重复、没有进步的状态，盖尔茨将这种现象称为“农业内卷化”（Agricultural Involution）①。党政人才由于职务晋升的内卷化，深刻影响地方政府官员的行为选择，并可能导致地方官员产生精神懈怠，甚至走向腐败。地方政府官员职务晋升内卷化的形成因素，除受制于经济绩效外，更在于年龄、政治关系网络及一票否决制和问责制的影响。基于此，为走出内卷化，必须从注重个人能力考察、强化竞争激励作用和重视多重方面考核着手进行调适。② 对于党政人才，必须避免“内卷化”现象，减少精神懈怠，防止走向腐败，要从制度设计着手，探究调适策略。

在党政人才发展环境中，帕金森定律是不可回避的。所谓帕金森定律，是指一般情况在行政体制运行机制下，自上而下风行的是“能级递减”，一流的找二流的当部属，二流的找三流的当下级，③ 平庸甚至愚蠢的下属多多益善，精明的对手往往被拒之门外，进而形成了一个机构臃肿、人浮于事、相互扯皮、效率低下的行政体系。④ 这种现象长期存在，但却往往难以得到改变。同时，要坚决反对使用两面人，早在2000多年前，荀子就对两面人有过分析。⑤ 毛泽东同志、刘少奇同志都曾批评两面人。⑥ 两

---

① Clifford Geertz. Agricultural Involution：The Process Ecological Change in Indonesia[M]. Berkeley，CA：University of California Press，1963，P. 80.

② 朱桔艺，陈芳．地方政府官员职务晋升的内卷化：成因及调适[J]．领导科学，2016(9)：19－21.

③ 诺斯古德·帕金森通过长期调查研究，认为一个不称职的官员，可能有三条出路，一是申请辞职，把位置让给能干的人；二是让一个能干的人来协助自己；三是任用两个水平比自己水平低的人来当助手，其结果往往是选择了第三条。

④ [英]诺斯古德·帕金森．官场病：帕金森定律[M]．北京：三联书店出版社，1982.

⑤ 引自《荀子大略》，荀子区分了“国宝、国器、国用、国妖”四类人，“口能言之，身能行之，国宝也；口不能言，身能行之，国器也；口能言之，身不能行，国用也；口言善，身行恶，国妖也。治国者敬其宝，爱其器，任其用，除其妖。”所谓“国妖”实际就是两面人。

⑥ 毛泽东同志批评两面人“当面不说，背后乱说；开会不说，会后乱说”“说的是马克思主义，行的是自由主义；对人是马克思主义，对己是自由主义。两样货色齐备，各有各的用处”。刘少奇同志则从共产党人的修养层面对两面人进行揭露：喜欢投机取巧，双方讨好，到处逢迎，看人看势说话，顺风转舵，毫无原则。这种人就像寓言中的蝙蝠一样，看哪一方面行时，他就投到哪一方面去（许忠明．始终对党忠诚老实　坚决反对做两面人[N]．人民日报，2018－07－02.）

面人是党政人才培养和使用过程中面临的突出问题，对社会发展危害极大，污染人才环境。

党政人才引进、培养和使用过程中往往存在“能进不能出、能上不能下”现象，必须尽快扭转这一被动局面，从根本点、关键上夯实广西打造具有竞争力人才发展环境的基础。一是注重个人能力的考察，削减年龄因素的绝对占比。更多地对党政人才工作业绩和履职能力进行考察，并适当引入民意测验，完善群众民主推荐测评环节，而不是简单唯年龄“一刀切”,[①] 更不能忽视对地方政府官员个人能力的考察。二是强化竞争激励作用，打破政治关系网络壁垒。破除长官意志，拓宽选人用人渠道，在一定条件下扩大竞争上岗和公开选拔的范围，尤其是对一些专业性不太强的职位更应当通过这样的方式选出最合适的人选。三是重视多重方面的考核，防止一票否决制和问责制的滥用。对党政人才的考核标准应当多元化，对不同指标进行量化并赋予权重，以降低上级主要领导自由裁量的空间，确保考核的客观性、真实性和有效性，不使真正优秀的人才因瑜不掩瑕而停滞不前，也使那种抱有“没有错即是功”想法的人难有立足之地。要根据地区、部门的差异，明确问责的适用范围和程序，限制一票否决指标的随意设置，不使地方政府官员轻易被一票否决或问责而影响晋升，最大化地避免地方政府官员职务晋升的内卷化。

近年来，全国各地纷纷出台新政策、新举措，从公务员的录用、在岗考核和退出等多个层面入手，加大探索创新力度，加强人才队伍建设。广西应积极借鉴南京江北新区[②]和浙江舟山等地的试点经验[③]，试点聘任制公务员和政府雇员制，创新干部人事管理制度，推动干部能上能下、能进能出。按照“人随事走”原则，推动人岗相适，依托遴选、挂职等方式外部引才。鼓励基层及各类园区，采取“小政府大社会”发展思路，实施大部

---

① 2014 年 1 月，中共中央印发的《党政领导干部选拔任用工作条例》第一章第三条规定：“应当注重培养选拔优秀年轻干部，注重使用后备干部，用好各年龄段干部。”

② 2018 年 4 月，南京江北新区发布《南京江北新区法治政府建设实施规划(2018—2020 年)》。

③ 浙江省舟山市试点公务员聘任制，通过人选报名、资格审查、专业素质评估、专家面谈、考察体检、公示审批等层层选拔确定最终人选，采用聘任合同管理，实行市场年薪。

制扁平化管理。在人员使用方面，打破了公务员、事业单位、企业的身份限制，实现了双向任意流动。在部门副职竞聘中，无论身份、级别的区别，因才突出，努力实现了人才的流动和发掘。同时，对公务员进行诚信管理，建立诚信档案，信用记录直接跟干部考核、任用、奖惩挂钩。

党的十九大报告指出，“大力发展储备年轻干部，注重在基层一线和困难艰苦的地区培养锻炼年轻干部，源源不断选拔使用经过实践考验的优秀年轻干部”。人在事上练，刀在石上磨。为在基层锻炼的年轻干部更好地了解和掌握基层概况、化解突出问题和矛盾，是其成长、成才的重要路径之一。① 2018 年 6 月 29 日，中共中央政治局审议《关于适应新时代要求大力发现培养选拔优秀年轻干部的意见》，提出要及早发现、及时培养、源源不断地选拔使用适应新时代要求的优秀年轻干部。② 广西要进一步推进年轻干部工作制度化、规范化、常态化，培养选拔优秀年轻干部，要做到全过程紧跟，严防成长黄金期变成危险期、早衰期。

八、深化科技体制改革是当前的关键任务

人是最具创新活力的因素，坚持创新驱动实质上是人才驱动。全部科技史都证明，谁拥有了一流创新人才、一流科学家，谁就能在创新发展和高质量发展中占据优势。习近平总书记在中国科学院第十九次院士、中国工程院第十四次院士大会上明确提出，要尊重人才成长规律，解决人才队伍结构性矛盾，构建完备的人才梯次结构，要加强人才投入，优化人才政策，营造有利于创新创业的政策环境，构建有效的引才用才机制。当前科技体制改革已经到了紧要关口，必须进一步深化改革，其中最为关键的是要充分激发科技人才的创新活力。对于欠发达后发展的广西而言，必须通过解放思想，着力推进科技体制改革，如果说改革开放初期的解放思想更多的是释放生产力，那么新时代的解放思想关键是要激活创造力，这其中

① 扎根基层干事，“墩苗”不走过场[N]. 人民日报，2018 - 09 - 04.

② 粟用湘. 让优秀青年干部不断涌现[N]. 人民日报，2018 - 10 - 15.

包括了技术创造和智慧创造，也就意味着自然科学和社会科学同等重要。全面深化科技体制改革的关键一招，就是要通过创新人才评价机制，建立健全以创新能力、质量、贡献为导向的人才评价机制，形成并实施有利于科技人才潜心研究和创新的评价制度。这其中改变“重物轻人”是关键之关键，“重物轻人”在创新实践中，直接表现为对“物”和“人”的重视程度不同，比如，在科研经费投入和使用中，仪器设备等“物”的费用占了大头，而用于“人”身上的劳务费用、激励费用都较低。对于欠发达后发展的广西而言，必须改变对人才的落后认识，必须松绑对人才的捆绑束缚，必须有更大的力度破除“重物轻人”弊端，必须紧紧围绕人这个核心来设计更具力度、更加合理、更富关怀的政策，才能从整体上改变“重物轻人”的观念，激发广大科研人员潜能，从根子上提高对创新人才的吸引力，才能形成具有竞争力的人才环境，才能形成越位提升的关键动能。

专栏7－6　深化科技体制改革、激发人才活力的建议

创新的本质是人的创造性活动，是智力创造而不是体力创造，人是科技活动的核心。

——改革经费使用和分配机制，真正激发人才创新活力。科研经费中人力薪酬在科技创新活动中起着非常重要的作用。建议在经费使用中明确规定人员相关费用占比可以提升至50%甚至更高，建立起科研人员合理的收入机制。

——改革科研考核、评价机制，为科研人员减负松绑。要改革现行的科研考核评价机制，淡化考核指标，为科研人员提供宽松的成才环境；深化科技领域“放管服”改革，赋予科研人员更大的人财物自主支配权，充分调动积极性。

——发挥市场对要素价格的导向作用，让市场真正在创新资源配置中起决定性作用。要真正通过市场机制来体现人才价值、给知识定价，要舍得给予丰厚的待遇。甚至在人才争夺中早早出手，用多种方式获得顶尖人才。

——通过市场手段打通科技成果转化通道，让人才、成果、机构都“活”起来，让科学家富起来。将科研成果积极进行转化，让科技成果的创富效应更加显著，创新驱动的作用就会更加突出。

资料来源：破除“重物轻人”观念，深化科技体制改革［N］．人民日报，2019－07－08.

九、利用新政策新条件，努力推动人才“逆流”

从当前区域发展差距以及人才流向的总体趋势看，欠发达地区整体仍在向发达地区和一线城市流动，但一些新政策的出台和新条件的形成，有利于广西充分利用契机，努力推动和人才部分领域、部分行业或局部性的人才“逆流”。

（一）利用港澳台居民居住证办法发放契机，积极引进和吸引港澳台人才

党的十九大报告中，习近平总书记指出：“全面推进内地同香港、澳门互利合作，制定完善便利香港、澳门居民在内地发展的政策措施”，“扩大两岸经济文化交流合作”，“逐步为台湾同胞在大陆学习、创业、就业、生活提供与大陆同胞同等的待遇。”2018 年 8 月 6 日，国务院办公厅印发《港澳台居民居住证申领发放办法》（国办发〔2018〕81 号），并于 9 月 1 日正式实施，这是一项造福于民、广受港澳台同胞欢迎的好政策。① 目前，国内相关行业的企业利用优厚的薪酬和福利待遇吸引台湾人才。② 以芯片行业为例，北京、上海包括青岛等地的芯片制造商都积极提供高薪、优厚福利和更高级别职位吸引台湾工程师，青岛的一家集成电路企业招聘的 120 名工程师中约 1/3 来自台湾地区。同时，2018 年迄今已有 300 多名台

---

① 据不完全统计，自《港澳台居民居住证申领发放办法》9 月 1 日实施至 9 月 10 日止，已有超过 2.2 万名台胞申领了居住证（人民日报，2018－09－13.）

② Yimou Lee. China lures chip talent from Taiwan with fat salaries, perks, Reuters, Business News September 4, 2018.

湾资深工程师跳槽至大陆芯片企业。北京自2014年设立国家集成电路产业投资基金以来，已有其他近千名台湾同行赴大陆工作。[①] 广西要充分利用政策契机，梳理产业人才清单，以电子信息产业为例，台湾电子信息产业具有雄厚的积累，尤其是在人才方面，广西要立足产业发展，营造具有竞争力的人才环境，积极吸引台湾高技能工程师。[②]

（二）依托高铁经济带，融入粤港澳经济圈，推进人才“逆流”

当前，南广高铁经济带和贵广高铁经济带在高速铁路和各类站场建设不断完善的基础上加快形成，并对区域之间人才流动形成了以珠三角为中心的虹吸效应。2018年7月，国务院批准实施《粤港澳大湾区发展规划纲要》，未来大湾区与高铁经济带建设将形成极强的互动效应。目前，以南宁和桂林为例，南宁至广州、桂林至广州最短时间为3小时15分、2小时17分。2018年9月23日，广深港高铁开通，全国44个车站直达香港，覆盖粤港澳大湾区多个城市，可一小时内到达，将加快珠三角重点城市一体化进程。同时，每日有一班列车开往北京、上海等大城市外，[③] 并辐射多个周边城市和旅游城市，桂林至香港高铁运行时间为3小时16分钟。香港作为国家对外开放的重要窗口，高铁通车让这个国际自由港与内地的联系将达到前所未有的紧密。根据香港特区政府统计，香港与内地日均跨境往来超过65万人次，相当于一个移动的中等城市。[④] 广西要充分预期高铁建设对人才流动所带来的各方面影响，并积极提出应对策略。要研究制定引进香港高层次人才的策略，在香港设立人才离岸中心，在留住本地高层次专业人才的同时，更多更好地吸引港澳高层次专业人才关注广西发展、参与广西经济社会发展。要积极对接香港创新科技项目实施，加强针对性吸引人才。

---

① 大陆企业优厚待遇吸引台湾芯片人才[N]. 环球时报,2018-09-05.

② 2018年9月1日,广西台协会长周代祥在南宁申办了大陆第一张台胞居住证,9月2日,在广西中医药大学就读的卢卓君申领港澳台居民居住证,成为广西首位领证的香港居民。

③ 广深港高铁香港段开通运营后,从香港西九龙站出发,至深圳福田站的列车最短运行时间14分钟,至广州南站的列车最短运行时间47分钟,每天班次多达34次,至上海虹桥站为8小时17分钟,至北京西站为8小时56分钟。(人民日报,2018-09-11.)

④ 黄芷渊. 香港应抓住“高铁新时代”契机[N]. 环球时报,2018-09-12.

（三）设立离岸创新中心，打造“引智”的“国际桥头堡”

面临人才流失和引进困局，必须充分考虑设置“离岸创新中心”，跨区域利用一些难以引进的高精尖人才，以解决本地技术孤岛和人才孤岛的难题。通过打造拓展国际化业务的服务支撑中心、高科技项目的海外预孵化和加速器基地、海内外科技成果转移转化平台、高层次创新创业人才培育和引进的前哨站、国际资本投资合作的枢纽，在人才培养与交流、技术研发与合作、资本服务对接、企业国际市场拓展、离岸创新孵化、创新成果转化与交易等方面与硅谷实现资源互通。① 通过设立离岸创新中心的方式，有助于解决本地高等级人才的科技创新和产业创新问题。设置海外孵化或者研发基地等离岸人才中心，可以引进和利用中小城市永远不可引进来的人才资源。建议在中国香港地区、新加坡、洛杉矶、特拉维夫等地设立离岸人才中心，与相关产业园区和高校院所展开深度合作，加大在人才、项目、资本等高端双创资源上的深入联动，打造广西引进人才、技术和项目的“国际桥头堡”。通过人才“国际桥头堡”，宣传广西整体环境、产业布局和政策信息，进而推动广西人才发展环境的国际空间。积极对标国际，连接全球资源，吸引国际高端人才向广西集聚，设立英国、欧洲、日本（东京）3 家海外高层次人才联络站。柔性引进国际高端人才服务广西经济社会发展。联络站的主要职能包括面向海外高层次人才宣介广西经济社会发展情况、创新创业环境及人才优惠政策；发布广西对创新创业项目、高层次人才及创新创业团队的需求信息；向广西推荐海外高层次人才、介绍有意与广西合作的创新创业团队及高新科技项目；与海外高层次人才及华人华侨团体建立经常性联系等。

（四）依托东盟博览会，强化人才集聚交流效应

中国—东盟博览会已逐渐成长为中国连接东盟的国际大通道，促进了

---

① 美国硅谷是全球科技创新高地，近年来国内多个城市在此设立离岸创新中心，旨在促进两地人才、技术、资本、市场等领域的资源互通与全方位合作。2018 年 7 月，西安高新区北美（硅谷）离岸创新中心正式揭牌，该中心将致力于构建国际化服务平台，以更好地对标国际化一流园区。

中国与东盟资源、技术、人才等要素的高效配置。广西已成为东盟国家学生来中国留学的热门省区之一。近年来，广西和东盟各国200多所院校建立合作关系，设立了东盟国家留学生政府奖学金。据统计，广西有近万名东盟留学生，是东盟留学生最多的省区。要依托借助中国—东盟博览会，探索创新区域性乃至全球性的平台交流学习平台，借鉴相关地区或城市经验，① 进一步强化博览会的人才集聚交流效应。通过各种现场的、感官的多维认知，让本土人才有更多的接触前沿、了解前沿、引进前沿的机会，加强人才交流、参考和学习。如2018年9月17日—19日，世界人工智能大会在上海举办，70%来自企业，会集世界顶级嘉宾200多人，包括商界精英，以及人工智能领域全世界顶尖的专家学者。

十、鼓励中心城市设立人才局，探索组建全区人才局

2017年以来，为更好地推进人才战略，浙江金华、江苏泰州、湖北武汉等地先后成立了专职负责人才引进的招才局。武汉市招才局成立后，抓紧建立招才项目库，摸清各行各业的人才需求行情，绘制“招才地图”，形成全市统一品牌、统一评审、统筹政策、共享资源的引才新模式。② 广西要积极借鉴相关经验，推动人才体制机制改革的探索创新，抢抓国际人才流动增加战略机遇，采取“虚拟机构、实体运行”模式，成立广西人才局，聘请广西籍或有紧密联系的知名企业家作为“招才顾问”和“招才大使”。成立招才局不是简单挂“一块牌子”，也不是简单聚合“一套人马”，组织架构、运行机制都是全新的，而是围绕整个招才引智工作链，聚焦关键环节，策划开展系列招才引智推介活动，量身定制“招才项目”，

---

① 2017年11月，首届“全球程序员节”在西安市开幕，由中国电子信息行业联合会与西安市人民政府联合主办，作为程序员群体的盛会，全球程序员节以“Coding the Future”（码未来）为核心主题，首届全球程序员节以“数字丝路　码动未来”为年度主体，第二届“全球程序员节”于2018年10月在西安高新区举办，主题为“数字世界，码动未来”。

② 2018年江西省成立了首个高层次人才产业园——江西赣州（章贡）“千人计划”人才产业园，为高层次人才搭建干事业的平台，虽然在加强引才的精度和广度还有不足，但这种模式值得推广借鉴，也是作为欠发达后发展的广西值得学习的地方（赖永峰．为老区发展提供人才支撑[N]．经济日报，2019－02－17.）

"一人一策"做好服务。

建议南宁、柳州和桂林等中心城市设立人才局，改变以往各部门引才工作"分兵作战"、招才活动"各行其是"的状况，打造一批具有影响力的品牌活动。要将分散在组织、人社、科技、工信等部门的招才引智工作进行整合，减少职能交叉，统筹安排人员力量，在人才工作推进、人才政策支持、重大活动开展、人才服务落实、人才工作宣传、目标责任考核等方面进行统筹，打造招才引智工作的"城市样本"。强化对各中心城市招才引智工作的牵头抓总、宏观指导、综合协调和督促检查等职能，力争在招引高层次人才和创新创业人才上实现更大突破。

十一、实施"大数据＋人才""互联网＋人才"发展策略

建立"广西高层次人才服务信息系统"，为高层次人才提供便捷的政策办理渠道。信息系统分三期建设完成：一期规划目标为集成服务专员配备、八桂惠才卡申领、高层次人才津贴补贴申领、绿色通道服务等子系统，实现高层次人才服务的"制度、事项、平台、规范"四统一。二期规划目标为拓展系统平台中各市、县（市、区）高层次人才信息管理功能，为各市、县（市、区）管理服务本级重点高层次人才提供系统支持，构建职责清晰、层级明确、梯次提升的高层次人才服务信息系统。三期规划目标为建设数据全面准确的高层次人才信息库，推动实现高层次人才服务信息资源全面共享。

建议尽早建立人才项目库和大数据平台，建立人才建设大数据监测和分析服务体系，打造基于大数据的广西"人才云"。通过大数据分析手段准确了解和动态掌握人才供需情况，设立人才专栏，发布人才供求信息，为人才流动提供平台支持。建立可靠、准确、庞大的人才数据库，明确和细化各类人才需求和供给，前瞻性储备人才，完善人才服务网络，打造人才服务品牌。对重点领域的领军人才、领军企业、企业家、创新创业团队等，"量身定制"招才项目，实行人才工作项目化管理。通过人才大数据来分析和制定广西人才战略规划。

推进拟成立的自治区人才局和中心城市人才局，联合广西大数据发展局、广西数字投资集团，积极采用大数据手段，瞄准人才数据跟踪人才引进、培育、使用、留住“人才全链条”，提高人才数据挖掘和分析能力，优化人才引进过程，提高人才匹配精度和成长效率，通过大数据分析，提高广西人才保留率。利用大数据更好地掌握人才流失、技能缺口、薪酬待遇、政策环境等细分问题。举例而言，如要探究人才流失原因，可以查阅人才问卷、360度评价、薪酬历史和晋升历史，进而形成更加有效的应对策略。针对经济发展的关键短板，实施大数据策略，如通过建设“广西数字经济人才公共服务平台”，吸引全国甚至全世界的数字经济人才以众包或在线合作的模式为广西经济社会发展贡献力量，实现“智在全球，为桂所用”①。鼓励企业利用大数据手段，显著提高招聘质量，优化战略决策，通过对招聘过程各个阶段进行数据监控，对候选人、员工、招聘渠道、岗位等方面的多维度数据进行收集分析，对选用育留等相关问题形成更深层次的理解，为招聘工作的优化和改进提供更加明确的方向。

十二、创新企业人才整合模式

从人才发展环境的培育打造来看，企业尤其是民营企业的人才发展环境和人才使用机制并不在政府能够统筹协调的范围内，但企业人才发展环境恰恰是一个地区打造具有竞争力人才发展环境的关键构成。新时代下，广西企业人才发展不仅仅面临着人才竞争力薄弱的挑战，还面临着人才引进和使用机制创新不足的影响。合伙时代（Partnership Age），人是唯一的资源，合伙人大于一切。② 要引导广西各类企业包括国有企业积极使用新时代尤其是互联网时代人才使用特征和人才环境的新变化，积极探索推进

---

① 数字经济，数“才”为要[N]. 广西日报，2018-09-12.

② 刘育良. 合伙时代：新竞争模式下的企业人才整合之道[M]. 北京：中国商业出版社，2017.

合伙人、首席技术专家等新机制。[①] 更加尊重企业在人力资源配置中的主体地位，为人才成长发展铺路搭桥，让更多人才来得了、待得住、用得好、流得动，必须要把正确的人放在正确的岗位，正确评价其绩效，并给予正确的价值回报，为提升产业经济发展能级和竞争力贡献力量。

---

① 2014 年以来，合伙人制度在国内企业尤其是新兴产业领域得到积极推进，马云因不愿放弃合伙人制，放弃了与港交所的博弈，转而投向纽交所；万科于 2014 年召开“合伙人创始大会”，有 1320 位员工成为首批万科事业合伙人；2016 年初，360 集团董事长周鸿祎宣布拿出 10% 的股份寻找合伙人，并认为在“大众创业、万众创新”时代，要设计一个吸收人才的蓄水池，将新人的利益与企业的未来紧紧捆绑在一起。

专题研究报告是在调查研究、实地考察和持续跟踪基础上，围绕“十四五”推进经济高质量发展和提升内生发展动能，结合广西区位通道优势和要素集聚优势，聚焦“关键战略”而形成的具有探索性、创新性的研究，以便更好地支撑和打造具有竞争力的人才发展环境。

专题报告一：依托西部陆海新通道建设，加强与西部高校深度合作

一、依托西部陆海新通道，加强与西部高校深度合作面临战略性机遇期和转折性窗口期，并集中体现在四个方面

一是加强与西部高校深度合作将是做实做强西部陆海新通道、超过一般性通道建设的重要战略选择。当前，自治区党委政府立足广西区位条件和比较优势提出和实施“南向北联东融西合”发展战略，实现了区域开放合作的精准对接，其中陆海新通道在这一发展战略和开放格局中具有关键性的战略作用。我们认为对陆海新通道建设要有一个全新的认识，陆海新通道以重庆为运营中心，以广西、贵州、甘肃、四川等为关键节点，旨在打造有机衔接“一带一路”国际西部陆海新通道，从这一界定来看，所谓的“南向”事实上是从重庆为出发点的“南向”，这与我区的“南向”有所不同，未来推进陆海新通道的关键和基础在于做好“北联”。我区推进陆海新通道建设，必须充分总结西南出海大通道建设的经验和不足，西南出海大通道建设为陆海新通道建设奠定了基础，但由于腹地经济相对薄

弱、涵盖区域不够广，且局限于区域功能性战略定位，在发展上存在先天的不足。陆海新通道建设为我区开放合作带来了历史性机遇，更为西部大开发提供了新的战略选择，对广西而言，要把陆海新通道做实做强，就必须摆脱和超越物流功能性通道建设，必须与实体经济发展和人才、科技、信息等各类要素充分流动合作相结合，必须把通道建设与北联战略有机融合推进。

二是随着西部高铁战略通道的不断完善，推进与西部高校深度合作的条件将更趋成熟。陆海新通道建设将促进广西与贵州、四川、重庆等西南地区以及甘肃、陕西等西北地区的紧密合作。未来 5 年将是西部高铁建设的突破期，西成高铁于 2018 年 1 月开通，西部两大中心城市通行时间缩减到 3. 5 小时，成贵客运专线于 2019 年 12 月建成通车，渝西高铁、贵南高铁预计于 2013 年前后建成通车。待西部高铁体系建成完善后，南宁至成都的时间将缩减到 5 小时，南宁至重庆的时间将缩减到 4 小时左右，南宁至西安的时间将缩减到 6 小时，桂林与上述城市之间的高铁通行时间也将进一步缩短。届时，南宁、桂林等城市与西部三大中心城市的经济往来将更加密切，合作空间也将显著扩大，为推进与西部高校深度合作形成更加有利的条件。

三是加强高校深度合作是深圳、苏州已经践行证明成功的经验，也是青岛甚至贵阳等城市积极推进的战略举措。从 20 世纪 90 年代开始，深圳市就着手推进与国内著名高等院校合作办学、建立分校等，相继与清华大学、哈尔滨工业大学、武汉大学、南京大学、西安交通大学、西北工业大学等高等院校合作正式建立了分校，开展学生培养和教学科研等活动，这为之后深圳一大批独角兽企业的涌现和创新创业型企业的大批涌现奠定了坚实的基础，提供了大量高层次人才支撑。之后，苏州市结合产业发展需求与武汉大学、西安交通大学、四川大学、西安电子科技大学等高校合作，引进成立了实体性的研究院。2016 年以来，青岛市与清华大学、北京大学、复旦大学、同济大学、山东大学等国内一流高校尤其是东部地区高校签署了合作协议，相关高校在青岛设立分校及相关研究机构。2018 年 1

月，贵阳市联合电子科技大学等成立了全国首个国家大数据工程实验室。此外，国内多个地区和城市均在积极推进与相关高校的产学研深度合作。实践证明，这是科教力量薄弱地区实现创新发展的一条有效有利的路径。

四是加强与西部高校深度合作，发展有需求，合作有空间。在之前的985高校中，陆海新通道沿线共有7所985高校，在目前全国一流大学建设高校中，陆海新通道沿线共有9所一流大学建设高校（新增云南大学和新疆大学），在一流学科建设高校中，陆海新通道沿线共有16所高校，并主要集中在西安、成都和重庆三个城市。在2018年教育部学科评估中的36个工科评估结果中，西安交通大学在机械工程、材料科学与工程、动力工程、电气工程、电子科学与技术、计算机科学与技术等8个学科，西北工业大学在材料科学与工程、计算机科学与技术、航空宇航科学与技术等5个学科，电子科技大学在光学、电子科学与技术、信息与通信工程、控制科学与工程、计算机科学与技术等5个学科，重庆大学在仪表科学与技术、电气工程等2个学科，西安电子科技大学在电子科学与技术、信息与通信工程、计算机科学与技术等3个学科；四川大学在化学工程、软件工程、生物医药工程等3个学科均被评估为A类学科。而目前广西大学“双一流”建设学科的土木工程仅为B^-，甚至不及兰州理工大学、兰州交通大学的土木工程学科，而广西在36个工学学科中，仅拥有13个，缺失23个，在学科实力和评估等级方面，获评A类的没有，主要为B、B^-、C、C^+、C^-类，学科建设对高质量发展的支撑能力明显偏低。深化高校合作、密切学科建设是广西发展的现实需求。同时，近年来在东部发达地区各项吸引政策下，西部高校尤其是上述高校存在明显的人才流动问题，教育部于2017年8月出台了《关于加快直属高校高层次人才发展的意见》，明确提出要坚持正确的人才流动导向，鼓励高层次人才向中西部和东北地区高校流动，不鼓励东部地区高校从中西部、东北地区高校引进人才，而在吸引东部人才面临困境的情况下，发挥广西的区位优势、生态优势等，加强与西部高校深度合作是国家政策导向。总体来看，依托陆海新通道建设，加强与西部高校深度合作是广西填补人才短板、突破创新瓶颈、搭建合作平台的重要战略选择。

二、依托西部陆海新通道建设，加强与西部高校深度合作

习近平总书记很多次强调，人才是第一资源，创新是第一动力。陆海新通道建设将是广西突破发展困局、拓展发展腹地、实现长远发展的战略举措，但必须要转变以往的发展模式，将陆海新通道建设从物流功能性通道建设提升到战略性通道建设层面。

一是建议尽早开展深入的系统专题研究，梳理合作清单，列出合作名单。当前，陆海新通道建设正处于加快推进阶段，可以预期的是未来 3～5 年将是陆海新通道夯建基础、壮大规模的关键阶段，同时，随着西部高铁通道建设的不断完善，与西部高校开展深度合作应当尽早提到议程上。应尽早开展深入的系统专题研究，梳理与西部高校开展深度合作的学校清单、专业清单和各类事项清单，充分借鉴深圳、苏州、青岛等地开展相关合作的成功经验和有效做法，研究合作过程中可能存在的问题和瓶颈因素，为进一步加强沟通和推进协调奠定基础。

二是建议将桂林、南宁作为两大合作集聚地和承载地，配套将北海打造成为人才高地。从目前广西学科建设布局来看，理工科专业集中布局在桂林、南宁两市。要注重提升桂林的地位，着力强化与桂林电子科技大学与西安电子科技大学、电子科技大学之间的对口合作，强化广西大学与西安交通大学、重庆大学、西北工业大学等高校之间的合作，强化广西民族大学与西北大学、兰州大学等高校之间的合作。在桂林和南宁，结合实体经济发展，建立若干建设目的明确、合作方向清晰、要素保障有力的实体性研究院，服务于粤港澳大湾区和西部陆海新通道建设。同时，要充分发挥北海的生态环境和休闲养生优势，积极集聚新通道沿线人才向北海集聚，努力打造北部湾人才高地。

三是两个突出：突出与 985 高校合作、突出与工科领域合作。建议依托陆海新通道，加强与西部高校的深度合作尤其是西安交通大学、西北工业大学、电子科技大学、西安电子科技大学、重庆大学以及四川大学和兰

州大学等的深度合作。理工科尤其是工科建设对于一个地区产业发展尤其是高质量发展具有深远的影响。以合肥为例，这是一座长期“不显山水”的城市，事实上，合肥市早在1982年被国务院确定为全国四大科教基地之一，2004年合肥作为全国首家国家科技创新型试点城市建设正式启动，中国科学技术大学、合肥工业大学、中科院驻皖科研机构等一批科研院所奠定了合肥“理工类”的城市气质，更为合肥市获批建设综合性国家科学中心奠定了基础。同时，要积极推进探索与西北农林科技大学之间的合作，共同打造国际贸易陆海新通道的绿色农业科技走廊。

四是建议可考虑利用西安交大—利物浦模式推进与西部高校深度合作。建议可考虑采用西安交大—利物浦大学的组建模式推进与新通道沿线高等院校的合作，积极引进新加坡南洋理工大学在广西与西部地区沿线高等院校的合作，将北部湾大学作为载体选择之一，创新组建模式，开展联合办学，鼓励广西大学、桂林电子科技大学、桂林理工大学、广西科技大学与西安交通大学、西北工业大学等开展实质性合作。积极引进西北农林科技大学和陕西科技大学，发挥学科优势和专业优势，在广西设立北部湾学院，共同提升广西农林加工、食品加工等领域优势。

五是建议加强前期沟通协调和配套政策制定。建议自治区相关部门在做好前期深入研究基础上，主动上门、积极衔接，做好与相关高校、相关省份和相关城市的交流对接，避免引起当地政府的误解。同时，建议自治区相关部门尽早批准成立陆海新通道沿线相关高校在桂校友会机构，充分发挥校友会在人才吸引、平台共建等方面的作用。

六是注意处理好省际合作与省校合作关系。在加强与西部高校深度合作的过程中，要注重与高校所在地的协调，要突出双方合作的共同利益，加强沟通协调，这其中是有一定的经验需要吸取的。要妥善处理好省际合作关系和省校合作关系，寻找共同发展、共享发展的最佳切合点。

专题报告二：谋划和建设中国—东盟创新港

一、动能转换滞缓、创新驱动乏力已成为制约广西发展的关键

推进和实现高质量发展的根本在于发展动能的转换，关键就是要从产能扩张投资转向创新驱动投资，这也是建设现代化经济体系尤其是构建全产业链现代化产业体系的重要保障。但从实际来看，我区所面临的挑战十分严峻。

一是从新旧动能转换发展来看，“十三五”以来，我区面临经济下行压力增大，虽然地区生产总值于2018年突破2万亿元，三次产业结构从2015年的15.3∶45.8∶38.9调整为2018年的14.8∶39.7∶45.5，但工业带动经济社会发展的主导作用和对经济增长贡献作用呈现明显下滑态势，而结合我区处于由工业化中期向后期迈进关键阶段的现实，我区在未完成工业化中期积累的情况下过早进入“三二一”产业结构，存在“过早去工业化”和脱离现代产业体系建设轨迹的风险，这其中关键在于新旧动能转换滞缓。当前，我区工业发展面临的“断层缺位”问题非常明显，与周边地区相比，贵州以大数据产业引领转型升级，湖南着力推进智能制造和非洲合作，江西举办世界VR产业大会，积极谋划VR/AR产业发展，而我区产业转型升级、动能转换步伐明显偏慢，面临着“亮点不多、亮度不高”的局面。从新旧动能转换来看，传统支撑力趋弱，新兴增长点不足，产业链短、附加值低的问题非常突出，高新技术制造业增加值占比从2016年的

8.4%下降到6.2%，六大高耗能行业依然占据四成，产业链主要集中在中低端环节，缺乏深加工产品、终端产品和高端产品，产品附加值不高，龙头带动力不强，“双百双新”项目中真正具有高端引领能力的依然不多。而构建“前端有技术支撑、终端有生产协同、后端有市场销售”的高质量全产业链现代化产业体系的关键在于要有前端的技术支撑。

二是从科技创新投入发展来看，“十三五”以来，我区深入实施创新驱动战略，设立了50亿元创新驱动发展专项资金，积极推进形成创新“强磁场”，区域创新能力有所上升，科技在推动经济社会高质量发展中的显效度、支撑度、认可度显著提高。但从科技投入结构来看，依然以政府资金引导为主，且超8成投入到高校和研究机构。2018年，全区研发（R&D）经费支出占GDP比重仅为0.77%，远低于广东、江西、湖北、四川等省份，仅为全国平均水平的1/3，高技术产业占比不到湖南的1/2、江西的1/3。全区规上工业企业中超过九成没有研发活动。国家级企业技术中心仅12家，不足全国的1%，我区研发（R&D）经费投入规模仅为142.2亿元，而广东则为2343.6亿元。更为严峻的是，我区研发投入强度从2013年的0.75%（全国第24位）下降到2018年的0.71%（全国第27位），也就是说在研发投入强度上呈现投入比重下降、全国排位下降“双下降”的尴尬局面。创新人才严重不足、创新平台普遍紧缺、创新产出绩效不高问题突出。

三是从与周边地区的对比来看，当前我区所处的区域发展竞争环境不断激烈，呈现“标兵越来越远、追兵越来越近”的严峻形势，2018年江西省地区生产总值超过广西，云南、贵州规模虽小于广西，但上升速度明显，追赶越来越紧。从2010年以来的增速来看，广西下跌幅度明显大于周边地区，且2018年增速均低于云黔湘赣四省。与周边地区相比，我区产业发展和新旧动能转换存在“一缺三不足”的特征，即产业断层缺位严重，前端技术支撑不足、中端生产协同不足、后端市场营销不足，对于“十四五”推进高质量发展带来极大的挑战。未来五年周边地区发展将呈现新的发展走势和发展特征，各地将进一步强化比较优势和特色优势，提升创新能力将是主攻方向。按照不同情境对广西与周边地区的比较分析，未来五年广西要实现区域性发展突围，则至少应保持高于周边地区 1.5 ~2 个百分点的增速，从目前发展趋势来看，难度很大。同时，根据近期我们对 12 个产业集群和 23 条产业链的分析来看，几乎无一例外的存在创新能力不足的问题。当前，自治区和各地正在积极谋划“强龙头、补链条、聚集群”发展，总体来看，创新链的缺失始终是最大的问题，如果这个链补不上的话，推进高质量发展的难度将极大。因此，“十四五”期间，必须加快夯实前端创新链、学科链基础，隆起中端产业链，提升终端价值链，推动“四链”合一协同发展，形成产业发展生态链，才能避免掉进产业结构转型升级的陷阱。

二、中国西部科技创新港为谋划和建设中国—东盟创新港带来新启示

2015 年 10 月，教育部和陕西省人民政府签署战略合作框架协议，明确携手共建中国西部科技创新港，服务国家战略和地方发展。中国西部科技创新港—智慧学镇（简称“创新港”）是教育部和陕西省人民政府共同建设的国家重大项目，是陕西省和西安交通大学落实“一带一路”、创新驱动及西部大开发三大国家战略的重要平台，由西安交通大学与西咸新区联合建设，选址于西咸新区沣西新城，总占地面积 23 平方公里，建设用地面积 10.5 平方公里，目标是打造成为世界一流的中国西部科技研究中心，创新人才的培养中心，科技成果的转化中心，定位为“国家使命担当、全球科教高地、服务陕西引擎、创新驱动平台、智慧学镇示范”。

中国西部科技创新港由核心区与产业区构成，核心区约 5000 亩，其中科教板块 2100 亩，整合科研、教育、转孵化、综合服务四大功能，以新能源、新材料、装备制造、信息技术、航空航天、大数据、生态环保、生物医药等重要领域为主攻方向，围绕工、理、医、社科四大方向建立 23 个研究院和 100 多个研究所，各类平台向全社会开放。与世界 500 强企业共建校企联合研发中心、技术创新联盟、工程实验室或工程中心，形成国际化

的产业创新基地，成为“校区、园区、社区”三位一体的创新体、技术与服务的结合体、科技与产业的融合体。同时，与世界顶级理工大学之一米兰理工大学联合建立联合设计学院，依托创新港建设，联合打造新的科技和教育中心。创新港于2017年3月开工，2019年9月全面启用，项目建设中采用新技术、新工艺、新材料，将BIM技术应用于项目全生命周期，大力推行智慧建造，建立基于信息技术的智慧工地管理协同云平台。仅就硬件条件而言，创新港已处于世界领先水平，将集聚20000名博硕士研究生和50000余名高素质的科技创新人才。

提出建设中国—东盟创新港，一方面是基于近年来的持续研究积累以及对高质量发展的深刻认识，另一方面我们对中国西部科技创新港建设进行了比较持续的跟踪，并进行了两次实地调研。总的来看，具有借鉴价值和探索合作的空间。在打造“南向、北联、东融、西合”全方位开放格局和推进西部陆海新通道等建设中，广西的区位通道优势和要素集聚优势亟待发挥和提升，建设中国—东盟创新港将成为其中的“关键战略”。

三、谋划和推进中国—东盟创新港建设的现实选择

除了加快新旧动能转换、提升创新驱动能力、塑造区域竞争优势等现实发展需求外，谋划和推进中国—东盟创新港还有一些紧密相关的现实选择问题。

一是如何适应粤港澳大湾区建设的问题？从发展来看，粤港澳大湾区未来对周边地区人才、科技等要素的虹吸效应将会长期持续，《粤港澳大湾区发展规划纲要》高度重视“创新”，在整个文件中提及创新139次，创业25次，知识产权23次，要素流动14次，凸显了粤港澳大湾区建设对创新创业的重视程度，将始终把创新作为未来发展的核心支撑。同时，广东省着力推进粤港澳大湾区和中国特色社会主义先行示范区“两区”并行建设，而深圳的定位则是打造全球科技创新中心，到2035年建成具有全球影响力的创新创业创意之都。

二是如何适应西部陆海新通道建设要求的问题？西部陆海新通道的打

造不能仅仅局限于互联互通建设的问题，而应当上升到国家区域协调发展的战略层面，尤其是西部陆海新通道建设对于我国“东—中—西”区域发展传统格局将起到非常积极的梯度调适和空间优化作用，有助于通过要素流动的进一步优化提高西部经济融合度和区域发展协同度。同时，创新港建设将有助于推进陆海新通道建设进入更具内生力的全方位合作，推进陆海新通道建设上升到新的合作层面，避免区域合作虚化、发展后劲不足等问题。

三是如何适应新一轮产业转移趋势？如果从产业转移历程来看，1980年是我国开始承接国际产业转移的起始年，经过30年的发展后，到2010年前后，我国基本确立了全球世界工厂的地位，工业制成品在出口商品中占比达到94.8%，机电产品和高新技术产品分别达到59.2%和31.2%，按照每20~30年产业转移的历程来看，新一轮大规模产业转移应当出现在2030年前后，但由于近年来我国东部沿海劳动力工资、资源成本、土地成本以及环境成本等的不断上涨，加之东南亚、南亚和部分非洲国家成本优势的显现，以及非洲市场规模不断壮大，尤其是当前中美贸易战的出现，导致2018年以来我国低端产业和部分中端产业加快向这些地区转移，未来中西部地区将逐步失去承接低端产业和低附加值中端产业的比较优势，承接高附加值中端产业和部分高端产业将成为中西部地区的必然选择，而这就要求企业产品要有足够的科技含量，承接地要有足够的创新支撑能力，因此，谋划和推进中国—东盟创新港建设对下一步的产业发展具有重要影响。

四是如何适应新一轮科教创新合作趋势？从全国范围来看，开展科教创新合作主要是以城市为基础，其中深圳、苏州最具代表性，深圳主要发力于20世纪90年代和一批985高校的合作，苏州则发力于2000年之后建立西安交大利物浦大学和2010年之后苏州大学的快速崛起。高质量发展时代是一个“缓进则退、不进则亡”的时代，2018年以来东部沿海发达城市与东北和西部等地区重点高校均在积极推进跨区域合作，如哈尔滨工业大学形成“一校三区”（哈尔滨、深圳、威海）的格局，北京航空航天大学在全国多点布局（合肥、杭州、成都、青岛），哈尔滨工程大学在青岛建校区，西北工业大学于2019年6月启动江苏太仓校区建设，该校区距离上海虹桥机场45公里，预计2021年建成启用，西安交大利物浦大学太仓校区也于2019年动工，2021年建成启用。需要关注的是2018年以来深圳高校版图正在高质量扩张，在与香港大学合作基础上，正在高起点推进与清华、北大、牛津、剑桥、耶鲁和伯克利等国际一流高校的合作。客观而言，国内科教创新合作具有典型的“嫌贫爱富”特征，但在这样的背景下，如果没有极大力度推进新的战略性谋划布局，发展前景则极具不确定性。

四、谋划和推进中国—东盟创新港建设的主要建议

当前，我区正处于全面建成小康社会决胜阶段，即将进入“十三五”收官之年，深刻总结和分析当前发展所面临的困难问题，必须认识到创新驱动是决定未来高质量发展成功与否、“壮美广西”建设进程的关键因素。谋划和推进中国—东盟创新港建设是一项具有长远影响的战略性工程。

一是中国—东盟创新港建设意义重大，要全力争取上升为国家战略，并纳入“一带一路”国际合作重大项目。所谓创新港，意味着“有进有出”，是创新要素集聚升华的新模式。建设中国—东盟创新港，有助于从长远谋划布局，推进解决创新能力不足、动能转换滞缓、区域优势不强等问题，将会对广西推进和实现高质量发展具有长远的影响。当前，自治区正在全面开展有关“十四五”前期研究，积极谋划“十四五”专项规划和重大项目，因此将中国—东盟创新港建设纳入议程，利用2020年全国两会和“十四五”规划编制契机，全力争取上升为国家战略，纳入“一带一路”重点建设项目，并列入国家发改委、工信、科技等领域“十四五”各类专项规划，缓解当前缺乏重大项目、新的亮点的问题，通过关键领域的战略性布局推进全局性的高质量发展。在谋划中国—东盟创新港建设的同时，还应积极推进中国—东盟创新2030行动计划，可将创新港建设作为这一行动计划的核心内容。

二是关于中国—东盟创新港选址的问题，南宁、桂林、柳州都可作为重要选择，综合考虑应倾向布局桂林。从中国—东盟创新港建设的布局选址来看，南宁、桂林、柳州均具备一定的基础，如柳州市具备较好的产业发展基础，目前已与西安交通大学和西北工业大学等西部高校开展了相关合作，并探索推进建立合作平台。南宁市深入实施强首府战略，以城聚产、以产兴城、产城融合，着力提高南宁首位度，打造引领全区高质量发展的核心增长极，如布局建设五象新区，将形成“一区两港”的格局，即依托五象新区建设中国—东盟信息港、创新港。桂林则具有明显的创新合作基础和区域枢纽潜力，根据教育部第四轮学科评估结果，在36个工学学科中，广西入围的工学学科基地绝大部分集中在桂林，同时随着高铁建设网络的逐步完善，桂林在粤桂湘黔区域具有比较明显的区域枢纽地位，且仍有很大发展空间，同时未来随着渝西高铁等西部关键通道的建成，桂林到重庆、成都、西安等科教创新城市和长沙、武汉、广州、深圳等中部和东部重点城市的高铁时距均具有很强的枢纽潜质。国家高速铁路建设中长期规划中的呼南通道经过桂林。因此，布局在桂林或许更有利于培育新的区域增长极。

三是建设中国—东盟创新港，有助于形成枢纽港—创新港—信息港“三港一体”开放发展支撑。从“南向、北联、东融、西合”全方位开放开发格局来看，“东融”和“南向”是重点。西部陆海新通道位于我国西部地区腹地，北接丝绸之路经济带，南连21世纪海上丝绸之路，协同衔接长江经济带，在区域协调发展格局中具有重要战略地位。近年来，北部湾港口设施条件持续改善，航线网络不断拓展，根据《西部陆海新通道总体规划》，北部湾港将着力打造国际性综合交通枢纽，成为重要的国际门户枢纽港和西部陆海新通道国际门户。根据《中国—东盟信息港建设总体规划》，中国—东盟信息港将打造面向东盟开放合作的数字经济新高地，形成以广西为支点的中国和东盟信息枢纽。推进和建设中国—东盟创新港立足“科技创新港、产业新高地”，通过搭建创新创业平台和创新通道，打通更具综合意义的西部陆海新通道，将有助于形成以北部湾国际枢纽港为引领、中国—东盟创新港为平台、中国—东盟信息港为通道的“三港一体”的全面开放合作格局，将更加有力地推进“南向、北联、东融、西合”开放新格局。

四是将中国—东盟创新港打造成为创新能力最佳、营商环境最优、产业实力最强的面向未来发展的产学研综合体。建设中国—东盟创新港应立足创新能力提升、营商环境优化、产业转型升级，集聚西部和中部地区创新要素，吸引粤港澳等东部地区和新加坡等东盟国家创新要素，通过要素的集聚更好更快地推进创新和抢占市场先机，创新港应以工科合作为重点，加速科技成果转化，打通产学研用协同创新通道，为创新要素集聚和企业集聚发展营造具有一流竞争力的营商环境。中国—东盟创新港要聚焦选择新一代信息技术、智能制造、生命健康与医学三大领域予以突破性发展，积极助力人工智能、未来网络、集成电路、工业机器人、3D 打印设备、智能电视、智能装备、石墨烯、稀土磁性材料、碳纤维增强复合材料等领域产业化、规模化发展，将中国—东盟创新港建设与加快产业转型升级、实现高质量发展充分融合，打造集研发创新、生产生活等于一体的综合体，建设成为创新驱动发展的先导区、科教改革和技术创新的示范区、创新创业与生态宜居融合的示范区。

五是借鉴中国西部科技创新港模式推进中国—东盟创新港建设。建设中国—东盟创新港，单凭广西一已之力和现有院校、学科实力是难以实现的，因此必须积极探索创新合作模式，关键要做好搭建平台、做好服务，如深圳则一直都是采用这一模式推进科教创新合作的。从合作区域和合作院校来看，与湖南及中南大学、湖南大学合作由于受到地域限制，存在较大的制约，彼此合作意愿较低，共赢度不高。与广东及中山大学合作，由于粤港澳大湾区将着力创新升级，且目前中山大学正在谋划与深圳开展大规模合作。与北京、上海等地北大、清华、复旦、上交这样的高校，由于“势差”过大，合作往往会流于形式化。而开展与香港大学之间的深度合作有待进一步探索。因此，可选择的合作对象就主要集中在西安、成都和重庆，而三座城市中最具备合作潜在空间的就是西安，不存在很强的地域竞争关系，在产业发展需求和创新要素溢出方面具有较强的互补性。可考虑借鉴中国西部科技创新港建设模式，采用 PPP 模式推进创新港建设，建设“创新飞地”和“孵化基地”、东盟国际工匠培养基地，共建具有国际水准的实验室和创新平台。目前，新加坡与我国的政府间合作项目包括苏州工业园区（1994）、天津生态城（2008）、中新（重庆）战略性互联互通示范项目及“南向通道”建设（2015），“南向通道”建设将是中新合作的重点项目。因此，可借鉴西安交大利物浦大学模式，推进西安交通大学与新加坡南洋理工大学共同合作建设中国—东盟创新港建设，推进成立西安交大南洋理工大学，两校具有典型的理工、工程气质的著名高校，在机械工程、材料科学、生物医学、计算机科学与工程、生物科学、数理科学等领域都具有很强的合作契合度，也更加符合广西的现实需求。同时，可考虑按照“两省（区）共建、两国一校”的模式携手推进，也有助于提升陕西在西部陆海新通道中的参与度和作用发挥。

六是建设中国—东盟创新港要有极强有力的政策创新和着眼长远的战略考虑。建设好中国—东盟创新港将是一项对广西长远发展具有深远影响的战略性工程，在前期推进中必须着眼搭建平台、提供服务，以极强有力的政策创新和着眼长远的战略考虑进行科学谋划，共同争取国家在人才引进、创新扶持等方面的政策支持，尤其是争取差别化人才政策，实施外国人来华工作许可制度，为在创新港工作和创业的外籍及港澳台人才提供入出境、居留和永久居留便利，鼓励优秀人才向中国—东盟创新港集聚。在自治区层面要出台系列配套、精准发力的政策，实施强有力的政策优惠，如对创新港引进的高端人才、紧缺人才及技术领军人才创新成果转化收入的个人缴纳所得税地方留成部分给予100%的补贴等。要做好长期政策让利的准备，重点着眼长远的高端人才吸引、创新要素集聚和产业化转换，为经济社会发展积蓄长远的内生动能。

中国—东盟创新港建设是一项具有挑战性的工程，一方面主要在于广西实力的薄弱以及科教创新能力不足，另一方面在于如何从国家战略层面推进中国—东盟创新港建设。但从长远来看，将对广西乃至整个区域性发展具有深远的影响，应进一步加强充分论证，及早科学谋划，持之以恒着力推进，力争在“十四五”前期取得实质性进展。

附件1： 人才发展环境调查问卷

为更好地了解和掌握关于广西人才发展环境的评价和具体意见，特开展本次问卷调查，本调查为匿名调查，请您仔细填写。真诚感谢您的积极参与！

填写说明：①问卷题目包括单选题和多选题，请您仔细区别；②多选题有五项和三项两类，请您仔细区别。

一、您18岁以前主要在以下哪个地区生活？（单选题）

1. 北京（ ）　2. 上海（ ）　3. 天津（ ）　4. 重庆（ ）
5. 黑龙江（ ）　6. 吉林（ ）　7. 辽宁（ ）　8. 内蒙古（ ）
9. 河北（ ）　10. 山东（ ）　11. 江苏（ ）　12. 浙江（ ）
13. 福建（ ）　14. 广东（ ）　15. 海南（ ）　16. 山西（ ）
17. 河南（ ）　18. 安徽（ ）　19. 湖北（ ）　20. 湖南（ ）
21. 江西（ ）　22. 广西（ ）　23. 贵州（ ）　24. 云南（ ）
25. 四川（ ）　26. 西藏（ ）　27. 陕西（ ）　28. 宁夏（ ）
29. 甘肃（ ）　30. 青海（ ）　31. 新疆（ ）

二、您的年龄阶段？（单选题）

1. 21～30岁（ ）　2. 31～40岁（ ）　3. 41～50岁（ ）
4. 51～60岁（ ）

三、您的单位属于？（单选题）

1. 党政机关（ ）　2. 高校院所（ ）　3. 国有企业（ ）

4. 民营企业（ ） 5. 事业单位（ ） 6. 自主创业（ ）
7. 其他________

四、您是否在广西上过大学？（单选题）

1. 是（ ） 2. 否（ ）

五、您到（或在）广西工作的主要原因？（多选题，最多五项）

1. 家乡在桂（ ） 2. 配偶原因（ ） 3. 长辈渊源（ ）
4. 在桂读书（ ） 5. 事业发展（ ） 6. 校友推荐（ ）
7. 亲友在桂（ ） 8. 气候环境（ ） 9. 单位安排（ ）
10. 看好前景（ ） 11. 机缘巧合（ ） 12. 压力较小（ ）
13. 其他________

注：“配偶原因”是指因配偶工作调动而随之变迁或长期两地分居等；“长辈渊源”是指父辈曾在广西就学、就业或从军等；“单位安排”是指受总部委派来桂拓展市场或发展业务；“看好前景”是指看好广西经济社会发展前景。

六、您认为广西吸引人才的主要优势在哪里？（多选题，最多五项）

1. 经济发展活跃（ ） 2. 引才政策有竞争力（ ）
3. 地方包容性强（ ） 4. 紧靠粤港澳大湾区（ ）
5. 毗邻东盟经济圈（ ） 6. 气候条件适宜（ ）
7. 薪酬待遇较高（ ） 8. 交通条件比较便利（ ）
9. 人才机制灵活（ ） 10. 在广西生活舒适（ ）
11. 在广西生活成本较低（ ） 12. 其他________

注：“生活舒适”是指生活节奏、生活压力适宜等；“生活成本”是指生活成本与发达地区相比具有竞争力。

七、您认为广西吸引人才的主要劣势在哪里？（多选题，最多五项）

1. 经济发展缓慢（ ） 2. 交通条件不便（ ）
3. 薪酬待遇偏低（ ） 4. 人才机制不活（ ）

5. 发展机会不多（ ） 6. 平台载体太少（ ）
7. 科教实力太弱（ ） 8. 公共配套欠缺（ ）
9. 文化氛围缺失（ ） 10. 发展意识落后（ ）
11. 技术交流缺乏（ ） 12. 产业支撑不强（ ）
13. 社会保障较差（ ） 14. 创业扶持不够（ ）
15. 其他________

注：“发展机会不多”是指择业机会或人才成长机会不多；“平台载体太少”是指吸引和承载人才的平台载体少；“公共配套欠缺”是指子女就学、公共服务、社会保障等方面；“文化氛围缺失”是指地方文化特色不突出、休闲文化发展滞后等；“发展意识落后”是指地方创新开拓意识不强等；“技术交流缺乏”是指与前沿技术或先进技术接触少、衔接不够等。

八、您未来是否有离开广西的可能？（单选题）

1. 很可能（ ） 2. 可能（ ）
3. 不确定（ ），如不确定，则无须填写“九”
4. 不会（ ），如不会，则无须填写“九”和“十”

九、您可能离开广西的最主要原因？（多选题，最多五项）

1. 薪酬待遇太低（ ） 2. 人才制度僵化（ ）
3. 发展空间有限（ ） 4. 发展平台太弱（ ）
5. 家属家庭原因（ ） 6. 遇人遇事不公（ ）
7. 论资排辈普遍（ ） 8. 考虑子女教育（ ）
9. 不看好广西前景（ ） 10. 准备求学深造（ ）
11. 气候环境不适（ ） 12. 饮食条件不适（ ）
13. 创业扶持不强（ ） 14. 对外交流缺乏（ ）
15. 对人才不够重视（ ） 16. 承诺落实不到位（ ）
17. 其他____________

注：“人才制度僵化”是指人才培育、选拔、激励、晋升机制陈旧、不灵活；“发展空间有限”是指个人发展空间或成长机会；“家属家庭原因”是

指因配偶工作调动而随之变迁或长期两地分居等。

十、您离开广西后意向性的发展地区？（多选题，最多五项）

1. 北京（　） 2. 上海（　） 3. 天津（　） 4. 重庆（　）
5. 黑龙江（　） 6. 吉林（　） 7. 辽宁（　） 8. 内蒙古（　）
9. 河北（　） 10. 山东（　） 11. 江苏（　） 12. 浙江（　）
13. 福建（　） 14. 广东（　） 15. 海南（　） 16. 山西（　）
17. 河南（　） 18. 安徽（　） 19. 江西（　） 20. 湖南（　）
21. 湖北（　） 22. 贵州（　） 23. 云南（　） 24. 四川（　）
25. 西藏（　） 26. 陕西（　） 27. 宁夏（　） 28. 甘肃（　）
29. 青海（　） 30. 新疆（　） 31. 香港（　） 32. 澳门（　）
33. 台湾（　） 34. 国外（　）

十一、您目前急需解决的问题是？（多选题，最多三项）

1. 薪酬偏低（　） 2. 住房较差（　） 3. 子女就学（　）
4. 职称评审（　） 5. 学术交流（　） 6. 在职深造（　）
7. 配偶调动（　） 8. 上升空间（　） 9. 激励不足（　）
10. 医疗保障（　） 11. 其他________

注："上升空间"是指在岗位级别、技术等级等方面的上升空间和渠道。

十二、您认为广西吸引和留住人才最关键的因素包括？（多选题，最多五项）

1. 提高经济水平（　） 2. 完善城市配套（　）
3. 增强城市活力（　） 4. 提高国际化程度（　）
5. 强化人才政策（　） 6. 确保能上能下（　）
7. 提高薪酬水平（　） 8. 增强创新激励（　）
9. 创造发展空间（　） 10. 降低生活成本（　）
11. 加强社会保障（　） 12. 提供交流合作（　）
13. 强化平台支撑（　） 14. 增加创业机会（　）
15. 解决子女上学（　） 16. 优化治安环境（　）

17. 其他________

注："能上能下"是指"庸者下、能者上"发展环境；"交流合作"是指业务性、专业性、技术性的交流合作。

十三、您认为广西人才机制建设存在的主要不足是？（多选题，最多三项）

1. 人才培养机制（ ）　　2. 人才引进机制（ ）
3. 分配激励机制（ ）　　4. 选拔任用机制（ ）
5. 合理流动机制（ ）　　6. 人才评价机制（ ）
7. 人才保障机制（ ）　　8. 其他____________

十四、您认为在人才队伍建设中，广西的工作重点应是？（多选题，最多三项）

1. 培养提升本土人才（ ）　　2. 引进外地和留学人才（ ）
3. 完善人才工作制度（ ）　　4. 完善人才激励政策（ ）
5. 创新人才使用机制（ ）　　6. 大力发展中介服务（ ）
7. 优化人才成长环境（ ）　　8. 促进广西籍或流失人才回流（ ）
9. 其他________________

注："中介服务"包括人才市场、信息服务、猎头中介等。

十五、您对广西人才发展环境的总体评价？（单选题）

1. 很好（ ）　2. 较好（ ）　3. 一般（ ）
4. 较差（ ）　5. 很差（ ）

十六、您认为广西打造具有竞争力人才发展环境的关键在哪里？（多选题，最多三项）

1. 加大国际化人才引进力度（ ）
2. 提升本土人才国际化水平（ ）
3. 加强与国际先进领域衔接（ ）
4. 打通外籍人才永久居留新渠道（ ）
5. 引进国内外院校或机构入驻（ ）

6. 建立国内外人才大数据库（　）
7. 建立人才荣誉机制（　）
8. 建立能上能下公平合理的竞争环境（　）
9. 破除僵化机制创新使用机制（　）
10. 其他____________________

十七、您对广西优化提升人才发展环境有什么好的建议？

____

____

____

____

附件2：在校大学生调查问卷

为深入了解和掌握广西对高等院校在校生的吸引力和就业影响因素，特开展本次问卷调查。真诚感谢您的积极参与！

填写说明：问卷题目包括单选题和多选题，请您仔细区别。

一、您目前在国内哪个省份接受高等教育？（单选题）

1. 北京（ ） 2. 上海（ ） 3. 天津（ ） 4. 重庆（ ）
5. 黑龙江（ ） 6. 吉林（ ） 7. 辽宁（ ） 8. 内蒙古（ ）
9. 河北（ ） 10. 山东（ ） 11. 江苏（ ） 12. 浙江（ ）
13. 福建（ ） 14. 广东（ ） 15. 海南（ ） 16. 广西（ ）
17. 山西（ ） 18. 河南（ ） 19. 安徽（ ） 20. 江西（ ）
21. 湖南（ ） 22. 湖北（ ） 23. 贵州（ ） 24. 云南（ ）
25. 四川（ ） 26. 西藏（ ） 27. 陕西（ ） 28. 宁夏（ ）
29. 甘肃（ ） 30. 青海（ ） 31. 新疆（ ）

二、您是否是广西籍生源？（单选题）

1. 是（ ） 2. 否（ ）

三、您所在高校属于以下哪类高校？（单选题）

1. 985 高校（ ） 2. 211 高校（ ） 3. 非 211 高校（ ）

注：郑州大学、云南大学和新疆大学请选择985 高校；由于“双一流”存在世界一流大学和一流学科之分，对其处于认知阶段，故仍采用传统分类，请您予以理解。

四、您目前处于哪一教育阶段？（单选题）

1. 本科阶段（　）2. 硕士研究生阶段（　）3. 博士研究生阶段（　）

五、您是否到过广西？（单选题）

1. 是（　）　2. 否（　）

六、您觉得广西在全国的美誉度（或区域形象）如何？（单选题）

1. 很好（　）　2. 较好（　）　3. 一般（　）

4. 较差（　）　5. 很差（　）

七、您毕业后是否考虑到广西就业工作？（单选题）

1. 考虑（　），如考虑则不填写“九”

2. 不考虑（　），如不考虑则不填写“八”

八、您考虑到（或在）广西就业的主要原因？（多选题，最多五项）

1. 在广西读书（　）　2. 家乡在广西（　）
3. 广西经济发展活跃（　）　4. 看好广西前景（　）
5. 引才政策有吸引力（　）　6. 人才机制灵活（　）
7. 创业发展机会较多（　）　8. 紧靠粤港澳大湾区（　）
9. 毗邻东盟经济圈（　）　10. 薪酬待遇水平较高（　）
11. 气候环境比较舒适（　）　12. 交通条件比较便利（　）
13. 广西社会发展和谐（　）　14. 广西的包容性强（　）
15. 在广西生活比较舒适（　）　16. 在广西生活成本较低（　）
17. 其他______________

注：“生活舒适”是指生活节奏、生活压力适宜等；“生活成本”是指在广西的生活成本具有比较优势。

九、您不考虑到（或在）广西就业的主要原因？（多选题，最多五项）

1. 经济发展缓慢（　）　2. 城市建设落后（　）
3. 区位优势不强（　）　4. 离家乡太远（　）
5. 薪酬待遇不高（　）　6. 广西的包容性差（　）

7. 创新创业氛围差（ ）　　8. 就业岗位和机会不多（ ）

9. 气候条件不适（ ）　　10. 饮食条件不适（ ）

11. 文化娱乐条件弱（ ）　　12. 基础教育配套不强（ ）

13. 其他____________

参考文献

[1][日]稻盛和夫. 活用人才[M]. 北京:东方出版社,2018.

[2]刘育良. 合伙时代:新竞争模式下的企业人才整合之道[M]. 北京:中国商业出版社,2017.

[3]LinkedIn. 领英中国制造人才白皮书[M]. 2016.

[4]周嵘. 人才整合[M]. 北京:石油工业出版社,2014.

[5]马斯洛. 唐译译. 马斯洛人本哲学[M]. 唐译译. 长春:吉林出版社,2013.

[6]王继平. 晚清人才地理分布研究(1840—1912)[M]. 北京:中国社会科学出版社,2012.

[7]王栻. 严复集(一)之论教育与国家之关系[M]. 北京:中华书局,1986.

[8][英]诺斯古德·帕金森. 官场病:帕金森定律[M]. 上海:三联书店出版社,1982.

[9]Clifford Geertz, Agricultural Involution. The Process Ecological Change in Indonesia[M]. Berkeley, CA: University of California Press, 1963, P80。

[10]汪敬虞. 中国近代工业史资料第二辑上、下册[M]. 北京:科学出版社,1957.

[11]付军. 抚顺市人才流失现象及对策研究[D]. 东北大学硕士学位论文,2005.

[12]陈同海. 借鉴大湾区人才发展经验,助力贺州经济发展[M]. 2019.

[13]Cone,E. J. Lambert. How Robots Change the World [R]. Oxford Economic,2019(6):3 -4.

[14]产业与规划研究. 2018 中国数字经济时代人才流动报告[R]. 北京:中国信息通信研究院,2018.

[15]清华大学经济管理学院,上海科学技术政策研究所,领英中国. 长三角地区数字经济与人才发展研究报告[R]. 2018.

[16]中国科学院,中国宜居城市研究报告[R]. 2016.

[17]LinkedIn 领英. 中国海归人才吸引力报告[R]. 2018.

[18]中国指数研究院. 人才,将终归在这里[R]. 2018.

[19]Dominique Fong. A Tug of War for Elite Skills Is Raging Across China [J]. The Wall Street Journal, Oct. 27, 2018。

[20]侯秋菊等. 我国本土青年科技人才成长态势与影响因素研究——以中国科学院青年创新促进会会员为例[J]. 中国科学院院刊,2018,33(3):330 -335.

[21]李浩然."平平无奇"的合肥,竟是中国十年内赶超 8 城的大"黑马"[EB/OL]. 瞭望智库,2018 -11 -12.

[22]陈张婷. 广西高层次人才集聚的制约因素与对策研究——以广西人才小高地建设为例[J]. 知识经济,2018(8):17 -18.

[23]黄兴原,马亮亮. 人才黏性与企业核心竞争力[J]. 人民论坛,2018(7):84 -85.

[24]王命瑞,高远忠等. 构建以马斯洛需求层次理论为基础的人才引进政策[J]. 人力资源开发,2017(9):49 -52.

[25]梁欢欢,孙静,覃荧,雷宏巧. 广西战略性新兴企业人力资源管理人才需求分析及对策研究[J]. 人力资源管理,2017(3):178 -179.

[26]朱桔艺,陈芳. 地方政府官员职务晋升的内卷化:成因及调适[J]. 领导科学,2016(9):19 -21.

[27]覃黄莉. 新常态下广西高层次人才工作的思考[J]. 人事天地,2016(5):26 -28.

[28]朱敏.新型智库人才培养管理创新思考[J].管理世界,2016(3):178－179.

[29]叶大凤,禤卓宇.高技能人才开发:广西北部湾经济区产业发展的重要途径[J].人力资源管理,2016(3):11－13.

[30]吴菁,曹晓军,凌子山.企业人才培养模式的策略思考[J].管理世界,2015(6):184－185.

[31]宋志生,陆璐珂,蒙华川.新常态下西部民族地区人力资源开发建设的探索——以广西农民工教育培训为例[J].广西民族研究,2015(3):157－166.

[32]尹蔚民.大力实施人才强国战略——深入学习习近平总书记关于人才工作的重要论述[J].求是,2015(3):14－16.

[33]何悦,李岱素.基于主成分分析法的广东省创新型科技人才发展影响因素研究[J].科技管理研究,2013,33(7):135－138＋143.

[34]文丰安,蒋利佳.科教兴国、人才强国与文化强国三大战略的辩证思考[J].管理世界,2013(1):178－179.

[35]宋春光,闫秀荣.文化产业创意人才发展影响因素分析[J].黑龙江社会科学,2013(6):54－57.

[36]郭卫民,刘为民.我国行政体制内卷化倾向浅析[J].国家行政学院学报,2011(6):37－41.

[37]滕兰花.清代广西进士分布的差异极其形成原因[J].广西民族研究,2007(2):169－175.

[38]苏全有,李凤华.晚清人才的地域分布及其特色[J].平原大学学报,2003,20(3).

[39]破除“重物轻人”观念,深化科技体制改革[N].人民日报,2019－07－08.

[40]深培人才厚土,涵养经济活力[N].人民日报,2019－07－08.

[41]吕德文.中西部要适应人才竞争趋势[N].环球时报,2019－06－22.

[42]姚雪青等. 人才引进来,还要留得住[N]. 人民日报,2019 - 06 - 19.

[43]常钦. 广东,改革开放再出发[N]. 人民日报,2019 - 06 - 04.

[44]朱永新. 加快建设高技能人才培养体系[N]. 环球时报,2019 - 06 - 03.

[45]彭飞. 强化科技创新的正向激励[N]. 人民日报,2019 - 06 - 03.

[46]王培安. 科学把握人口发展规律,促进新时代人口均衡发展[N]. 人民日报,2019 - 05 - 30.

[47]丁雅诵. 中国科大"磁聚"人才[N]. 人民日报,2019 - 05 - 26.

[48]赵永新,余建斌. 我国科技动能持续释放[N]. 人民日报,2019 - 05 - 13.

[49]Leng, S. Brain Drain in China's Rust Belt Exacerbated by Economic Decline as Talent Competition Heats up [N]. South China Morning Post,2019 - 05 - 10(1).

[50]刘志军. "人口红利"该转化为"人才红利"[N]. 环球时报,2019 - 04 - 03.

[51]戴立益. 不唯身份重实绩,各类人才共成长[N]. 文汇报,2019 - 03 - 29.

[52]王炳林. 育才造士,为国之本[N]. 光明日报,2019 - 03 - 19.

[53]深圳全面实现 4 种人才"秒批"引进[N]. 经济日报,2019 - 02 - 17.

[54]赖永峰. 为老区发展提供人才支撑[N]. 经济日报,2019 - 02 - 17.

[55]唐玮婕. 精细化管理,源自"城市大脑"高速运转[N]. 文汇报,2018 - 11 - 09.

[56]陈耀. 人才大计"量""质"为先[N]. 经济日报,2018 - 11 - 01.

[57]姜澎,张鹏. 上海,长三角最吸引高水平人才的城市[N]. 文汇报,2018 - 10 - 31.

[58]杨成长. 推动高端人才市场有序[N]. 人民日报,2018 - 10 - 24.

[59]朱思雄,孙振. 合肥:全力迈向创新高地[N]. 人民日报,2018 -

10－16.

[60]常河.合肥:“理工类”城市的创新之路[N].光明日报,2018－10－16.

[61]王永.可考虑放宽博士后年龄限制[N].环球时报,2018－10－15.

[62]粟用湘.让优秀青年干部不断涌现[N].人民日报,2018－10－15.

[63]曾毅.宁波打造人才竞相生长的“热带雨林”[N].光明日报,2018－10－04.

[64]上海高校对接国家“双一流”建设,做强“双一流”地方版[N].文汇报,2018－09－29.

[65]刘亮.高质量发展需要高质量人才[N].经济日报,2018－09－12.

[66]梁剑箫.文化,一座城市的血脉[N].经济日报,2018－09－12.

[67]林火灿.留住人才需“软硬兼施”[N].经济日报,2018－09－12.

[68]黄芷渊.香港应抓住“高铁新时代”契机[N].环球时报,2018－09－12.

[69]搭建合作平台　实现互利共赢——中国—东盟博览会推动中国—东盟经贸合作迈上新台阶[N].人民日报,2018－09－11.

[70]Ben Brand. China Factories Tempt Workers with Childcare Offer[N]. Financial Times, September 10, 2018.

[71]徐晶卉.互联网巨头缘何纷纷抢滩上海[N].文汇报,2018－09－09.

[72]陈一(译).二三线城市成新宠,毕业生、外企都青睐[N].环球时报,2018－09－07.

[73]陈冰琳.中国对美人才流失正结束,这归功于国内更高的薪酬和特朗普[N].南华早报,2018－09－06.

[74]丁雨晴(译).大陆企业优厚待遇吸引台湾芯片人才[N].环球时报,2018－09－05.

[75]为青年提供安居创业全方位支持[N].人民日报,2018－08－31.

[76]张庆波.香港公布首份人才清单[N].人民日报,2018－08－29.

[77]高洪军. 依靠人才推动高质量发展[N]. 人民日报,2018－06－29.

[78]张烁. "双一流",怎么建[N]. 人民日报,2018－08－28.

[79]江琳. 书写奋斗新篇章 建功立业新时代[N]. 人民日报,2018－08－09.

[80]杨清等. 功以才成 业由才广——柳钢筑就人才强企之路探析[N]. 广西日报,2018－07－11.

[81]曹和平. 城市发展要有本清晰的人才账[N]. 环球时报,2018－04－09.

[82]赵爱明. 全面改善人才发展环境[N]. 人民日报,2014－09－10.

[83]仲祖文. 领导干部要有强烈的人才意识[N]. 人民日报,2003－05－12。

[84]卢宇源,罗思扬. 呼吁给予本土青年科技人才更公平的竞争环境[J/OL]. 财新网,2016－11－21.

重要术语索引表

后 记

人尽其才，则百事俱举；百事举矣，则富强不足谋也。当今世界的竞争焦点在于人才的竞争，实现高质量发展的关键在于人才的支撑，建设壮美广西·共圆复兴梦想，从根本上依靠的是人才。作为欠发达后发展地区，在粤港澳大湾区建设和高铁经济发展背景下，如何通过打造具有竞争力的人才发展环境，引才留才育才惜才，实现功以才成、业由才广，为经济社会高质量发展提供关键支撑，已经成为迫在眉睫的重大课题。

本书是在2018年广西重大招投标课题《广西打造具有国际竞争力人才发展环境的研究》基础上，进行了充分修缮和深化研究而形成的，课题报告被评为"2018年广西优秀课题研究报告"，在此基础上形成的相关决策咨询报告获得多次批示，尤其提出了建设中国—东盟创新港，相关提案作为2019年广西区重点督办提案，为本书的撰写提供了新理念、新观点。

本书得以顺利完成和出版，离不开编写组的同心协力、通力合作。广西财经学院李瑞红讲师、广西大学硕士研究生许童彤全程参与了著作撰写，在此衷心感谢同济大学经济管理学院陶小马教授，广西社会科学院陈洁莲研究员、柯丽菲研究员、毛艳副研究员，华蓝设计集团郑雄彬规划师，广西工业和信息化厅张鹏飞高级经济师，广西宏观经济研究院尚毛毛高级经济师，零点有数集团欧野、张梦飞咨询师，广西产业与技术经济研究会规划师文建新、陈光忠、文成业、凌琼和温州大学硕士研究生张润强等对著作撰写和出版付出的努力，广东外语外贸大学陈国海教授给予了相关资料支持，在此诚挚感谢。

囿于精力、时间和水平，本书难免会有疏漏和不足，恳请各位读者和专家批评指正，并赐予宝贵建议。